余耀华 著

魏裂东西

大裂变

南北朝的天空 二

人民东方出版传媒

东方出版社

图书在版编目（CIP）数据

大裂变：南北朝的天空：全三册 / 余耀华 著 . — 北京：东方出版社，2021.6
ISBN 978-7-5207-2022-9

Ⅰ.①大… Ⅱ.①余… Ⅲ.①中国历史—南北朝时代—通俗读物 Ⅳ.① K239.09

中国版本图书馆 CIP 数据核字（2021）第 000780 号

大裂变：南北朝的天空（全三册）
（DA LIEBIAN：NANBEICHAO DE TIANKONG）

作　　者：余耀华
策　　划：王金伟
责任编辑：王金伟
责任审校：赵鹏丽　孟昭勤
出　　版：东方出版社
发　　行：人民东方出版传媒有限公司
地　　址：北京市西城区北三环中路 6 号
邮　　编：100120
印　　刷：北京文昌阁彩色印刷有限责任公司
版　　次：2021 年 6 月第 1 版
印　　次：2021 年 9 月第 2 次印刷
开　　本：710 毫米 ×1000 毫米　1/16
印　　张：57.5
字　　数：768 千字
书　　号：ISBN 978-7-5207-2022-9
定　　价：146.80 元
发行电话：（010）85924663　85924644　85924641

目　录

第一章
萧道成治国

萧氏建国

萧道成建国，国号为齐，是为齐高帝，改元建元。萧道成本是西汉相国萧何的二十四世子孙，故以萧何为始祖。萧何世居沛县，后来他的孙子萧彪举家移居东海兰陵县（今山东枣庄峄城镇东）。传到淮阴令萧整，即萧道成的五世祖这一代，适逢晋室动乱，又跟随东晋初年南渡大流，举家过江，客居晋陵武进县（今属江苏）。东晋在此地侨置兰陵郡，称南兰陵，萧氏因此称南兰陵人。

萧道成的父亲萧承之是宋朝的右军将军，在宋朝屡立战功，于宋元嘉二十四年（447年）病故。当时萧道成年满十八岁，已是一表人才，声如洪钟。

萧道成表字绍伯，小名斗将。自从父亲萧承之去世以后，家里的生计全靠母亲陈氏一人操劳。萧道成做建康县令后，虽然没有多少闲钱，但对母亲很孝敬，将母亲的饭食办得很丰盛。陈氏勤俭持家，经常撤去过多的菜肴，只留下一盘。她常对萧道成说："居家过日子，务必勤俭，我儿给我一盘肉，我就知足了。"不久，陈氏便去世了，没有活到萧道成飞黄腾达的时候。

萧道成受禅后，追尊父亲萧承之为宣皇帝，母亲陈氏为孝皇后。他的两兄一妻都已去世，追封兄萧道度为衡阳王，萧道生为始安王。

萧道成的妻子刘氏治家有法。宋明帝末年，刘氏病逝。建元元年，萧道成追立刘氏为昭皇后。

立长子萧赜为皇储，封次子萧嶷为豫章王，三子萧映为临川王，四子萧晃为长沙王，五子萧晔为武陵王，六子萧暠为安成王，七子萧锵为鄱阳王，八子萧铄为桂阳王，十子萧鉴为广陵王，十一子萧钧为衡阳王，九子早夭，因而没有封邑。皇孙萧长懋为南郡王。

北魏南侵

齐高帝萧道成登基不久，突然传来北魏梁郡王拓跋嘉拥戴丹阳王刘昶（刘昶是宋文帝第九子，景和元年奔魏）南侵寿阳的消息。萧道成自信地说："我早就料到有这一天，所以派垣崇祖出镇豫州，以垣崇祖的智勇，制服胡虏不在话下。"于是不再调兵遣将，只是拨运粮饷，接济寿阳。

说到寿阳战事，在此将北朝发生过的事情略作交代。

北魏献文帝拓跋弘自从传位给太子后，便住进崇光宫，专心研究佛学，一般的事情，朝臣都不去打扰他。但是，柔然侵犯魏境，关系到国家生死存亡，嗣主年纪小，不能治军，拓跋弘只得走出崇光宫，亲自督兵出征，赶走了柔然人。随后，拓跋弘不是南巡，便是西幸，很少有时间待在宫里。冯太后还是一个不到三十岁的女人，独守空帏，耐不住寂寞，与宫中侍卫李奕勾搭成奸。这件事所有人都知道，就瞒着拓跋弘一个人。天下没有不透风的墙，拓跋弘到底还是听到了些许风声，知道有人给他戴了绿帽子。拓跋弘的震怒可想而知，感觉受到莫大的侮辱。太后与人通奸，无论是鲜卑贵族还是汉族豪强，都无法接受这种耻辱。拓跋弘想利用这件事杀一杀冯太后的威风。

可事情不能太张扬，尤其是宫闱隐私，不能从李奕身上下手，那样做等于"此地无银三百两"了，因此只能从其他人身上找突破口。于是，宰相李敷便成了替罪羊。为何要找李敷呢？因为他是李奕的大哥。可治李敷的罪得有个理由，李敷平常做事相当谨慎，为官也清廉，没有犯罪事实。李敷没事，可不能保证他的亲朋好友不犯法，拓跋弘又想到了李诉。

李诉是李敷的发小，从小玩到大的好朋友，如果李诉犯了罪，或许能拖李敷下水。数天之后，一封检举信送到朝廷，检举的内容是尚书李诉任相州刺史期间收受贿赂，贪赃枉法。

拓跋弘静观其变，静候鱼儿上钩。

李敷不明真相，竟然暗中偏袒李诉，想替他掩饰罪责。让李敷万万没想到的是，拓跋弘竟然亲自下诏，命令把李诉押到平城接受审讯，经过一番审理，李诉贪赃枉法的证据确凿，依律应当处死。

李诉被处死前的深夜，他的女婿裴攸前往探监，悄悄地告诉岳父："朝廷有人暗示，如果岳父能揭发李敷的罪行，可以将功赎罪，免死。"

"我和李敷恩情过于兄弟，怎么可以诬告他呢？"李诉说罢，试图拔下头簪自杀，被他的女婿抢了下来。

裴攸好说歹说，生死关头，李诉终于还是动心了，但却无奈地说："我根本不知道李敷犯过什么法啊！"

裴攸道："这事明摆着，是太上皇要杀李敷兄弟，岳父何必做他们的替死鬼呢？听说有个叫冯阐的人，是被李敷害死的，他的家人对李敷恨之入骨。我找他们，一定能探听到李敷兄弟的罪行。"李诉向死神屈服，最终和李敷的仇人范标一道上书，罗列了李敷兄弟三十余条罪状。

拓跋弘当即下令诛杀李敷兄弟，但却赦免了李诉的死罪，不久，又起用李诉为尚书。

冯太后哑巴吃黄连，有苦说不出，眼看情夫被杀，自己却无力挽救，心中的悲苦非言语所能表达。

冯太后恨透了拓跋弘，心里骂道，你让我不好过，我要让你活不成。冯太后确实不是一盏省油的灯，说干就干，她暗地嘱咐身边的亲信往拓跋弘的食物里投毒。不知情的拓跋弘吃了有毒的食物，痛得肝肠寸断，七窍流血，一命呜呼！死时年仅二十三岁。

孝文帝拓跋宏追谥父亲为献文帝，庙号显祖。当时为孝文帝延兴六年

（476年），也就是宋主刘昱元徽四年。

拓跋弘死后，冯太后趁孝文帝年幼，再次执掌朝政，改元太和。北魏帝国进入冯太后专制的十四年。

孝文帝拓跋宏尊冯太后为太皇太后，任命冯太后的兄长冯熙为太师中书监。冯熙怕群臣不服，一再推辞，拓跋宏便任命他为洛阳刺史，仍封他为太师。

丹阳王刘昶自从投奔北魏，受到孝文帝的恩宠，当他得知萧氏篡位的消息后，立即上奏孝文帝，恳求声讨萧氏政权。冯太后与群臣商议一番后，批准了刘昶的请求，令他在江南称王，做北魏的藩属。于是，北魏朝廷发兵数万，号称二十万大军，由梁郡王拓跋嘉统率，和刘昶一道南下。寿阳大震。

垣崇祖用兵

齐豫州刺史垣崇祖听说北魏大军来犯，立即命人在寿阳城西北筑一道堤，拦住淝河水流；再在堰北筑一座小城，小城四周掘一道壕沟，派数千人马住进小城防守。将士们认为城太小，不足以抵挡魏军。垣崇祖笑着说："我筑此城，并不是为了阻挡魏军，而是用来诱敌的。"

将士们面面相觑，不知如何诱敌。

垣崇祖见大家有些不解，解释说："鲜卑人见城小，以为一举可下，一定会全力攻城，以振士气。当他们全力攻城之时，我便掘堤纵水，水淹魏军。即使不能将他们全部淹死，也一定会重创魏军。锐气一挫，看他们还能坚持多久。"

大家都认为是好计，高兴地执行命令去了。

魏兵一到，见新城很小，以为拿下不费吹灰之力，果然向小城发起猛攻。垣崇祖坐着轿子，从容地登上城墙。魏兵远远望去，见垣崇祖冠服雍容，不穿甲胄，头戴白纱帽，身着白绛袍，一副清闲自在的样子，虽然惊讶不已，但倚仗人多势旺，仍然蜂拥般扑向小城。当攻到小城壕沟边时，突然传来轰隆隆的响声，正在惊慌之际，只见洪水骤然而至，城下顿时一片汪洋，人人吓得胆战心惊，慌忙倒退。无奈兵士挤成一团，想逃也无路可走。流水最是无情，霎时间便卷走了北魏数千人马，侥幸逃脱者，个个都成了落汤鸡，狼狈不堪。经过这一场挫败，魏兵的锐气消磨了一大半。

垣崇祖仍将围堰筑好，回驻寿阳。估计到魏军攻寿阳不下，会转攻朐山，于是派兵前往朐山，命他们埋伏在城外的山林里，与城中相呼应，防敌往攻。

魏将梁郡王拓跋嘉不死心，果然移师攻打朐山，刚到城下，埋伏于城外的齐兵杀出，守城的将士内外夹击，又杀伤魏兵千余人。

梁郡王拓跋嘉只好率众北走，退到豫州境外去了。

捷报传到京都，萧道成高兴地对朝臣说："朕就知道垣崇祖能克敌制胜，他是朕的白起、韩信呀！"随即召垣崇祖进宫，封为平西将军。垣崇祖担心魏军转攻淮北，因而奏请将下蔡城迁到淮东。

当年夏天，魏军果然来攻打下蔡。听说下蔡城已经迁址，便扬言说要踏平下蔡城旧址。垣崇祖麾下众将士担心胡虏在下蔡旧城屯驻。垣崇祖却说："下蔡距离淮东很近，胡虏怎么敢屯兵？不过在虚张声势罢了。我当亲自率兵前往攻击，不能让他们轻视了！"随即率军渡过淮河。

魏兵正在毁掘下蔡旧城，突然见齐军杀来，吓得丢掉器械，仓皇逃走。垣崇祖趁势率军追击，追奔数十里，斩敌数千人，直到日薄西山，才收军回城。从此，垣崇祖威名远震。

第二年，魏兵入侵淮阳，军将成买坚守甬城（今浙江省宁波）。齐主萧道成派将军李安民、周盘龙等人领兵驰援甬城，成买率兵从城内杀出。魏兵腹背受敌，丝毫不落下风，齐将成买竟然在此战中阵亡。李安民、周盘龙等率兵与魏兵相持，也难分胜负。

魏兵击败成买军，回头全力来攻李安民、周盘龙两人。周盘龙的儿子周奉叔率二百名壮士突入魏兵阵内，被困在魏兵阵中难以脱身。军中传言周奉叔与他的敢死队全军覆没，惹得周盘龙性起，跃马杀入魏阵，所向披靡。周奉叔乘隙杀出敌阵，当听说父亲为救自己陷入敌阵，又转身杀入敌阵。父子两人合兵一处，左冲右突，十荡十决。李安民乘机驱军击杀，力破魏兵。魏兵大败而逃，从此再也不敢窥探齐境了。刘昶也打消了光复故国的念头，沮丧地返回平城。

天不假年

不久，齐高帝萧道成派参军车僧朗出使北魏，意欲两国修好。北魏孝文帝拓跋宏问车僧朗说："齐主原本辅佐宋主，怎么突然自己又做了皇帝呢？"

车僧朗回答说："改朝换代，因时制宜，天道轮回，这很正常啊！"

拓跋宏也不辩驳，只是在赐宴时，将刘宋的使者安排坐在车僧朗的上首。这位使者是在刘宋未亡之时出使北魏，萧道成在此期间篡宋后，无国可回，被迫滞留在平城的。

车僧朗问明身份后，站在一旁，不肯入席。原宋使看了车僧朗一眼，讥讽地说："坐吧！给你留一个座位，已经是很给你面子了。"

车僧朗勃然大怒，拂袖离开，回客馆待命去了。刘昶袒护宋使，随即派人把车僧朗给杀了。

堂堂一国使臣，在出使国被害，这可不是一般的事情。孝文帝拓跋宏当然不愿意看到这样的事情发生，但木已成舟，只能善后。于是他用隆重的仪仗队伍，将车僧朗的灵柩送回萧齐，并将刘宋使者打发走了。

萧道成本想乘机兴兵北伐，无奈年将花甲，身患疾病，精力不济，只得作罢。

建元四年（482年），褚渊已晋升为司徒，豫章王萧嶷也晋升为司空，并获得骠骑大将军的称号，兼任扬州刺史；临川王萧映为前将军，担任荆州刺史；长沙王萧晃为后将军，兼护军将军；南郡王萧长懋为南徐州刺史；安成王萧暠为江州刺史，原江州刺史王延之被召回宫，担任右光禄大夫。

萧道成得天下时已五十多岁，自登基以来，操劳国事，昼夜不息，身体每况愈下，到了二月，旧病复发，浑身疼痛难忍，自知大限已到，急召司徒褚渊、左仆射王俭至临光殿，授遗诏辅佐新帝。要求太子萧赜继续自己的治国理念，不要手足相残。

两天之后，萧道成驾崩于临光殿，享年五十六岁。在位四年。

萧道成是南朝齐的创建者，从小师从名儒雷次宗接受教诲，学习《礼》《左氏春秋》。即位后曾向当时著名的学者、儒学家刘瓛请教如何处理政务，刘瓛回答说："政务就在《孝经》里面。大凡刘宋灭亡，陛下得国的原因，其中都包含着《孝经》阐述的道理。倘若陛下能够将前车之鉴引以为戒，再加上待人宽和仁厚，即使国家已经垂危了，也可以安定下来；倘若陛下重蹈覆辙，即使国家原来很安定，也一定会招致危亡。"

萧道成感叹地说："儒士的话，真是可以用作万代之宝啊！"

正是有了这样的认识，萧道成汲取刘宋灭亡的教训，提倡节俭，不但自己穿着简朴，而且还将后宫所有铜装饰品换成铁制品，对百姓也以宽厚为本，减逋租宿债，宽简刑罚。他曾雄心勃勃地对臣民们说："使我治天下十年，当使黄金与土同价。"

正是由于萧道成的倡导，当时的政局吹进一股清风，奢侈悉汰，风俗一变。上天终究没能给他十年时间。

萧道成去世后，太子萧赜继位，是为齐武帝。萧赜追尊父亲为高皇帝，庙号太祖，将父亲安葬在泰安陵。

第二章

昆季同心

萧赜继位

武帝萧赜小名龙儿，生母是刘昭后。

萧齐的皇帝似乎总是与梦有关。高帝萧道成的母亲生萧道成时没有乳汁，后来做了一个梦，梦中一个神仙送给她两碗神仙粥，她喝下后，就有了乳汁。

刘昭后生武帝萧赜时，也做了一个梦，梦见一条巨龙盘踞在自家屋顶上空，萧赜的小名"龙儿"也是因此而来。萧赜从小受到父亲的亲自教导，颇具韬略，后来在战场上屡立战功，深受父亲的器重，得以继承大位。

萧赜继位以后，任命司徒褚渊为录尚书事，尚书左仆射王俭为尚书令，车骑将军张敬儿为开府仪同三司，司空豫章王萧嶷为太尉。

追册故太子妃裴氏为皇后。裴氏是左军参军裴玑的女儿，建元三年（481年）病故，谥穆，即穆皇后。

萧赜册立长子萧长懋为太子，二皇子萧子良为竟陵王，三皇子萧子卿为庐陵王，四皇子萧子响过继给豫章王萧嶷，所以没有封邑，五皇子萧子敬为安陆王，六皇子早夭，七皇子萧子懋为晋安王，八皇子萧子隆为随郡王，九皇子萧子真为建安王，十皇子萧子明为武昌王，十一皇子萧子罕为南海王，其他的皇子因为年幼，暂时没有封爵。

萧赜还有几个弟弟，因为年幼，暂时没有封爵。太子萧长懋的儿子萧昭业被封为南郡王。司徒褚渊晋升为司空。

不久，武帝萧赜在东宫宴饮群臣，群臣依次入席，推杯换盏，各叙情谊。席间，右卫率沈文季与褚渊座位相邻，两人有一句没一句地闲聊起来，先是相互揶揄，后来恶语相向，越说越不投机。褚渊一句逼一句，毫不相让。沈文季不由恼怒，骂道："你自以为是忠臣吗？只是不知你死了以后，九泉之下如何去见宋明帝？"

褚渊恼羞成怒，愤然而起，想要离席。还是武帝萧赜好言相劝，他才忍耐到散席。

第二天上朝，烈日当空，天气炎热，褚渊用扇子遮住脸以阻挡阳光。功曹刘祥爱好文学，性气刚疏，正从褚渊的车旁经过，揶揄道："做了那么多不堪入目的事情，怪不得没脸见人！只用扇遮脸，有什么用呢？"

褚渊反唇相讥道："寒士不逊！寒士不逊啊！"

"能杀袁粲、刘秉，怎么就免了寒士呢！"刘祥意犹未尽，指着拉车的驴说，"驴，你好好地拉车，如果你是人才，也可位列三公。"

褚渊冲着驾车的仆人说："快走，快走，不要听这个疯子说话。"

自此以后，褚渊越发觉得惭愧，忧愤成疾，竟一命归阴，享年四十八岁。褚渊风采过人，唯独眼多白睛，世人称之为"白虹贯日"，说这是宋氏的亡兆。

褚渊的长子褚贲为齐世子中庶子，任翊军校尉，父亲去世后，辞官守孝。孝期过后，武帝萧赜想起用他。褚贲固辞不拜，甚至连父亲南康公的爵位，也让给了弟弟褚蓁，大约是耻于父亲失节，所以守志不再踏入仕途，随后终生为父守墓。

第二年，武帝萧赜改元永明，元年（483年）春正月，授太尉豫章王萧嶷为太子太傅，长沙王萧晃为南徐州刺史，竟陵王萧子良为南兖州刺史；并召回豫州刺史垣崇祖，任命为五兵尚书。中兵、外兵、骑兵、别兵、都兵为五兵。改司空谘议荀伯玉为散骑常侍。

萧赜当太子时为人稳重，办事老练，与父亲萧道成共创大业，萧道成经常将朝政大事交给他处理。张景真是太子宠幸之人，他依仗太子对他的宠信，骄侈蛮横，恣意妄为，朝内外很多人对他看不惯，却没有敢站出来说一个"不"字，唯独司空谘议荀伯玉暗中向萧道成反映实情。萧道成当即命检校东宫斩杀张景真，并派人诘责太子。萧赜惊恐万状，称病东宫，一个多月不敢见父亲，幸亏豫章王萧嶷无意夺嫡，加之王敬则又替萧赜说好话，才保住太子之位。荀伯玉因此而更得宠，萧赜则记住了荀伯玉这个名字。

萧赜还记住了垣崇祖，原因是他不曾依附太子，并且还曾在大破北魏、奉旨回朝时，与萧道成密谈了一个晚上。至于两人谈了些什么，外人一概不知，但萧赜怀疑两人的谈话对自己不利。

永明元年，继位后的萧赜召垣崇祖回京，表面上对他加以抚慰，暗地却密嘱宁朔将军孙景育诬陷垣崇祖，说他与荀伯玉相互勾结，串通北魏，图谋不轨，于是将垣崇祖、荀伯玉打入大牢，不久将二人处斩。

张敬儿官居车骑将军，因有佐命之功，很是得宠。世上有一种人得势便猖狂，张敬儿虽然算不上猖狂，但至少是不知收敛的人。他发迹之后，家中广蓄姬妾，生活奢侈。先前娶毛氏为妻，生有一子名叫张道文；后来见尚氏女秀色可餐，竟然将毛氏休了，再纳尚氏为妻。不想尚氏是一个异想天开的女人，在枕边与张敬儿私语，说张敬儿还有飞黄腾达的时候。如果夫妻之间说说，倒也没有什么，偏偏张敬儿又是一个婆婆嘴，将与尚氏的私房话说给左右听。

有那好事者向武帝密报了此事，萧赜虽然没有把张敬儿怎么样，但不免对他起了那么一点点疑心。

张敬儿不但贪图富贵，而且敛财，私自派人与蛮人贸易。武帝萧颐误以为张敬儿勾通蛮族，图谋不轨。如此一来，张敬儿的死期也就到了。

萧颐下令，将张敬儿满门抄斩，四个儿子张道文、张道畅、张道固、张道休一并处斩，只赦免了小儿子张道庆。

张敬儿还有一个弟弟张恭儿，官至员外郎，留居襄阳，听说张敬儿被诛的消息，立即率数十骑往蛮中去了。

张敬儿原名狗儿，张恭儿原名猪儿，刘宋时，明帝刘彧因他们名字太鄙俗，给他们改名张敬儿、张恭儿。张敬儿叛宋辅佐萧齐，做了一个开国功臣，总以为在齐朝能富贵长在，哪知高帝去世不久，父子便同死刀下，可见助恶附逆的贼臣，虽能侥幸成功，却不能富贵长久。

张敬儿是南阳人，曾在襄阳城西修筑了一处大宅院，储积财货。张恭儿虽然官居员外郎，却不愿出仕，并与张敬儿分开住，住在上保村，起居饮食与一般平民无异。因担心受到牵连，所以才逃往蛮中。后来上表自首，向武帝说明他与张敬儿的关系。萧赜知道他与张敬儿兴趣不同，下诏赦免了张恭儿，让他仍然回上保村居住。

王僧虔辞封

侍中王僧虔是宋太保王弘侄子，萧道成与王僧虔的关系一直很好，所以开国之后，特别重用他。萧道成爱好文学，王僧虔也有这个爱好。有一次，两人曾各自写了一篇文章比高低。写完之后，萧道成笑着把他写的文章给王僧虔看，问道："谁是第一？"

王僧虔回答说："臣书第一，陛下也是第一。"

萧道成又笑道："你可以说是善自为谋了啊！"

建元三年（481年），王僧虔出任湘州刺史，督管湘州诸军事。永明改元，武帝萧赜召王僧虔回京都，任命为侍中、左光禄大夫、开府仪同三司。王僧虔几次上表推辞，他的侄子尚书令王俭很是不解。王僧虔叹道："你现在已是朝中高官，如果我再接受高官的话，那就是一门有两位台司，这可不是一件好事，会有很大风险。"

萧赜见王僧虔再三推辞，于是收回成命，改封他为侍中、特进、左光禄大夫。

有人问王僧虔，为何要辞掉如此殊荣。王僧虔回答说："君子只担心自己被别人痛骂无德，不担心没有人推崇。我已位居高官，享受一份不低的俸禄，衣暖食足，生活无忧，正惭愧自己不称职，不能报效国家，哪能接受更高的爵位呢？张敬儿贪图富贵，几乎惨遭灭门，甚至连门第清明的谢超宗也受到连累。前车之鉴，难道就视若无睹吗？"

谢超宗是谢灵运的孙子，勤学好问，在文学上颇有造诣。宋孝武帝时，谢超宗是新安王刘子鸾的常侍，孝武帝刘骏曾赞叹说，像谢超宗这样的人才，实乃凤毛麟角，犹如谢灵运复出。后来被孝武帝提拔为新安王参军。

齐祖萧道成做领军时，见谢超宗是个人才，引他为长史。萧氏受禅之后，谢超宗任职黄门郎，后来因失仪而被罢官，谢超宗心里不免有些愤怨。萧赜即位之后，谢超宗负责编修国史。竟陵王谘议参军被杀，谢超宗更觉得怏怏不得志。

谢超宗曾娶张敬儿的女儿为妻，张敬儿死后，谢超宗对丹阳尹李安民说："前年杀韩信，今年杀彭越，李大人也要多为自己打算啊！"

这本是一句套近乎的话，没想到李安民竟然向武帝告密。

谢赜大怒，先是免了谢超宗的官，后勒令他自尽。

永明三年（485年），王僧虔病逝，武帝萧赜追封他为司空，赐谥号简穆。

王俭的父亲王僧绰遇害后，王俭由王僧虔抚养成人。王俭身负养子和侄子的双重身份，自是上奏辞官，恳请为叔父守孝。武帝没有答应，只改任他为太子少傅。

名贤汇聚

太子萧长懋聪明好学，每次与王俭讨论经义，总是问得非常仔细，王俭也是引经据典，耐心讲解。

竟陵王萧子良、临川王萧子映也曾在太子身边陪读，几个人相互引证，天天讲学，望重一时。

萧子良酷爱文学，尤其好交友，招揽文士。永明五年，武帝晋封萧子良为司徒，他在鸡笼山开西邸，招揽天下文学之士，江南的才子几乎都为其所笼络。范云、萧琛、任昉、王融、萧衍、谢朓、沈约、陆倕八人并游西邸，号称"竟陵八友"，公认的王朝才子。八人以文学见长，唯王融和萧衍有雄武之气。王融通易学，对相术颇有研究，他特别推崇萧衍，对人说："将来安定天下者，非萧衍莫属。"

太子萧长懋信佛，竟陵王萧子良也信佛。萧长懋在东宫专门划出一块土地，筑造楼观塔宇。萧子良在西邸修建了几间经室，招揽名僧，天天在一起诵经。

范缜屡次劝说萧子良，说世界上根本就不存在什么佛祖。

萧子良反问道："没有因果，那世上为何有贫富贵贱之分呢？"

范缜回答说："人生与花蕊相似，随风飘荡，有的被吹入帘幌，有的落在茵席上，有的被吹向篱墙，有的落入粪坑。殿下贵为皇族，是落在茵席上的花，而下官则是落在粪坑边的那朵花，虽然贵贱悬殊，但这中间并没有什么因果关系。"

范缜是南北朝时期著名的唯物主义思想家、道家代表人物、杰出的无神论者，著有《灭神论》。范缜认为，神附于形，形存神自存，形亡神也亡，绝对没有形亡神存的道理。

萧子良不赞同范缜的观点，派王融给范缜传话说："你这么有才华，中书郎的官职只要你愿意，可以说是招之即来，为何要标新立异，浪费自己的才学呢？"

范缜笑着说："如果我改变自己的信念去谋取官职，就算不做尚书令，也能做仆射。"

范云是范缜的族兄。萧子良曾奏请武帝，请他提拔范云为郡守。萧赜不满地说："听说范云喜欢卖弄小才，本想依法惩治他，就算不重罚，也要令他远徙。"

萧子良为范云辩护说："臣有过失，范云便及时规谏儿臣。范云的劝谏奏章，儿臣都保存下来了，陛下要是不信，儿臣可以拿给您看。"随之将范云劝谏奏章呈上。

武帝萧赜接过来后，粗略地翻看了一下，竟有一百多张，而且张张言辞恳切，直言无隐，于是对萧子良说："真没有想到，范云竟然如此直言不讳，应该让他好好辅佐你，怎么能把他调走呢？"

太子萧长懋曾在东田看百姓收割水稻，对身边的僚佐说："收割的场面好壮观啊！"

众人只是唯唯称是，唯独范云走上前说："农业关系到国计民生，臣只愿殿下明白百姓的辛苦，庄稼来之不易，不要贪恋安逸。"

太子听了这话，一改笑容，很严肃地向范云说："谢谢，我一定记住你今天说的话。"

武帝萧赜奢好狩猎，范云劝竟陵王萧子良进谏，并代他拟好了奏章。武帝萧赜看了奏章后，颇为感动，此后不再出猎。

国家安定，连年无事，武帝有志实行以文治国，特地任命王俭为国子监祭酒，并在王俭的家里开学士馆，将前代四部书全部充入馆中。王俭向来熟悉礼学，谙熟朝仪、国典，晋、宋两朝的所有旧事，他都了然于胸，处理政务，判决如流，发言下笔，十分精彩。

永明七年，王俭病故，年仅三十八岁。追谥文宪，追赠太尉，旧享南昌公封号。

第三章
造孽缘孽

巴东王之死

武帝继位之后，天下好不容易太平了几年。永明八年（490年），忽然传来巴东王萧子响谋反的消息，兵祸再起，天下又陷入动荡之中。

萧子响是武帝萧赜最勇敢的一个儿子，小时候曾过继给萧赜的弟弟豫章王萧嶷。后来萧嶷一连生了五个儿子，萧赜便把萧子响要了回来，封为巴东王，任职江州刺史，永明七年（489年），又由江州刺史调任荆州刺史，督管荆、襄、雍、梁、宁、南北秦七州军事。

萧子响自幼好武，勇猛过人，精于骑马射箭，能开四斛重的硬弓，喜欢军事。他亲自挑选六十名勇士做自己的贴身侍卫。就任荆州刺史后，他多次在自己的内宅设宴犒劳这些人。他私下还制作锦绣长袍、红色短袄，打算将这些东西送给那里的蛮族，换取武器。萧子响走私武器，不是为了赚钱或谋逆，纯是个人爱好，喜欢收集各式刀枪剑戟。王府的长史刘寅、司马席恭穆二人联名密报齐武帝，说巴东王走私武器，有谋反嫌疑。

武帝立即派人去荆州调查取证。

萧子响听说朝廷派人来荆州，但没有看到武帝的诏令，于是就把刘寅、席恭穆和典签吴之、魏景渊等人召集在一起臭骂了一顿，盘问他们谁告的密。刘寅等人默然而视，谁也不肯回答。吴之说："既然皇上已经下了诏令，就应该设法搪塞过去。"

魏景渊则说要先做调查，再作定论。

萧子响见没人承认，一怒之下，将刘寅等八人全都杀了，并将情况报告给武帝。

武帝又惊又气，打算派淮南太守戴僧静率兵讨伐萧子响。

戴僧静劝谏说："巴东王还是一个小孩子，为人处世不知审慎，长史刘寅等人逼得太急，所以一时生气，而没有想到后果。天子的儿子由于过失误杀他人，不算什么大罪。陛下忽然派大军西上，使人感到恐慌，就什么事都干得出来。因此，我不敢接受圣旨。"

武帝没有说什么，但心里很赞赏戴僧静的话。于是派卫尉胡谐之、游击将军尹略和中书舍人茹法亮率领几百名武装侍卫前往江陵，搜捕萧子响左右那些小人。临行前吩咐说："子响如果束手自归，可以保全他的性命。"

胡谐之等率领大军抵达江津后，在燕尾洲兴筑了城垒。

萧子响见朝廷军队来了，知道闯了大祸，多次派使者到胡谐之处联络，表白说："天底下哪有儿子反叛父亲的道理？我不是想抗拒朝廷，只不过是做事粗心鲁莽。我这就单舸回京请罪，接受处罚，你们何必兴筑城垒，派大军来抓我呢？"

尹略一个人回答使者说："谁跟你这种叛父的逆子讲话！"

萧子响挥泪痛哭，派人杀牛宰羊备酒，犒劳朝廷派来的大军，尹略将酒肉都扔到长江里了。

萧子响觉得与茹法亮比较熟悉，驾舟求见茹法亮。茹法亮根本就不露面，一定要捉拿萧子响归案。

萧子响要求会见朝廷传达诏令的钦差。茹法亮心里有鬼，不但不肯派钦差前往，反而还扣押了萧子响派去的使者。

萧子响再次被激怒了，立即以平时亲自训练出来的六十名死士为前驱，召集府州兵卒两千人，从灵溪渡河向西进发，直逼燕尾洲。自己则亲率一百多人，携带万钧弩箭，在长江江堤上驻防，接应前军。

尹略见荆州军杀到，率军从城内杀出来，被荆州军头目王冲天一刀斩落马下，出城的兵马，死了一半，逃回城一半。

茹法亮害怕了，绕城而逃；胡谐之自知不敌，弃城而逃。燕尾洲的城垒，被王冲天率军尽行毁去。

萧赜听说儿子杀使拒捕，大怒，又派丹阳尹萧顺之率军兵发荆州，捉拿巴东王萧子响。

萧顺之是齐高祖萧道成的族弟，跟随萧道成打天下，立下汗马功劳，萧道成也将他视为左右手。萧赜做太子的时候，萧顺之曾去东宫拜访他，刚好豫章王萧嶷也在那里，萧赜指着萧顺之对萧嶷说："要是没有他，我家就不会有今天的大业。"萧赜即位后，与萧顺之彼此忌惮，萧颐封萧顺之为临乡县侯、领军将军，兼丹阳尹，将他调离京城。

萧顺之出兵的前一天夜里，太子萧长懋的亲信来到萧顺之的家，丢下一句话："巴东王知法犯法，对抗官兵，杀使拒捕，犯下滔天大罪，怎么能活在世上？"

萧顺之恍然大悟，为什么胡谐之等人逼迫巴东王？一切真相大白，是太子想要他四弟的命。武帝老了，太子登基是早晚的事，如果拒不杀巴东王，自己就不得善终，包括子孙后代，有被一窝端的可能。其实他心里清楚，巴东王不是谋反，如果是谋反，荆州兵早就动起来了。胡谐之等人之所以故意刁难巴东王，必定是受太子的指使。

萧顺之一晚上没有睡觉，皇上派他去处理巴东王案，无非看中自己是当朝皇叔，在宗族中有威望。他不停地找理由：杀掉巴东王，于公，维护了国家法令；于私，能够保护子孙后代。虽然是违心的，也是不得已而为之。

第二天，萧顺之率水军出发，半路上遇到萧子响。

萧子响仅带平民侍从三十余人，乘一条小船顺江而下，直奔建康，之所以乘坐小船，是不希望有人误会。事实证明，萧顺之的推测是正确的，萧子响没有造反。

萧子响见到萧子顺，眼神中充满了渴求，第一句话就问："我能不能回京？"

"不能！"萧顺之冷冰冰地拒绝了。

萧顺之想了一个晚上，他担心自己会起恻隐之心，不容萧子响辩解，下令将萧子响勒死于射堂，抛尸乱葬岗。萧子响死时年仅二十三岁。

萧子响在临死前，给武帝写了一封信，请萧顺之转呈，他在信中说：

> 臣的罪过已超过了山河湖海，理应甘心接受惩罚。可是，父皇下诏派胡谐之等人前来，在没有宣读圣旨的情况下，就竖起大旗进入要塞地区，在与我的城池相对的南岸兴筑城池防守。臣几次派人送信呼唤茹法亮，乞求穿便服见他一面，茹法亮始终不肯见我。手下一群小人又恐惧害怕，于是导致了双方的激战，这些都是臣的罪过。臣本月二十五日放下武器，孤身一人投奔朝廷军队，希望能回到京城，在家里等待一个月，然后，臣自己自杀，这样也可以不让人讥刺齐国这一代诛杀皇子，我也得以免去忤逆父亲的恶名。可是，还是没能遂心如愿，今天我马上就要结束生命。临死前写信给父皇，哭泣哽咽，为之话塞，不知再说些什么了！

萧顺之将遗书篡改几句，然后呈上去。

有关部门奏请要断绝萧子响与皇族的关系，削除他的爵位和封地，改姓氏为"蛸"，其他被牵连进去的，另行定罪。

很久以后，武帝在华林园游赏，看见一只猿猴跌跌撞撞，不住地悲号哀鸣，不禁惊诧，询问左右侍从这是怎么回事。侍从说："前天，猿猴的孩子从悬崖上摔下去死了，猿猴非常悲伤。"

武帝一下子想起萧子响，不禁悲从中来，忍不住抽泣起来，泪流满面，此时高祖在弥留之际的告诫之言，在耳边响起："宋氏要不是骨肉相残，别人怎么会有机可乘呢？切记，切记！"武帝拱手涕泣道："受教了！"

稍后，茹法亮受到武帝的严厉责备，萧顺之内心惭愧恐惧，也由此而旧病复发，不久便去世了。

豫章王萧嶷上书，请求收殓安葬萧子响的尸体，武帝没有批准，追贬萧子响为鱼复侯。

贤王不假年

武帝各位兄弟中，以豫章王萧嶷最为贤达，他常担心自己誉满惹来猜忌，自请外放扬州任职。武帝没有答应，对他说："你这一生，再也不要说这种话了。"

萧嶷曾经过延陵，前往季子庙观看沸井涌泉，正在这时，突然有一头牛冲过来，惊散了众人。左右欲追究牛主人的责任。萧嶷不但不许，而且还让人取绢一匹，横在牛角上，放牛回家。

临川王萧映也号称贤王，武帝曾问萧映在家里干些什么事情，萧映回答说："唯使刘献讲《礼》，顾则讲《易》。朱广之讲《庄》《老》，臣与二三贤才、兄弟常聚，以此为乐。"武帝极为赏识。

一天，武帝将临川王萧映的话说给萧嶷听，并对他说："临川为善，到了这样的地步。"

萧嶷笑着说："大司马（萧嶷为大司马）的弟弟，怎么能不善呢！"

武帝以玉如意指着萧嶷说："不若皇帝的弟弟，为善更多啊！"说罢，两人大笑。

武帝曾明令禁止王公大臣蓄养士兵，南徐州刺史、长沙王萧晃卸职回京时，随身带了数百名士兵。武帝见萧晃明知故犯，便想治萧晃的罪。

豫章王嶷得知这件事后，立即前往宫中，磕头替萧晃求情，他说："萧晃只是一时冲动，忘记了禁令，请陛下追忆先帝，看在手足情分上，饶恕了他吧！"说到这里，已是泣不成声。武帝也禁不住掉了几滴眼泪，不再追究此事。

武陵王萧晔曾进宫陪武帝喝酒。醉酒后趴在酒桌上休息，不料帽冠上的羽毛碰到了盘子里吃剩的骨头。武帝笑着说："好端端的貂羽被肉弄脏了，真是可惜了！"

萧晔醉了，有些迷糊，忘情地说："陛下未免太爱惜羽毛，疏远了骨肉啊！"武帝脸色突变，隐现怒容。

不久，武帝在东田宴请各位王爷，大家都应召而至，唯独没有宣召萧晔。豫章王萧嶷出面奏道："风景这边独好，各位弟弟都来了，可惜还缺一个武陵王啊！"

武帝听后，这才传召萧晔赴宴。

宴罢后，各位王爷比赛射箭。武陵王萧晔连发数箭，箭箭皆中靶心，他得意地问大家："我的箭法如何？"

在座的满堂喝彩，唯独武帝面有不悦之色。豫章王萧嶷窥破其中隐情，连忙对武帝说："阿五平常从来没有这样准的箭法，今天有陛下坐镇，仰仗天威，所以才百发百中。"

武帝这才开颜为笑，畅饮而归。

萧嶷身长七尺八寸，宅心仁厚，待人接物很有礼节，深得百官敬仰。每次出入殿省，人人瞻仰，他却深自敛抑，对待武帝审慎有礼，对待群下也很恭敬，始终保持一团和气，曲意周旋。高帝萧道成很钟爱这个儿子，他和兄弟间的关系也处理得非常好，内外大臣都很敬服他。

永明七年，萧嶷奏请回府。武帝令萧嶷的儿子萧子廉代镇东府。每当遇有军国重事，武帝总是请萧嶷进宫商讨，或者亲自去他的家里商议。

武帝偶尔驾车出游，也必须请萧嶷相随。萧嶷的妃子庾氏生病，武帝多次派人前去探望。王妃病好之后，武帝便带领妃嫔前往萧嶷的家里庆贺，走之前，他还交代外监说："朕要去大司马家，暂时不回宫了。如果有什么人要见朕，你们负责替朕挡回去。"

武帝到萧嶷的家后，直入后堂，张乐设宴，宴饮终日。萧嶷上前敬酒说："古来为君王祝寿的颂词，无非是寿如南山这样的话，即便世俗相沿，也一定要称皇帝万岁，臣以为这样的祝词过于虚浮，不切实际，所以臣祝贺陛下长命百年，臣也知足了！"

武帝笑道："百岁还不简单，你我的年龄一凑，不就绰绰有余吗？"

萧嶷惊慌地看着武帝说："陛下年过五十，而臣也即将半百，我们的确已经超出了百岁，难道不能再超过一百岁吗？"

武帝也自觉失言，一笑而罢。一直喝到月上更催，武帝才率妃嫔回宫。

没想到武帝的一句玩笑话，竟然成真。转瞬已是永明十年，这一年萧嶷四十九岁，身体一向很好的他突然病倒了。武帝屡次前往探视，并召名医诊治，但萧嶷的病情日益沉重，不见好转。萧嶷自知大限已到，对一旁侍候的几个儿子说："人生在世，本就无常，我已年近半百，也没有什么好遗憾的了。只是希望你们兄弟能够团结互助，和睦相处。对于财富，不要强求，要学会为人处世，保全自己。我死后丧葬从俭，你们兄弟依礼而行，我死亦瞑目了！"

儿子们垂泪受教。

不久，武帝又前来探视，拉住萧嶷的手，叹息不已，两人还哭了一场。武帝叮嘱保重，抹着眼泪离开了。

晚上，武帝又前来探视，萧嶷已不能开口说话，对着武帝一喘而终。武帝悲不自胜，掩面还宫。

萧嶷一生为官清廉，死后家里没有存钱，丧葬费用全部由国库支给。武帝又每月发给现钱百万，供养他的子孙，并追赐谥号文献。自夏到秋，内廷没有摆过一次宴席，君臣兄弟情也算善始善终了。

萧嶷死后，王融给他刻铭文说："半岳摧峰，中河坠月。"武帝见了铭文，流着眼泪说："这正是我要说的话啊！"

传说萧嶷死后，给右卫率沈文季托了一个梦，他在梦中对沈文季说："我患的只是痈疮肿毒与痢疾，不是死症。皇太子在药膏中加了数味药，使痈不瘥，在汤药中加了一种药，使痢疾不断。我已将这件事诉诸先帝，先帝答应回东邸审判此事。"萧嶷说罢，从怀里掏出一纸青文，对文季显示说："我与你素来相好，请帮我将此呈上。"萧嶷说罢，便不见了。文季醒来后，大吃一惊，但对于梦中之事，不敢向外人吐露半分。

这一年，武帝任命司徒竟陵王萧子良为尚书令，兼扬州刺史，任命西昌侯萧鸾为尚书左仆射。萧鸾是齐高帝萧道成的侄儿，生父始安王萧道生去世得早，萧鸾是由叔父萧道成抚养成人。刘宋泰豫元年（472年），萧鸾出任安吉令，颇有吏才，昇明（477—479年）中，历任淮南、宣城二郡太守。齐建元二年（480年），封西昌侯，调任郢州刺史。永明元年（483年）升任侍中，领骁骑将军，此次再次升任尚书左仆射，渐渐位高望重，专制朝权了。

第四章
北魏冯太后

太后的情人

南朝的情况暂且放下，再来叙述北魏发生的事情。

北魏孝文帝拓跋宏即位时，只是一个五岁的小孩，军国大事仍然由退位的献文帝拓跋弘掌控。

延兴六年（476年），冯太后鸩杀了拓跋弘，以太皇太后的身份重新主持国家大政。孝文帝拓跋宏此时仅仅是十二岁的小孩子，因生母李夫人在他很小的时候便被赐死，拓跋宏是由祖母冯太后抚养成人的，完全不知生母是谁。由于从小随着太后冯氏，视祖母如生母一般。父亲遇害之后，他更是把冯太后视为唯一的亲人，对祖母能够承颜顺志，躬亲服侍，事无大小，都由冯太后决断。

冯太后重掌朝政后，开始清洗献文帝拓跋弘一党，先是处决了李诉，接着又以叛逃罪名杀死孝文帝的外公南惠王李惠，大权独揽。

冯太后鸩杀了孝文帝拓跋宏的父亲、献文帝拓跋弘，以她的猜疑，从心底害怕拓跋宏有朝一日会找自己算账，这是一个巨大隐患，必须除掉。而排除隐患的最好办法，就是让隐患不存在。

这一年寒冬，北风凛冽，滴水成冰，冯太后将小皇帝拓跋宏幽禁在一个四面透风的小屋子里，三天没给他东西吃。北魏帝国的小皇帝蜷缩在屋角里，手脚冰凉，浑身冻得发紫，已经奄奄一息。

冯太后身穿貂裘，烤着火炉，正在与大臣们议事，站在她身边的是孝文帝拓跋宏的二弟咸阳王拓跋禧。冯太后向鲜卑、汉族大臣透露一个重大消息，废掉拓跋宏，改立拓跋禧。

冯太后犀利的目光将在场的人扫了一遍，她认为自己的眼光可以征服在场的所有人，不管是鲜卑人、汉人，还是匈奴人，可让她万万没有想到的是，今天的气氛似乎有些不同，小皇帝显示出的魅力，似乎在群臣中已深深地扎下了根。朝中重臣拓跋丕、穆泰等都表态反对。

拓跋丕是尚书令，出自拓跋皇族，曾跟随太武帝拓跋焘饮马长江。在平定乙浑之乱中，冯太后设谋诛除乙浑，操刀砍下乙浑头颅的人就是拓跋丕。

穆泰是尚书右仆射，北魏开国功臣穆崇的孙子，鲜卑贵族的领袖。

冯太后见两位鲜卑领袖态度强硬，其他人虽然没有表态，但也没有人表现出赞成的意思，她没有急着表态，朝门外看了一眼，似乎是在等什么消息。侍卫进来了，附在冯太后耳边，悄悄地说："陛下还活着。"

冯太后脸色略微变了一下。一个养尊处优的小孩子，三天不吃东西，而且还是在那么冰冷的地方，居然没有冻饿而死，这可能是天意了。

冯太后站起身，端庄而又威严地说："既然大家都认为他是一个好皇帝，那就给他一次机会。"

正值虎狼之年的冯太后，政事缠身之余，私生活也相当丰富，其中王睿、李冲最受宠爱。

王睿，字洛诚，其父是一位看相的江湖术士。王睿继承父业，也以走江湖看相谋生，后来进入北魏官场，任太卜令之职。

冯太后临朝称制后，王睿被破格提升为给事中，不久，又步步高升散骑常侍、侍中、吏部尚书，一年上一个台阶，官越做越大。有些人对王睿官职的蹿升表示不理解。一场惊险的奇遇，终于使个中原因大白于天下。

太和二年（478年），地方官吏给北魏宫廷进献了几只老虎。冯太后、孝文帝率百官、宫人去虎圈赏虎。老虎见突然来了这么多人，一时野性大发，腾空跃起，居然跃出栅栏，顺着阁道跑向太后和孝文帝。

左右侍卫见老虎冲过来，似乎忘记了自己的责任，丢下冯太后和孝文帝，四散而逃。冯太后和孝文帝惊出一身冷汗。

千钧一发之际，王睿随手抄起一支长戟，站在冯太后和孝文帝前面阻挡老虎。幸亏老虎见有人挡道，没有继续撒野，转向跑往旁边山林中去了。

王睿的英勇征服了冯太后，冯太后疯狂地爱上了这个男人。王睿的一生也由此改变，一下子又从吏部尚书跃升为尚书令，加封为中山王，地位之隆，荣宠之盛，令王公大臣望尘莫及。

冯太后的大床上，也多了一位相貌英俊、身材伟岸的常客。由于王睿与冯太后两情相悦，冯太后密赐给王睿珍宝无数，都在夜里两人欢娱之后，让宦官用大篷车装载，一车又一车地把宫中之物往王睿家里送。暗送还不算，还有明赏，赐以田园、牛马、奴婢、杂畜。为了显示公平，赏赐王睿的时候，其他同等官员也跟着沾光，一同受赏，所费不计其数。可惜这样甜蜜的日子没过几年，王睿就病死了。

冯太后重感情，对丈夫如此，对情人同样情深义重。王睿病重的时候，冯太后和孝文帝亲自前往探视，派御医前往诊治。死后，又亲自前往王府祭奠，痛哭流涕，异常悲伤，并追赐王睿谥号，为他立庙。情人做到如此地步，王睿不虚此生了。

正如皇帝不能没有女人一样，冯太后不能没有男人。王睿死后，冯太后必须再找男人，秘书令李冲进入了她的视线，成了她的猎物。

李冲，字思顺，陇西人，其父李宝曾获封敦煌公。史载李冲风流倜傥，姿貌丰美，沉雅有大量，有很好的声誉。北魏献文帝拓跋弘时期，李冲进入太学，毕业后进入宫廷任秘书中散，掌管图书文事，不久升任秘书令。李冲是一位胸有城府、腹有良谋的读书人，官至秘书令后，上书建议废除宗主督护制，创立三长制。

所谓三长制，即五家立一邻长，五邻立一里长，五里立一党长。其职责是检查户口，监督耕作，征收租调，征发徭役和兵役。

北魏当时实行的是宗主督护制，农业人口多依附豪强地主，成为他们的奴隶，创造的财富也被豪强地主拿走，政府却无法控制。实行三长制，就是让农民自己从豪门地主庄园里走出来，政府分给他们土地，使他们成为自耕农。当然，这些自耕农创造的财富，一部分将作为税收，归国家所有，而不是像过去那样被豪强地主掠夺。

冯太后看了李冲的奏疏后，敏锐地觉察到这是一个金点子，便让李冲参加朝会，让他在朝会上谈谈创设三长制的好处。看着李冲侃侃而谈的儒雅之态，冯太后一下子就爱上了这个风流倜傥的男人。

朝会后，冯太后将李冲召至宫内，把公事私事一起办了。很快，李冲就升任中书令，赐爵顺阳侯，接着又进陇西公。李冲同王睿一样，成为冯太后的情人之后，每月得到的赏赐达数十万。这是明面上的，私下里冯太后偷送给他的珍珠奇宝，更是多得数不胜数。

李冲本身家境清贫，陡然间成了腰缠万贯的富翁，没有失去理智。他是一个器量不凡、学识广博的年轻人，在贵宠至极之时仍能谦逊自抑，将天降之财广为布施，落难寒士、亲戚朋友、左邻右舍，凡有困难者，找李冲就能得到一定的资助。因此，李冲的声誉并未因与冯太后有些不清不白而受到污损，反而"时多称之"。李冲还不计前嫌，对从前与自己有嫌隙甚或有仇之人，也能伸出援助之手。

这个女人不简单

冯太后有自知之明，知道自己作风不检，却又害怕旁人说三道四，于是责令宦官严密监视朝廷的舆论风向，一旦发现有人谈论宫闱情事，不待禀报孝文帝拓跋宏，她便抢先动手，除掉议论之人。

青州刺史南郡王李惠是孝文帝拓跋宏的母舅，曾历任几个大郡的郡王，政绩颇佳，很受百姓拥戴，只因看不惯宫中的丑事，稍微谈论了那么几句，冯太后知道后，竟指使人诬陷他谋反，杀了他全家。

冯太后心狠手辣，在政治上是一个女强人，临朝听政，对朝政进行大刀阔斧的改革，可谓巾帼不让须眉。最重要的措施是俸禄制、均田制、三长制。

北魏孝文帝以前，朝廷不给官吏发俸禄，官吏可以随意向百姓搜刮，聚敛钱财，这也是北魏前期统治者虽然严厉惩处腐败，但吏治仍不廉洁的原因之一。有鉴于此，太和八年（484年），冯太后颁行俸禄制度。官吏有了俸禄，正常生活便有了保障，再巧取豪夺，就属于贪污行为，可以严惩。

以俸禄制度为起点，北魏帝国拉开了改革的序幕。尚未亲政的年轻皇帝孝文帝拓跋宏用一种欣赏的眼光看待祖母给这个国家带来的每一个变化。

随后在李安世与李冲的建议下，先后推行了"均田制"与"三长制"，前者解决了农民的土地问题，后者废除了北魏的"宗主督护制"。

均田制与三长制的推行，使人们纷纷从宗主督护的坞堡中走出来，向朝廷领取土地，成为国家的编户农民。北魏孝文帝改革因之而基本定型，使得北魏的经济快速发展起来，十年后达到繁荣的顶峰。冯太后开启了北魏帝国的繁荣局面。

冯太后赏罚分明，有功就赏，有过就罚，就连她的宠臣也不例外。往往今天因过受刑，明天因功升官，所以朝中很少有人有怨言，反而愿意为她效命。

中书令光禄大夫高允辅佐了北魏五代君王，为官五十余年，资望最高。已经九十多岁了，还在朝中做事。之前，高允因年纪大了，告老还家，冯太后因为他办事老成，又派人将他接回平城，封为中书监。还特别规定，高允可以乘车上朝，朝贺不必行跪拜礼，并命他申定律令。

高允虽然年纪大了，但眼不花，思维敏捷，不亚于年轻人。他曾感慨地说："刑狱关系到人命，不容半点疏忽啊！"

太和十一年，高允在平城病逝，享年九十八岁。孝文帝拓跋宏追封他为司空，赐谥号文。

孝文帝拓跋宏吸取父亲的教训，对冯太后百依百顺，从不违拗。

冯太后没有放松对小皇帝的警惕。曾经有个宦官在她面前陷害小皇帝，冯太后大怒，下令将小皇帝责打几十大棍。孝文帝只是默默忍受，并不辩解。

拓跋宏的仁慈孝顺，终于征服了挑剔的冯太后。通过多年观察，冯太后在小皇帝身上发现了一个仁君所应具备的素质，对小皇帝的态度有了根本转变，开始真心实意地对待小皇帝了。

孝文帝的年号是太和。太和七年，北魏宫廷又发生了一起"子贵母死"的惨案，这是最后一起立子杀母的丑闻。冯太后主导了这一事件。

拓跋宏的皇妃林氏生子拓跋恂，很快立为皇太子。依北魏旧制，立皇太子之前，必须将其生母赐死。拓跋宏深知丧母之痛，不希望"子贵母死"的悲剧在他身上重演，恳请冯太后废除残酷的祖宗之法，冯太后拒绝了。

具有讽刺意义的是，北魏开国皇帝拓跋珪设立"子贵母死"的制度，本来是为了防止母后干政的事情发生，可冯太后却利用这条祖制巩固自身的权力。她没有生育太子，但照旧掌控着北魏国的大权。冯太后之所以固执地杀掉林氏，是因为她的大脑又开始运转，考虑百年之后，冯家的地位如何才能永世不替。

在冯太后的安排下，她的哥哥冯熙的两个女儿进宫了。先后进宫的两个侄女命运不济。进宫不久，妹妹就病死了。姐姐大冯氏与拓跋宏一见钟情，两人爱得热烈缠绵。偏偏小女子也未逃过病魔之手，一场大病下来，皮肤生出麻疹。冯太后为拓跋宏选择侄女为妃，自然是认可他的皇帝地位，她不希望侄女的病传染到皇帝，无情地打发大冯氏侄女出家为尼了。

冯家最小的女儿冯清又被安排进宫了，无疑她是幸运的女人，不管皇帝爱不爱她，她注定是皇后的命。

冯太后为孝文帝定好了姻缘，安排好一切，放心地走了，享年四十九岁。

拓跋宏为冯太后服丧，五天五夜浆水不入口，悲痛至极。群臣怎么劝都不行，幸亏一个叫杨椿的大臣正色劝谏："圣人之礼，再大的悲哀也不可以毁伤性命。即使陛下想在万代中树立贤人的楷模，国家怎么办？"

拓跋宏这才勉强喝了一小碗粥。拓跋宏自然明白"上有好者，下必甚焉"的道理，他所做的一切，都是为人民做表率。

尽管冯太后立下遗嘱，丧葬从俭，拓跋宏还是为她办了一个相当隆重的葬礼，并下诏为太后守孝一年，命满朝文武也为太后穿一年的丧服，朝中王公大臣没有一个敢提出异议。

而后，拓跋宏追尊冯太后为文明太后，并屡次率领百官去祭拜太后的陵墓。一直到次年元旦，孝文帝才临朝听政。

齐武帝萧赜得知北魏冯太后病逝，特派散骑常侍裴昭明、侍郎谢竣去北魏吊丧。孝文帝拓跋宏也命散骑常侍李彪随使者回访齐国。

李彪到了齐国，齐武帝专门设宴款待，李彪再三推辞说："我国君主正在哀痛地为太后守孝，满朝文武官员都是穿着孝服办事，我出使贵国，虽然脱去了孝服，但在举国哀悼的情况下，怎敢一人欢乐呢？"

齐武帝见他如此尽礼，从内心对他起了敬意，按他的意思，撤去酒席，重做素餐。

李彪回国的时候，齐武帝还特地为他饯行。此后南北又开始互通使者，李彪六次往返，都不辱使命。

拓跋宏有心复古，正祀典，作明堂，营太庙，每年都要祭祀太后，脱下孝服后，仍旧经常拜谒永固陵，极为悲伤。

太和十七年，拓跋宏才知道自己的生母是李夫人，于是追尊生母李夫人为思皇后，并册立故皇妃林氏为贞皇后。但他仍然不忘冯氏的旧恩，册封冯熙的小女儿为皇后，长女为昭仪。冯昭仪是小妾所生，所以妹尊姊卑。

第五章
骄淫少主

至死蒙在鼓里

永明十一年（493年），萧齐太子萧长懋没等到父皇齐武帝寿终正寝，突然患病去世，年仅三十六岁。萧长懋生病之时，沈文季就曾对人说："太子危险了，恐怕大限已到！"果然，几天后就传出萧长懋病逝的消息。

萧长懋久在东宫参政议事，朝臣们都说齐武帝已老，帝位顺理成章就是太子的了，没想到突然病逝，让人惋惜。齐武帝萧赜更是悲痛欲绝。

随后，萧赜立皇长孙南郡王萧昭业为皇太孙，并将东宫旧吏全部派给他。

萧昭业，字元尚，是太子萧长懋的长子，小时候养在竟陵王萧子良家里，由竟陵王妃袁氏抚养长大。因为当时太子萧长懋任雍州刺史，在地方为萧家王朝打拼。萧昭业一直长在竟陵王府，萧子良搬家西州，萧昭业也跟着去了，直到萧子良搬往鸡笼山的西邸，萧昭业才留在西州，独立门户。那是永明五年（487年），萧昭业十六岁，他跟了萧子良十六年，与其说萧昭业是萧长懋的儿子，不如说他是萧子良的儿子。

萧昭业从小跟在叔父萧子良身边。所谓近朱者赤，近墨者黑，萧子良是大学者，萧昭业也写得一笔好字，得到武帝特别的钟爱。武帝吩咐小昭业，字画不要轻易给人，以示尊贵。

萧昭业非常聪明，而且还伶牙俐齿，待人接物，一副谦恭的模样。这只是表象，其实他是一个阴险狡诈、矫揉造作、善于掩饰自己的双面人，人前是一套，背后又是一套。

萧昭业当南郡王时，跟随叔父萧子良居住西州，太子萧长懋虽然不在身边，但常令人监视他的起居，严禁他奢侈浪费。萧昭业表面上谦恭有礼，背地里却极为轻浮放荡，与左右无赖宵小二十余人，共衣食，同起卧，经常晚上带着仆人偷偷溜出去召妓饮酒。没有钱便向有钱人借贷，有借无还。有钱人不敢得罪他，只能自认倒霉。老师史仁祖、侍书胡天翼奉太子之命教导萧昭业，见萧昭业恣意妄为，苦苦相劝，萧昭业只当成耳边风，一吹而过。二人很无奈，常常为自己的命运担忧：如果将皇长孙的劣迹上报皇上与太子，一定会惹皇上和太子伤心，同时还会激怒萧昭业；如果隐瞒不报，放任萧昭业堕落下去，在皇上和太子那里交不了差，万一出了什么事，不但自己性命难保，而且还会连累到家人。后果太可怕，现实却又不能回避，两人心灰意冷，一同服毒自尽。

萧昭业得到老师的死讯，不但不悔过，反而喜出望外，更加纵情行乐。他曾私下令女巫杨氏诅咒祖父和父亲早日归天，以求能早日获得帝位。太子患病，他被召回京。

萧昭业见到父亲时，一副悲痛哀愁的样子，不知底细的侍卫、官员见到皇太孙如此孝顺，感动得呜咽流泪。萧昭业回到自己的住处，立即喜笑颜开，大吃大喝，纵情玩乐，悲痛之容一扫而光。

萧长懋病逝后，萧昭业哭得撕心裂肺，宛若一个孝子；回到府内，仍纵酒酣饮，欢笑如常，并重赏女巫杨氏，认为这是她的功劳。杨氏也庆幸傍上了大金主，继续从事她的诅咒事业。

齐武帝打算立萧昭业为嗣君时，曾召他去问话。每当说到太子萧长懋，萧昭业便不胜悲戚，一副哀痛的神情。齐武帝被萧昭业高超的伪装术蒙骗了，总认为萧昭业是至情至性之人，是一位合格的储君。

夏去秋来，突然传来北魏入侵的消息。齐武帝本想调兵遣将，捍卫国家边境，不料身体出了问题，时冷时热，浑身不自在，只好移居延昌殿养病，乘坐的轿子刚登上台阶，突然听到殿内传出阵阵风声，齐武帝不由毛骨悚然，暗自心惊，一时也不便说出来。只好硬着头皮进去，卧床静养。不料北魏入侵的警报，一天比一天急。齐武帝急忙调江州刺史陈显达为雍州刺史，又命徐阳的士兵扼守边境要地。

竟陵王萧子良担心兵力不足，在东府招募士兵，并奉命封中书郎王融为宁朔将军，让他全权负责招募事宜。

不久，萧子良奉齐武帝之命，进宫负责安全保卫工作，陪在武帝身边。皇太孙萧昭业也是隔天过来探望。

群臣见武帝做如此安排，一头雾水，纷纷猜测："到底是立竟陵王萧子良还是皇太孙啊！"

萧昭业还在继续表演，见武帝病情严重，奄奄一息，强捺心中的畅意，一副悲悲戚戚之态，显得非常忧伤。武帝每次与他谈起后事，他总是一边应答，一边流泪。离开延昌殿后回到东宫，萧昭业立即像变了一个人，令女巫杨氏继续作法诅咒武帝，希望老头子快点死。他给还在西州的妃子何婧英发去一封密信，信中不谈别的事，在纸中央写了一个大大的"喜"字，外面还环绕着三十六个小喜字，表明大庆的意思。何婧英看信后，知大庆快到了，也是暗暗欢喜。

武帝担心人心动荡，将宫廷乐队召来演奏乐曲，以示自己的从容。无奈病情越来越严重。一天，武帝突然昏厥过去，宫廷内外以为皇上这次死定了，仓促地换上了丧衣。

萧子良的亲信们坐不住了，最急者当属"竟陵八友"的中书郎王融。

王融忧国

王融，字元长，"竟陵八友"之一，琅邪（今山东临沂）人。东晋宰相王导的六世孙，王僧达之孙，王俭（王僧绰之子）的侄子。他自幼聪慧过人，博涉古籍，富有文才。年少时即举秀才，后来成为竟陵王萧子良的幕僚，极受赏识。他的叔叔王俭曾对人说："此儿年至三十，名位自然及祖。"

永明九年（491年），武帝在芳林园赐宴群臣，命各人赋诗，王融作《曲水诗序》，文藻富丽，当世称誉。王融有才辩，于永明十一年（493年）兼任主客郎，接待北魏使者，应对便捷，得到朝野一致好评。但王融自恃有才华，好名利，希望在三十岁内成为公辅。

王融雄心勃勃，觉得中书郎的官职有点小，从心里不满意。他曾抚案叹息说："如此寂寂，邓禹笑人。"邓禹二十四岁官拜东汉大司马，王融与邓禹比，足见其心气之高。

有一次，王融过秦淮河，朱雀桥上人来人往，拥挤不堪，赶上堵车。王融坐在车里上火，用拳头捶着车壁，发出咚咚的响声，一边捶一边大叫："车前无八驺，何得称大夫！"意思是说，官做小了，如果当了大官，早就清道了。

武帝病情转重，一度昏迷不醒。王融竟想推举萧子良为帝，建定策之功，并写好了伪诏，准备颁发下去。

萧昭业听说武帝病重，急匆匆赶往宫中，被王融挡在中书省殿门之外。

此时的齐武帝已是奄奄一息，挣扎着醒了过来，已经是生命的最后时刻，大家都在等武帝的遗言。萧赜吃力地睁开眼睛，气喘吁吁地问："太孙在哪里？"

左右忙回答："尚在殿外。"

萧赜强打精神说："宣太孙进殿，东宫甲仗随入。"

萧子良站立一旁，浑身冰凉，没有采取任何措施阻止，因为他事先根本就没有做详细的策划。

关键时刻，萧衍表态了，他对另一名军将范云说："现在众说纷纭，将有非常之事发生，非常之事要非常人去做，王融的文才不错，做非常之事还欠火候，我认为他必将失败。"

非常之事，明显是指拥立皇帝的事，正常继位那不叫非常之事，争权夺位才叫非常之事。

范云大为惊讶，这话表明萧衍反对萧子良做皇帝。范云是萧子良的追随者，马上替王融辩解："忧国家者，唯王中书。"

萧衍冷笑一声说："王融忧国，是想做周公、召公，还是想做竖貂呢？"

王融自然做不成周公，不够皇叔的身份。萧衍斥责王融是奸臣，竖貂在齐桓公死后，率兵守住宫门，不让诸公子进殿，引起齐国大乱。

内监忽然跑出来，说皇上已经苏醒，要见皇太孙。王融不敢再阻挠，只好让他进去。

萧昭业进殿，来到病榻前，拉住武帝的手痛哭。

武帝脸上露出一丝笑容，叮嘱萧昭业说："你是个厚道的好孩子，将来必成大器。但是要记住我的话，五年之内，朝廷之事全部托付给宰相，五年后要亲自处理，不再交给别人。就算做得不好，也没有什么可遗憾的了。"

萧昭业一边抽泣，一边点头。

临去世的时候，武帝又拉着萧昭业的手说："如果你还想念祖父的话，你就一定要好好干。"

萧昭业频频点头，显得非常顺从。

其实，萧子良并没有什么妄想，他与武帝谈到后事时，只想与西昌侯萧鸾分掌国政。武帝临终前，将皇太孙托付给萧子良和萧鸾二人。

这天晚上，武帝萧赜去世，享年五十四岁，在位十一年。

中书郎王融还想拥立萧子良，于是派萧子良的兵士扼守宫禁。萧鸾赶到云龙门时，受到卫士的阻拦，不禁怒从心起，厉声呵斥道："有圣旨宣我进宫，谁敢无礼？"

士兵们被他这么一吓，立即让开路，萧鸾乘机冲了进去。

萧鸾到了延昌殿，见皇太孙萧昭业还没有嗣位，而各位王公交头接耳，也不知他们讨论什么。于是走到王公中辈分最高的武陵王萧晔面前问道："嗣君在哪里？"

萧晔立即大声说："现在如果要立辈分高的君主，那就是我了。如果选择嫡系继承王位，那么，就应该是皇太孙。"

萧鸾应声道："如果要立皇太孙，那就应该立即让他登殿。"

萧晔便将萧鸾带到御寝前，请出正守在武帝身边的皇太孙，请他坐上御座。然后，两人指挥王公，部署仪卫，率领大臣匍匐拜谒，三呼万岁。

骄淫少主

萧昭业登殿受贺，早已是满面喜容。礼毕回宫，竟把丧事抛在脑后，召来后宫所有歌伎，饮酒作乐，欢闹的声音都传到宫外去了。

萧子良居住在中书省。萧昭业新登基后，立即派虎贲中郎将潘敞率禁军二百人，屯居太极殿西阶，防备萧子良图谋不轨。

萧昭业曾被萧子良的王妃袁氏悉心照顾过一段日子，因而与萧子良夫妇的关系很好。发生王融谋变的事情后，萧昭业与萧子良之间便有了嫌隙。萧子良请求留居殿省，等先帝的丧事办完后，再归私邸，萧昭业不同意。

萧昭业登基，最郁闷的当属王融。他没有去参加新皇帝的登基仪式，独自回到中书省，脱掉丧服，去找萧子良，见面后恨声说道："公误我！公误我啊！"萧子良一笑而罢。

第二天，宫中传出先帝的遗诏，授武陵王萧晔为卫将军，西昌侯萧鸾为尚书令，太孙詹事沈文季为护军，竟陵王萧子良为太傅。

又过了几天，萧昭业追尊先帝萧赜为武皇帝，庙号世祖；追尊皇太子萧长懋为世宗文皇帝，太子妃王氏为皇太后。并册立抚军将军何戢的女儿何婧英为皇后。

王融却做了替死鬼。十多天后，萧昭业亲自下诏，逮捕了王融，交付廷尉审判，命令中丞孔稚控告王融阴险、浮躁、轻率、狡黠，招降纳叛没有成功，又随便批评攻击朝廷。王融向竟陵王萧子良求救。萧子良"泥菩萨过江——

自身难保"，只是唉声叹气，因为他的自由都受到限制，哪还敢伸出援手。几天之后，萧昭业命令王融在狱中自杀，年仅二十七岁。王融在临死前叹息道："要不是为了我的百岁老母，我一定要揭穿萧昭业的丑恶嘴脸。"

"竟陵八友"中的沈约写了一首《伤王融》的诗怀念好友：

> 元长秉奇调，弱冠慕前踪。
>
> 眷言怀祖武，一篑望成峰。
>
> 途艰行易跌，命舛志难逢。
>
> 折风落迅羽，流恨满青松。

萧昭业杀掉王融泄恨后，晋封弟弟萧昭文为新安王，萧昭秀为临海王，萧昭粲为永嘉王。并将女巫杨氏尊为杨婆，格外优待她。

将祖父的灵柩出葬景安陵，萧昭业还没有出端门，便借口身体不适，跑回后宫继续作乐去了。

武帝生病的时候，边境的警报一日紧过一日，到了萧昭业继位，他反而乐得淫荒自乐，哪还管什么北魏、什么入侵！

第六章
迁都洛阳

深谋远略

北魏冯太后死后，孝文帝拓跋宏亲政，正式接手管理北魏帝国。此时的北魏经过冯太后十四年的经营，已经是一个走上正轨、日渐强盛的国家。均田制、三长制的顺利推行，使国家控制的户口大大增加，垦地面积扩大，财政收入增长，国家财富与日俱增。拓跋宏并不满足于现状，把北魏帝国变成真正伟大的国家，才是他最大的追求，要实现这个目标，必须有所改变。

北魏孝文帝亲政后，求变的第一步就是推行汉化。拓跋宏雅怀古道，慨慕华风，兴礼乐，正风俗，把从前辫发旧制毅然更张，仿效汉人束发为髻，又变革衣袍，制成汉服式样。随后拓跋宏又祀尧、舜、禹，祭周公，尊孔子为文圣尼父，告诸孔庙，另在中书省悬设孔子画像，并亲自前往拜祭；改中书学为国子学，尊司徒尉元为三老，尚书游明根为五更，大力仿效中原的制度。

经过深思熟虑，孝文帝准备迁都洛阳。史书记载迁都的理由是："以平城地寒，六月雨雪，风沙常在，将迁都洛阳。"表面上看，孝文帝迁都的理由是因为平城气候，其实大谬！

北魏建国百余年，随着国力的强盛，京都平城的人口日益增多，官僚队伍逐渐庞大，粮食供给问题慢慢凸显出来。明元帝拓跋嗣时期，每逢荒年，朝议最多的事情就是迁都。因为当时交通十分落后，用牲畜从关内运粮到平城，不仅沿途消耗严重，运输成本也极高。洛阳地处北魏王朝相对核心的地带，可通运四方，加之平原地区交通便捷。这样一来就解决了最根本的问题。

从地理位置来看，平城位置接近北方柔然。道武帝拓跋珪、太武帝拓跋焘时代，胡血勃勃，战士凶悍，自然把柔然打得嗷嗷狂逃，不敢贸然南侵。随着北魏逐渐南扩，王朝的军事实力与将士的素质不增反降，打南朝没问题，对付凶悍又多良马的北方柔然仍觉有些吃力。平城临塞，稍不留神，柔然铁骑就可能以迅雷不及掩耳之势把平城包围起来，国都如果有了闪失，北魏王朝就可能轰然坍塌。孝文帝显然是看到了这一点，因而选择迁都，这样不仅可以避开来自柔然的危险，又可以借机南扩。

太和十七年（493年），孝文帝决定迁都洛阳。但是，要把都城从平城（今山西大同）迁往洛阳，守旧贵族反对，普通鲜卑民众抵触，其声势之大、阻力之重，可想而知。年轻的孝文帝要克服重重障碍，按常规的方式显然不行，必须剑走偏锋、另辟蹊径。于是，孝文帝决定假借"南征"之名，达到迁都的目的。于是他下诏南征。诏令一下，举国哗然，自萧道成篡宋建立齐国以来，南北朝已有十余年没有发生战事，仓促之间发动战事，大家都说时机不成熟。

按照传统的习俗，孝文帝召集群臣卜卦，太常卿呈上卦象——"遇革"。

孝文帝看了卦象，高兴地说："汤武革命，应天顺人，大吉！"

群臣都反对南征，但都不想第一个出来表态。皇叔任城王拓跋澄从卦象中挑出毛病，晃着脑袋说："陛下继大魏基业，据有中土。我们是正统，出兵讨伐不肯臣服的国家，怎么能是商汤、周武王呢？"

孝文帝板着脸，教训道："卦辞上讲'大人变虎'。大人虎啸生风，锐意变革，何言不吉？"

拓跋澄立即顶了一句说："陛下龙兴已久，今天怎么又变回老虎啦！"

孝文帝一下子没了说辞，有点恼羞成怒，耍赖说："国家是我的国家，我说怎么办就怎么办！"

拓跋澄不依不饶："国家是陛下的国家，可臣是国家的臣子，明知国家有危难，怎么能闭口不言呢？"

孝文帝被顶得哑口无言，稍停了一会，神色慢慢平静下来，冒出一句："好，很好，各言其志，各言其志，没什么关系。"

散朝之后，孝文帝立即把拓跋澄单独找过来，屏退左右，悄悄地对他说："任城王，找你来，还想就'革卦'再聊一聊。明堂之上声色俱厉，不过是想吓唬吓唬那些大臣。你以为朕真要伐齐吗？"

拓跋澄："那又是为何？"

"北方虽然辽阔，但只便于用武，不是文治之所。如果想移风易俗，就必须将都城迁往中原。所以，朕欲借南征之名，行迁都之实，做一番改革。你认为怎么样？"

拓跋澄一听不发动战争，高兴地说："陛下您打算把京都迁到中原，以扩大疆土，征服四海，这一想法也正是以前周王朝和汉王朝兴盛的原因。"

孝文帝说："北方人留恋旧有的生活方式，那时，他们一定会惊恐骚动起来，怎么办？"

拓跋澄回答说："不平凡的事，原来就不是平凡的人所能做得了的。陛下的决断，是出自您圣明的内心，他们又能有什么办法呢？"

孝文帝高兴地说："任城王，你真是我的张子房呀！"

孝文帝立即着手准备南征之事。虽然有数位大臣上书谏阻，但孝文帝心意已决，不容改变。

戏剧性的决策

两个月之后，孝文帝亲率三十万步骑兵"南征"，从平城出发，渡过黄河南行。当时正是阴雨连绵的深秋季节，魏军行走在泥泞的道路上，苦不堪言。十月，大军抵达洛阳城。经过近一个月的长途跋涉，将士们神色倦怠，疲惫不堪，随行的诸大臣同样精疲力竭，叫苦不迭。

此时正是深秋天气，淫雨连绵，孝文帝身穿战服，手持马鞭，骑在马上，命令将士立即出发。

文武官员赶紧拦住马头，不断叩拜。孝文帝说："作战计划已经决定，各路大军将要继续前进，你们还想要说什么呢？"

尚书李冲等人说："我们现在的行动，全国上下都不愿意，只有陛下一个人想实现它。臣不知道陛下一个人走，将要到什么地方去。我们有一心报国效忠皇上的心愿，却无法表达出来，只好冒死向陛下请求。"

孝文帝勃然大怒，说："我现在正要征服外邦，希望统一天下，治理国家，可你们这些文弱书生，却多次怀疑这一重大决策。杀人用的斧钺有它们使用的地方，你们不要再多说什么！"说完，又纵马要走。

这时，安定王拓跋休等人一齐来好言劝谏，流泪阻止。

孝文帝又告诉大家说："这一次，我们出动军队的规模不小，出动而没有什么成就，将来拿什么让后人看？朕世世代代居住在幽朔，一直想要南迁到中原。如果我们不再向南征伐，那么，我们就应该把京都迁到这里，你们认为这样做怎么样？同意迁都的人站在左边，不同意迁都的人站在右边。"

那位被冯太后削去王爵、南征戴罪立功的南安王拓跋桢一看机会来了，见风转舵，靠近孝文帝说："干成大事业的人，并不向众人征询意见。如今，陛下如果放弃向南征伐的计划，将京都迁到洛阳，这正是我们所希望的，是老百姓的幸运。"

集体行动多数人看风，有人带头表态，文武百官立即高呼万岁。当时，鲜卑人虽然不愿意迁都，但是又害怕再向南征伐，所以也就没有人敢说些什么。

其实，大臣中诸多的鲜卑人都不想迁都洛阳，但又都"惮于南伐"，两害相权取其轻，故而就都退而求其次，不再竭力反对迁都。

如此迁都大计，居然就这样戏剧性地敲定了。孝文帝自然非常高兴。

李冲又对孝文帝说："陛下将要迁都洛阳，可是，皇家祖庙和皇宫、府宅都要重新建造，我们不能只骑在马上走来走去，等待它们建成，希望陛下暂时回到代都，等到文武百官把这一切事情做好之后，陛下再备齐仪仗，在宁静祥和的銮铃声中莅临新的京都。"

孝文帝不高兴地说："朕正要到各个州郡巡查，现在正好可以利用这个机会，先到邺城，暂作停留，明年一开春就返回，而不是回北方。"

李冲不好再多说，当即退下。

孝文帝随即派任城王拓跋澄返回平城，向留守在那里的官员们宣布朝廷迁都的决定，对任城王说："如今才是变革的开始，你回去要好好地劝慰他们，一定要把事情办好。"

由于文武官员的意见并不一致，孝文帝就对卫尉卿、镇南将军于烈说："你是怎么想的呢？"

于烈回答说："陛下圣明的谋略，是为了国家长远利益，这不是愚昧、肤浅的人所能预测到的。但如果推测大家的心意，愿意迁都的人和依恋故土的人，正好各占一半。"

孝文帝温和地说："你既然没有公开说自己反对，那就是表示认同了，我深感到你不说话的好处。"

于是，孝文帝派于烈回到平城镇守，于烈受命而去。

迁都洛阳

十月，孝文帝率众巡阅金塘城时，命令司空穆亮、尚书李冲携将作大匠董尔一起去洛阳，营造新都洛阳。然后从金塘城起程前往河南城。顺道在滑台城东边兴筑祭台，向随行的祖宗牌位禀告迁都的想法。下令实行大赦。然后起驾赶赴邺城。

孝文帝前往邺城，齐国雍州刺史王奂的次子王肃在邺城求见孝文帝，向他陈述讨伐南齐的策略。孝文帝和他谈着谈着，不知不觉地把自己的座位往前移，以便听得更仔细些，时间不知不觉地过去了很久。

孝文帝无意于出兵南征，但见王肃是个人才，便将他留在身边，从那以后，对王肃的器重和待遇一天比一天隆厚，无论是亲信故旧还是重臣，都无法离间这君臣二人之间的关系。孝文帝有时就让左右侍从退下，单独和王肃谈话，谈到半夜，仍不停止，他自认为和王肃相见太晚了。不久，任命王肃为辅国将军、大将军长史。

任城王拓跋澄回到平城，向大家传达了迁都洛阳的决定。听说要迁都，没有人不感到震惊，没有一个人赞同。拓跋澄引经据典，费尽口舌，终于说服大家接受了迁都的动议。

拓跋澄回到邺城向孝文帝汇报，说留守平城的百官，刚听到迁都洛阳的计划，无不惊骇，表示不理解，后经过劝导，大家也都没意见了，有些人甚至夸赞这是一项英明的决策。

孝文帝高兴地说："要是没有任城王，朕很难办成这件事哟！"

孝文帝立即召见王肃，对他说："眼下朕正要迁都，一时不便南伐，等都城一定，朕立即为你复仇。朕打算推广使用汉人礼仪和雅乐，将鲜卑人传统的风俗习惯改变成和汉人的一样，你以前是江左名士，应该深谙中原朝廷的典故，朕想将我朝的改革事宜全部委托给你，希望你不要推辞。"

王肃领命，连夜替孝文帝草定礼仪，一切衣冠用物，逐条裁定，第二天便呈给孝文帝。

孝文帝无不嘉纳，留待施行。当下在邺西筑宫，作为行在。又命安定王休，率领官属，往平城迎接家属，自在行宫过了残冬。

太和十八年（494年），由于平城的贵族留恋故土，不想南迁，孝文帝又亲自回了一次平城。

在平城，燕州刺史穆罴出奏道："今四方未定，不宜迁都，且中原无马，如欲征伐，多有不便。"

孝文帝反驳道："我们的马厩在代郡，何患无马，不过代郡在恒山以北，中原以外，不能称为宜都，故决定南迁洛阳。"

尚书于粟又接着说道："代郡地形，胜过洛阳。自先帝以来，久居此地，吏民相安，一旦南迁，恐伤众情。"

孝文帝正要反驳，东阳王拓跋丕说道："迁都大事，应当占卜一下凶吉。"

孝文帝说："过去周召公营建东都，他是圣贤，故能占卜。我不是圣贤，占卜有什么用！况且占卜是因为办事生疑，办事不生疑何必占卜！自古帝王以四海为家，或南或北，随地可居。我的远祖世居北荒，平文皇帝（拓跋郁律）东迁木根山，昭成皇帝（拓跋什翼犍）迁盛乐，道武皇帝（拓跋珪）又迁平城，我承蒙祖荫，国运清夷，为什么就不能迁都呢？"

听了拓跋宏的一席话，群臣才没有话说。

于是，孝文帝颁发诏书，把迁都的事诏告全国，太和十八年（494年）正月，北魏正式迁都洛阳。

到了初冬，听说洛阳宫阙已经告竣，孝文帝立即亲自祭告太庙，令高阳王拓跋雍及镇南将军于烈将神主迁到洛阳，然后率六宫后妃及文武百官赶往洛阳。

第七章
萧鸾废帝

宫闱淫乱

萧昭业登上帝位，成为齐国皇帝，改元隆昌。从萧昭业登基开始，南齐步入刘宋后尘，大肆屠杀宗室，内乱不止。

萧昭业继位之后，寻欢取乐，为所欲为，每天在后宫厮混，不论尊卑长幼，都恣意笑谑。因见世祖的妃嫔都年华已逝，便把心思放在父亲生前的几个宠姬身上，这些妃嫔有的正值妙龄之年，有的徐娘半老，风韵犹存。其中有一霍家碧玉，年龄最稚，体态风骚，父亲萧长懋在世时，也因她柔情善媚，对她格外怜爱。此时的霍氏寡居寂寞，感物伤怀，无限凄楚。萧昭业知情识趣，与这位庶母眉来眼去，一个自得风流，一个若即若离，巧为迎合，你有情，我有意，哪顾什么礼义廉耻，渐渐地竟然勾搭上手。

宦官徐龙驹也是一个卑鄙无耻的奸佞，竟然撮合两人，从旁怂恿，秘密为他们安排。于是云房月窟，暗里筹谋，海誓山盟，说不尽的鸾颠凤倒，描不完的蝶浪蜂狂。

为了更好地成全二人，徐龙驹又想出一个办法，跑去对皇太后说霍氏想出家为尼。不知情的王太后信以为真，让徐龙驹将霍氏带出宫去，成全她的心愿。徐龙驹带领着霍氏，直接去了西宫。

萧昭业得到霍氏后，彻夜交欢，恣情行乐，并把霍氏改为徐氏，以避免宫廷里的私议。由于霍氏是萧昭业的庶母，现如今又成为枕边人，一女先后侍奉父子二人，所以齐宫丑史，就显得格外扎眼。

更为丑陋的事，便是皇后何婧英也是一个性开放者。当初为太孙妃的时候，何婧英曲意奉承，将好淫的萧昭业侍候得如醉如仙。魏晋南北朝的人好房中术，讲究性生活质量，想必何婧英的房中术十分了得，故而两人很恩爱。

萧昭业除了找女人，还有一个爱好，就是找一些美少年做跟班，是否同性恋不得而知，因为同性恋对异性不感兴趣，萧昭业对女人的兴趣并未见减退。侍书人马澄，年少貌美，是萧昭业的弄童。何婧英对马澄一见钟情。萧昭业为皇太孙的时候，因进宫侍奉齐武帝萧赜，何婧英一个人耐不住孤帐独眠的寂寞，便与马澄勾搭成奸。一次，何婧英伸出素臂与马澄掰手腕，萧昭业竟在一旁拊掌大笑，可见他对这个给自己戴绿帽子的人并不介意。

太子去世，老皇帝病重，萧昭业进宫侍奉老皇帝的时候，曾给西州的何婧英去过一封信，信中什么没说，只在中间写了一个大"喜"字，外面环绕三十六个小喜字。何婧英接信的时候，正在同马澄寻欢，看过信后，随手交给躺在身边的马澄，马澄看信后，笑道："恭喜皇后娘娘母仪天下。"

萧昭业登基后，何婧英升为皇后，虽然与萧昭业仍然恩爱，但萧昭业喜欢尝鲜，见一个，爱一个，见两个，爱一双，很少到皇后宫中落宿。何婧英虽贵为皇后，仍然孤帐独眠，独宿中宫。

恰好又有一个美少年进入何皇后的视线，他就是侍书杨珉。杨珉生得面白唇红，风姿楚楚，何皇后看在眼里，暗令宫女将他引进内宫，赐宴调情。杨珉原是个篾片朋友，既承皇后这般厚待，还有什么不依，数杯酒罢，携手入帏，一番云雨，何皇后大呼过瘾，私下对宫人说："与杨郎一度，胜余人十度。"为什么呢？原来杨珉不但年轻貌美，还有一个与嫪毐相似的阳具，让女人如醉如仙。

一天，萧昭业前往后宫，当时何皇后正与杨珉相拥而眠，宫女慌忙报告，说皇上驾到。何皇后慌乱之间，来不及梳洗，头发散乱地出来见驾。萧昭业问她白天怎么还睡觉。

何皇后笑道："我正在梦中与陛下取乐，不意陛下来了，妾余欢未尽啊！"

萧昭业也笑了，说："打断了你的好梦，还你实在之乐，何如？"二人于是宽衣解带，白昼恣意淫荡。

自此以后，萧昭业与公开庶母鬼混，何皇后私下与幸臣同眠，你玩你的，我玩我的，各自寻欢。

萧昭业不但好色，而且还好玩，登基之后，就与左右侍从穿上民服在闹市中游走戏玩，还喜欢在父亲崇安陵的墓道中扔掷泥巴、比赛跳高，做种种粗鄙下流的游戏，使劲赏赐侍从人员，动辄成千上万。武帝生前聚敛钱财，上库中存有五亿万之多，斋库中所存也多于三亿万，至于金银布帛更不可胜计，而萧昭业即位还不满一年，就挥霍将尽。他经常进入主衣库，让何皇后以及宠爱的妃子们用各种宝贵器具互相投击，直到把它们打破成碎片，以此玩笑取乐。

即位不到一年时间，府库空了，宠臣富了，宫廷乱了。

萧鸾上书劝谏说："朝廷之事，臣可以效力，宫禁之内，还要陛下肃清，不要让天下人笑话啊！"

萧昭业不但不听从，反而还心生忌怨，想把萧鸾除掉。由于尚书右仆射鄱阳王萧锵曾被齐武帝厚爱优待，萧昭业私下对萧锵说："你以为萧鸾这人如何？"

萧锵为人向来平和谨慎，回答说："萧鸾在皇室宗族中年岁最长，而且接受了先帝的托嘱，我们都年幼，朝廷中可以依赖之人唯有萧鸾，请陛下不要以他为虑。"

萧昭业默然，回宫后对徐龙驹说："我想与萧锵一起合计收拾掉萧鸾，萧锵不同意，而我独自一人又不能办到，那么只好让萧鸾继续专权一阵子了。"

清君侧

萧昭业的所作所为，惹恼了当朝的一位宰相，此人便是尚书令西昌侯萧鸾。

萧鸾是南齐开国皇帝萧道成哥哥的儿子，萧昭业的叔祖。武陵王萧晔虽然也受到萧昭业的倚重，但资历不及萧鸾，所以遇事推让。竟陵王萧子良要避嫌，遇事往往缄口不言。萧鸾因拥立萧昭业而被委以重任，朝政几乎全由他把持。

萧鸾闻到了对自己不利的气息，情急智生，由忧生愤，谋划废除萧昭业，另立新君。因此叫来镇西谘议参军萧衍一起密谋。萧衍当即表示赞同，但劝他静待时机，不要轻举妄动。

萧鸾怅然道："我观世祖那些儿子，多半庸弱，唯独荆州刺史随王萧子隆是个人才，想召他回京，又担心他不听从。"

萧衍回答说："随王这个人虽然美名外传，其实非常平庸顽劣。他身边没有一个智谋人物，手下武将中他只依靠司马垣历生和武陵太守卞白龙。垣历生和卞白龙这两个家伙是唯利是图之徒，如果以显要的官职引诱他们，没有不来的道理。至于随王本人，仅用一封信即可请到。"

萧鸾采纳了萧衍的计划。于是，就征召垣历生为太子左卫率，卞白龙为游击将军，垣、卞两人一起来了。接着，又征召萧子隆为侍中、抚军将军。

豫州刺史崔慧景是齐高帝萧道成、齐武帝萧赜的旧将，萧鸾对他有疑心，就派遣萧衍为宁朔将军，戍守寿阳。崔慧景害怕了，穿着白色衣服出城迎接萧衍，萧衍对他大加安抚。

清理了外患，萧鸾便着手处理宫中之事。经过摸排分析，行废立之事，征南谘议萧坦之和卫尉萧谌最有可能成为阻碍，二人是萧昭业的心腹，掌控宿卫重兵，如果拼命保护萧昭业，事情就很难办。于是，萧鸾找尚书王晏商量。

王晏说："这两个人可以晓以利害，必可动其心。"并表示愿意做说客。萧鸾当然求之不得。

王晏于是秘密结交萧坦之、萧谌，劝行废立。二人初尚犹豫不决，但见萧昭业怙恶不悛，担心会受到牵连，渐渐改变了态度，愿意依附萧鸾，暗地里在宫中充当萧鸾的耳目。

萧昭业居深宫，群臣很少能见到他，唯以萧坦之、萧谌是祖父时的旧人，收为亲信，得以出入后宫。萧昭业凡亵狎宴游，也都带着他们。故此，萧鸾有什么事要上奏，都是通过二人转达。

这一天，萧鸾以杨珉淫乱宫掖为由，派萧坦之向萧昭业奏请诛杀杨珉。萧昭业转告何皇后。何氏大惊，哭着说："杨郎好少年，无罪过，为何要杀他？"

萧昭业转头问萧坦之原因。

萧坦之附在萧昭业耳边说："此事别有用意，不可让第二个人知道。"

萧昭业屏退左右，甚至连何皇后也让回避。何皇后虽然不愿意，见萧昭业态度坚决，极不情愿地离开了。

萧坦之小声对萧昭业道："杨珉与皇后有奸情，外间传得沸沸扬扬，此人不可不杀，否则后果不堪设想。"

萧昭业愕然道："真有这回事？那你就快去动手吧！"

萧坦之领命，忙去拿下杨珉，押去行刑。

何皇后闻报，在萧昭业面前下跪哀求，哭得泪人一般。萧昭业也觉不忍，便命左右传出赦诏。

萧坦之早就料到有这样的后果，一经推出杨珉，立即处决。赦文传到的时候，杨珉已头颅落地了。

萧鸾第二个要除掉的人是萧昭业的宠监徐龙驹。他吩咐萧坦之贿通内侍，让内监向何皇后告密，说杨珉之所以获罪被杀，是徐龙驹使人去告发的。

何皇后不辨真假，跑到萧昭业面前，恳请杀掉徐龙驹。萧昭业还没有答应，萧鸾的奏折也递上来了，内容是弹劾徐龙驹。内外夹攻，萧昭业就是想保徐龙驹也很难，只能下了一道诏令，让徐龙驹见阎王去了。

萧鸾第三个要对付的是萧昭业的宠臣、直阁将军周奉叔。

周奉叔倚仗自己的勇武，且与皇帝亲近，有恃无恐，凌辱欺侮朝中公卿百官，常常将二十口单刀分挂在身体两侧，出入皇宫禁门，门卫敢怒不敢言。他还经常对人讲："我周某人的刀可是不认人啊！"

萧鸾对他特别忌恨，指使萧谌和萧坦之去游说萧昭业，把周奉叔弄出朝廷，安排到外地去。于是萧昭业下令周奉叔为青州刺史，曹道刚为中军司马。周奉叔来见萧昭业，请求封自己为千户侯，萧昭业准许了。萧鸾却不同意，只封他为曲江县男的爵位，食邑三百户。周奉叔大怒，站在人群中挥刀喊叫，表示不满，萧鸾反复劝谕告说，他才接受了。周奉叔辞谢完毕，率军去青州上任，人马走到城门口，萧坦之与萧谌拍马赶到，急匆匆地说："奉叔兄，皇上有诏，让你到尚书省去一下。"

周奉叔不疑有他，随二人来到尚书省。刚进门，猛然间咣的一声响，大门关上了，四下蹿出数十名彪形大汉，拳打脚踢，把周奉叔放倒在地，一通狂殴。周奉叔毫无防备，有本事也使不出来，一顿乱拳打死骁勇将。萧鸾上奏萧昭业说："周奉叔大闹朝堂，轻蔑大臣，图谋不轨，已被正法。"

萧昭业大吃一惊，亲信杀了一大半，难道萧鸾要谋反？其实，萧昭业早就对萧鸾不满，之所以没有立即除掉他，并不是因为他有拥立之功，一为让萧鸾对抗一下太傅萧子良，二来也是皇爷爷齐武帝萧赜的意思。因为他临终前说过："五年之内，朝廷之事全部托付给宰相，五年后要亲自处理，不再交给别人。就算做得不好，也没有什么可遗憾的了。"

不过，齐武帝万万没有想到，他死之后，萧子良因避嫌而不问政事，更没有想到，表面办事稳的皇孙竟是荒唐的公子哥。

萧昭业见木已成舟，只好认可了萧鸾的奏章。

萧鸾废帝

溧阳令杜文谦对朝中接二连三发生的事情有所警觉，此前，他曾对萧昭业的另一位宠臣綦毋珍之说："天下的事已不难看出，朝廷危难将近，难以保全，这是早晚的事。如果不及早做打算，我们将会遭灭族之灾。"

綦毋珍之问道："有什么办法呢？"

杜文谦说："先前皇帝的旧人，多数被排斥在一边，如今召他们回来加以重用，谁能不意气风发呢？近来听说王洪范与宿卫将万灵会等人在一起议论时，都激愤万分。所以，您可密告周奉叔，让他派万灵会等人杀掉萧谌，这样的话，皇宫内的卫兵就可以掌握在我们手中。然后，派兵进入尚书省，杀掉萧鸾，只需两个刽子手就可以办到的。如今，这样干一场是一死，不干也是一死，同样是死，还是为朝廷而死吧！如果瞻前顾后，迟疑寡断，用不了许久，萧鸾就会以皇帝的名义赐我们死，父母也要受牵连而死，事情已经近在眼前了。"

綦毋珍之没有采纳杜文谦的意见。等到萧鸾杀了周奉叔之后，綦毋珍之和杜文谦的阳寿也就尽了，阴司地府成了他们的归宿。

武陵王萧晔突然病故，年仅二十八岁。

竟陵王萧子良本来就忧闷成病，一场丧礼下来，病情更加沉重，眼看快不行了。这一天，他对身边的人说："我怕是不行了，你们到门外瞧瞧，看有什么异常征兆。"

亲信出门察看，见淮水中有数万尾鱼浮在水面上，一起向城门游去，惊讶异常，慌忙回来报告。此时萧子良已是痰喘交作，没过多久便去了，年仅三十五岁。

萧子良是一位贤王，广交名士，天下文才会集一门。对于萧子良的逝世，名士们悲哀一片。萧昭业对萧子良一直心存戒备，害怕他谋朝篡位。萧子良的死，去掉了他一块心病，他别提有多高兴了，但表面上仍然还得装作哀伤的样子。

中书令何胤是何皇后的堂叔，萧昭业非常信任他，让他在殿省任职。这一天，萧昭业与何胤共同策划诛杀萧鸾，命令何胤承担这件事情。何胤不敢担当，不顾萧昭业的意图而反复劝谏，萧昭业只好作罢。

萧昭业实在是怕了萧鸾，于是想把萧鸾调到西州，让他远离京城。诏令及朝廷事务，萧昭业也不再咨问萧鸾了。

这时候，萧谌、萧坦之掌握兵权，左仆射王晏总领尚书事。萧谌秘密召见各位王爷的典签官，对他们打招呼，不许各位王爷与外人接触。萧谌长时期以来备受荣宠，所以大家都害怕他，没有敢不听从的。

萧鸾知道萧昭业对自己起了疑心，便与左仆射王晏、丹阳尹徐孝嗣密谋废帝之事。不料被一个老尼姑知道了，将消息传进宫中。

萧昭业慌忙召来萧坦之，对他说："人们都说萧鸾同王晏、萧谌一起密谋想把我废掉，似乎并不是虚传谣言。你听到的是些什么呢？"

萧坦之脸色一变，坚决地说："岂能有这样的事情呢？谁喜欢没事找事废黜天子呢？朝中大臣不可能制造这种谣言，一定是那些尼姑挑拨是非，陛下千万不要相信。如果无故把他们三人除掉，谁还能保全自身呢？"

萧昭业似信非信，又召来直阁将军曹道刚商议。曹道刚是萧昭业的心腹，明白了萧昭业的意思后，立即与朱子隆等密谋除掉萧鸾。他们还没有行动，萧鸾就得到了消息。

萧鸾急忙告诉萧坦之。萧坦之又转告萧谌，萧谌回答说："我正在等始兴内史萧季敞、南阳太守萧颖基进京，他们一到，我这里就动手。"

萧坦之着急地说："曹道刚、朱隆之等人已有密谋，我不除他，他必害我，卫尉若明天还不行动，恐怕就来不及了！我还要照顾百岁老母，怎能坐等杀身之祸降临，看来只能另做打算了。"

萧谌被他这么一吓，不由得惶急起来，忙问萧坦之该怎么办。

萧坦之在他的耳边悄悄说了几句，萧谌连声称是。二人约定第二天起事，连夜部署，准备出发。

第二天，萧鸾派萧谌带兵先进宫，正遇上了曹道刚和朱隆之，二人惊问："你们怎么来了？"萧谌也不回答，命左右把他们给杀了。

宿卫官徐僧亮见状，大呼道："我们承受皇恩，今日应当以死相报！"说罢拔刀冲上前，结果寡不敌众，做了无头鬼。

萧鸾带兵从尚书府进入云龙门，他在朝服外面又加穿战服，武装披挂，但是心中难免恐惧紧张，才进入宫门，鞋子就掉了三次。王晏、徐孝嗣、萧坦之、陈显达、王广之、沈文季等人都紧随其后，宫中一片混乱。

萧昭业正在寿昌殿，听得外面有变故，还秘密写诏令传唤萧谌前来相救，又让人把内殿的门窗全关闭了。不一会儿，萧谌领兵闯进寿昌殿。萧昭业惊骇至极，急忙跑进徐姬（即霍氏）的房间，拔出宝剑抹脖子自杀，但所进不深，被萧谌制止。萧谌又用帛绸把他的脖子缠裹好，然后命人用轿把他抬出了延德殿。

萧谌刚进殿时，侍卫将士们准备搏战，萧谌对他们说："今天的事与你们无关，请不要乱动！"

侍卫们果然放弃抵抗，转作壁上观。等看到萧昭业出来，侍卫们还想奋战，萧昭业竟然连一句话也没说。萧谌着人带他去了延德殿西边夹道，把他勒死了。死时年仅二十一岁。

改名换姓的徐姬也被人牵出，了结了残生。

萧鸾环视众人说："废君之后自然要立君，应由谁来继承大统呢？"

徐孝嗣应声道："看来只好拥立新安王！"

萧鸾微笑道："我也是这样想的，现在应该赶紧起草太后的诏书。"

"早就准备好了。"徐孝嗣说罢，从袖中取出一纸，呈给萧鸾。萧鸾略看了一下，说："就这样吧！"

当下颁诏，立萧昭业的弟弟新安王萧昭文为君，继承皇帝位。

新安王萧昭文是萧昭业的弟弟，时年十五岁。即位后，任命西昌侯萧鸾为骠骑大将军、录尚书事、扬州刺史、宣城郡公。大赦天下，改年号为延兴。

　　不久，萧昭文奉太后命令，追封故主萧昭业为郁林王，降何皇后为王妃。萧昭业在位仅一年。

第八章

残戮诸王

屠杀王爷

　　新安王萧昭文继位之后，封赏各王公大臣。封鄱阳王萧锵为司徒，随王萧子隆为中军大将军，卫尉萧谌为中领军，司空王敬则为太尉，车骑大将军陈显达为司空，尚书左仆射王晏为尚书令，西安将军王玄邈为中护军。

　　其他的亲王勋贵，也各有迁调。萧鸾的侄子萧遥光、萧遥欣二人并没有立功，萧遥欣却凭始安王萧道生长孙的身份承袭爵位，这次又被萧鸾保荐为南郡太守，并留在京师当参谋。萧遥光被任命为兖州刺史。萧遥欣的弟弟萧遥昌出任为郢州刺史。萧鸾已有心篡位，所以将三个侄子安插在朝廷内外，为以后的谋朝篡位做准备。

　　鄱阳王萧锵、随王萧子隆二人虽然还年轻，但名望很高。萧鸾从心里对他们十分忌惮，但表面上却显得十分友好。

　　萧锵每次去拜见他时，萧鸾常常匆忙得连鞋都来不及穿好就到车子后面去迎接。说到国家大事，萧鸾无不声泪俱下，表现得非常忠贞，因此萧锵很信任他。

　　朝中各方都倾向于萧锵，劝他入宫发兵，取代萧鸾，辅佐朝政。制局监谢𣿲游说萧锵和随王萧子隆，对二人说："二位王爷只需乘着油壁车进入宫中，把皇帝带出来，挟持到朝堂之上，左右辅佐，发布号令，我和其他人关闭城门，带卫士前来声援，谁敢不听令呢？只怕东府里的人会乖乖地把萧鸾缚送过来呢。"

萧子隆想认真计谋一番，萧锵却摇摇头说："萧鸾大权在握，京城的兵马全归他调度，兔子逼急了还会咬人，更何况萧鸾是一只猛虎呢？这个办法很难行得通。"

马队头目刘巨是武帝时的旧人，他来见萧锵，要求和萧锵单独说话，跪下磕头，力劝萧锵采取行动。萧锵命令准备车马，将要进宫，但是又回到内室，与母亲陆太妃告别。

陆太妃究竟是女流之辈，没见过这样的世面，一听到这样的大事，吓得连话都说不清楚，连声劝阻。萧锵本是一个没有主意的人，见母亲劝阻，又犹豫起来，一个人在家里徘徊了半天，始终拿不定主意。结果天黑了也没有出发。

萧锵身边的典签知道了这一计划，就向萧鸾告发了他。萧鸾得报，立即派遣两千士兵围住萧锵的住处。

萧锵毫无防备，自知反抗也是徒然，只得束手待毙。随后，谢𣿲、刘巨也被一锅端了。

萧子隆一直在等萧锵进宫，但等了一天，一直到晚上，还没有萧锵的消息，正准备就寝，忽然传来鄱阳王府已被东府兵包围的消息。萧子隆知道事情发生了变化，可他又拿不出任何应急的办法，长叹一声，也就听天由命了。过了片刻，东府兵果然蜂拥前来，直接闯进来，将萧子隆乱刀砍死了。

两家的家眷全部遇害，家产也被抄没。萧锵二十六岁，萧子隆二十一岁，一叔一侄，携手到鬼门关报到去了。

义士有灵

江州刺史晋安王萧子懋是萧子隆的七哥，听到二位王爷被杀的消息，非常气愤，欲起兵为二位王爷复仇，考虑到生母阮氏还在建康，如果贸然动手，等于送了老娘的命，于是秘密派人进京，接母亲来寻阳。

阮氏到底是妇人之见，竟不知这是天大的机密，临走时竟然派人通知侄子于瑶之，叫他为自己早做打算。

于瑶之不顾及姑侄之亲，反而跑去向萧鸾告密。

萧鸾当即向齐主萧昭文上奏，说萧子懋谋反，并擅自下令内外戒严，令中护军王玄邈率兵讨伐萧子懋，同时又令军将裴叔业与于瑶之率兵袭击寻阳。

萧子懋与防阁军将陆超之、董僧慧商议，担心从建康来的大军会逆流而上，袭击溢城，便命参军乐贲率三百精兵驻防溢城。

裴叔业率兵乘船西上，行驶到溢城，见城上有兵防守，不动声色，让士兵对城上喊话，说是奉朝廷命令，前往郢州的行司马事，并让士兵拉满帆，疾驶而过。

溢城的守兵见船队驶过，当然放心了，天黑后，都安心地睡觉去了。

三更时分，裴叔业率军顺流而下，悄悄靠岸后，扒城而入，杀进溢城。乐贲在睡梦中被惊醒，急忙穿上衣服，出门察看发生了什么事，谁知刚出门，迎面便碰到裴叔业，情知不妙，转身就想跑。

裴叔业大叫："速降免死！"

乐贲知道跑不脱，只得转身跪下请降。裴叔业占据溢城后，听说萧子懋的部将多是雍州人，骁悍善战，不易攻取，于是派于瑶之先去寻阳城招抚萧子懋。

萧子懋因为溢城失陷，正急着召集府州的将吏登城抵御。突然见到表兄于瑶之前来叩门，忙命人打开城门，将于瑶之请进来。

于瑶之进城和萧子懋行过了礼，开口便说："你现在如果能够主动放弃，回到京城去，一定不会有什么担心之处，正好可以做一个闲散之官，仍然不失富贵荣华呀！"

萧子懋不出兵攻打裴叔业，部下的情绪就渐渐有几分沮丧低落。中兵参军于琳之是于瑶之的哥哥，他劝说萧子懋以重金贿赂裴叔业，可以免除灾祸。萧子懋派于琳之前去，但是于琳之却又劝说裴叔业捉拿萧子懋。

裴叔业派军主徐玄庆带领四百兵士随于琳之进入江州城，萧子懋手下的官员们纷纷四散逃命。于琳之领着二百人，手执刀剑进入萧子懋的住处。萧子懋见此情形，大骂于琳之说："无耻小人，怎么能忍心干出这样的事呢？"

于琳之用衣袖遮住自己的脸，让人杀死了萧子懋。

主人死了，府中的僚佐逃跑一空，只剩下几个仆役。外面的士兵不是逃走，就是缴械投降。

王玄邈率大军随之占领了寻阳城，并分兵搜捕余党。

王玄邈抓住了董僧慧，将要杀他，董僧慧说："晋安王萧子懋举义兵，讨逆贼，本人确实参与了策谋，现在能为主人而死，死而无怨！但是，希望能在晋安王的大殓之礼举行完毕之后，我便就身鼎镬，以求一死。"

王玄邈觉得董僧慧非常有义气，叹道："好一个义士！你自便吧！我会报告萧宰相，免你的死罪！"

董僧慧也不言谢，自去买棺安葬萧子懋。

萧子懋的儿子萧昭基年仅九岁，被关在狱中，他在绢布上写了一封求救信，贿通狱卒，送给董僧慧。

董僧慧看到绢书后，一眼就认出来了，说道："这是小公子写的，我不能援救，有负主人啊！"悲恸万分，气绝而死。

唯独陆超之异常平静，端坐在寓所中，根本就没有躲藏起来的念头。于瑶之平日里和陆超之非常要好，王玄邈的大军将至，他便派人给陆超之捎口信，劝其赶紧逃跑。

陆超之正色说："人迟早都有一死，这丝毫没什么可畏惧的，我如果逃亡了，不但已经死去的晋安王的家眷孤单无人照料，而且恐怕还要遭田横门客的嘲笑。"

陆超之喜欢读书，对当年齐王田横不肯降汉而死，他的五百门客尽皆自杀之事怀有深深的敬仰，现在大难临头，天生豪迈的他恐怕为古人耻笑。

王玄邈听了陆超之的事，心生敬重，不忍心杀他，打算把他押解回京城，再行发落。

陆超之端坐不动，等待他们前来捕他。

谁也没有料到，偏巧陆超之的一个门生，平日里外表恭敬而内心狡诈，他看到大势已去，突生非分之想：陆超之是晋安王的心腹，正是朝廷要缉拿的要犯，如果杀了他，不就可以得到重赏吗？说不定还能弄个一官半职，再也不用天天辛苦做个跟班了。心里盘算好了，便跑到陆超之的住处，假装来拜谒老师，然后乘其不备，突然闪到陆超之的背后，拔刀奋力砍下去。陆超之的头已经落地，可是身子竟然不倒。门生心慌意乱，吓得赶忙包起陆超之的人头，跑到王玄邈的军营之中邀功。

按理说，兵不血刃就有人来立功请降，轻松就能把事情搞定，是一件很令人高兴的事情，可王玄邈怎么也高兴不起来，面对这个无情无义的小人，内心里非常反感，但身为主帅，面临平定叛乱的重任，不能逞一时的义气加以呵斥，否则谁还敢来投降呢？于是，他不动声色地命令门生将陆超之的头与尸体合在一处，然后好好看着，为老师守丧。

王玄邈为陆超之举行了隆重的葬礼，装殓完毕之后，命令那个门生跟着托举棺材。刚举起走了没几步，棺椁突然斜着坠落下来，重重地砸在门生的头上，只听一声脆响，门生的颈骨竟被砸断。等到旁边的人手忙脚乱地把棺材重新抬起来，急救门生，早已气绝身亡。

王玄邈听到奏报，不禁感叹道："这是义士有灵啊！"

杀人如探囊取物

萧鸾又派平西将军王广之去袭击南兖州刺史安陆王萧子敬。萧子敬是齐武帝萧赜的第五个儿子。

王广之派部下将领济阴人陈伯之为先驱，前去袭击。陈伯之到后，大呼是前来宣敕的。萧子敬亲自出迎，被陈伯之手起刀落，砍倒马下。王广之飞报萧鸾。

萧鸾又派遣徐玄庆去西边杀害诸位藩王。

临海王萧昭秀为荆州刺史，西中郎长史何昌主持州中事务。徐玄庆到了江陵之后，想不经奏报直接杀了临海王，何昌义正词严地说道："我受朝廷之委托，辅助临海王。殿下并没有什么过失，你只不过是别人派来的一个使臣，如何就能让我把殿下交给你呢？如果圣上一定索要殿下，我自己会启奏陈述，等待圣上的答复。"

徐玄庆见他说得理直气壮，也不好发作，便告辞而去。

不久，正式的诏使到了江陵，任命萧昭秀为车骑将军，另由萧昭秀的弟弟萧昭粲继任荆州刺史，萧昭秀才得以安全回到建康。

萧鸾派吴兴太守孔琇之主管郢州事务，想让他杀害晋熙王萧铼。萧铼是齐高帝萧道成第十八子，齐武帝萧赜之弟。

孔琇之坚决不干，萧鸾不答应，说这是死命令。孔琇之不愿助纣为虐，绝食而亡。孔琇之是孔靖的孙子。

萧鸾于是改派裴叔业西行，令他除掉镇守各地的王爷。

裴叔业从寻阳出发，来到了湘州，想要杀掉湘州刺史南平王萧锐，南平王属下的防阁将军周伯玉对众人大声说："这并不是天子的命令。现在，我要斩掉裴叔业，举兵匡扶社稷，名正言顺，哪个敢不听从？"

萧锐才十九岁，没有什么主见，他的典签喝退周围的人，将周伯玉关押起来，听候发落。

裴叔业进城后，矫诏杀了萧锐，将周伯玉也杀了。

裴叔业杀害了南平王萧锐，又赶往郢州，也是依法炮制。郢州刺史晋熙王萧铼年十六岁，更加懦弱，服毒自杀了。

裴叔业马不停蹄，驰往南豫州。豫州刺史宜都王萧铿，是齐高帝萧道成的第十六子。也不过十八岁，惊惶失措，被裴叔业勒死了。

长江上游的各位王爷已被消灭殆尽，裴叔业欣然东归，向萧鸾报捷。

萧鸾随即自封太傅，领扬州牧，晋爵宣城王。

宣城王萧鸾策划篡位当皇帝，因此广为招揽朝廷名士参与筹谋。侍中谢朓不愿意，于是请求出任吴兴太守，萧昭文批准了。谢朓到任之后，给担任吏部尚书的弟弟谢瀹送去好几斛酒，并且附信一封，信上说："可以尽量饮酒，不要参与人事。"

司马光《资治通鉴》评说道："穿了他人衣服的人替他人分忧，吃了他人东西的人要替他人的事情而死。"谢朓、谢瀹弟兄二人，同时出任皇帝身边的亲近大臣，但是他们只知道安享自己的荣华富贵，朝廷的危难竟然不过问，如此做臣，可以说是忠良吗？

宣城王萧鸾虽然一手专权，独断国政，但是人们并不服气。他的肩胛处有一块红色的胎记，骠骑谘议参军江祐对他说道："大王两胛上生有赤痣，这是肩擎日月之象啊！你为什么不让众人看看你的胎记，好让他们知道你生来就有重大的使命！"

萧鸾觉得有理，于是将胎记给前来谒见的晋寿太守王洪范看，并说："人们说这颗痣是日月之相，你一定不要往外泄露。"

王洪范回答："大人您有日月在身上，怎么能隐而不宣呢？应该转告别人呀！让大家都知道这是天命所归。"

萧鸾故意装出一副惊讶的样子，王洪范离开后，他高兴得几乎跳了起来。

鄱阳王萧锵与桂阳王萧铄名气相当，萧锵爱好并擅长文学，萧铄爱好并擅长玄理，当时人们称之为"鄱桂"。鄱阳王萧锵遇害死后，萧铄感到自危不安，他到东府去见宣城王萧鸾，回来之后，对手下的人说："刚才萧鸾接见我时表现得十分殷勤周到，一副流连不舍的样子，但是面带愧色，这一定是想杀掉我了！"

当天晚上，萧铄心惊肉跳，觉得很烦躁。果然到半夜，一群东府兵闯进他的家，把萧铄给杀了，死时年仅二十四岁。

宣城王萧鸾每当杀害一个藩王，总是于夜间派兵包围其住所，翻墙破门，喝喊而入，把他的家产全部查封没收。

江夏王萧锋德才兼备，并有武力，任骁骑将军。萧鸾曾经对他说："始安王萧遥光极有才干，可以委以重任。"

萧锋回答说："萧遥光之于殿下你，正如殿下之于高皇帝（萧道成）一样。卫护宗庙，安定社稷，他确实可以寄予厚望。"

萧鸾听萧锋如此一说，被人点破了心事，不禁大惊失色。等到萧鸾大杀诸位藩王之时，萧锋派人给萧鸾送去一封信，在信中嘲讽、斥责他。萧鸾因此非常害怕萧锋，不敢到萧锋的住所去抓他，于是就让萧锋在太庙中兼任祠官之职，然后在夜里派兵去庙中抓捕他。

萧锋从太庙中出来，进到自己的车里，埋伏的东府兵突然冲出来，一拥而上，萧锋从车上跳下来，徒手与这些人搏斗，打倒数人。然而，任你江夏王如何骁悍，毕竟赤手空拳，寡不敌众，身中数十处刀伤，大吼数声，气绝而亡，年仅二十岁。

宣城王萧鸾派遣典签柯令孙去杀建安王萧子真，萧子真吓得钻进床底下藏起来，柯令孙把他拉出来，他给柯令孙下跪磕头，乞求免于一死，情愿为奴仆，但不被答应，照样被杀害。

萧鸾又派中书舍人茹法亮去杀巴陵王萧子伦。萧子伦其人，性情英勇果敢，当时任南兰陵太守，镇守琅邪。琅邪城中有守兵，萧鸾担心萧子伦不肯轻易屈服任人宰杀，就问典签华伯茂如何办。华伯茂说："大人您如果派兵去收拾他，恐怕不能很快达到目的。如果把这事委托与我办理，只以一人之力就可以办妥。"

于是，华伯茂就亲自手执配有毒药的酒，声称为御赐，请萧子伦喝下去。

萧子伦理正自己的衣服、帽子，出来接受诏书，并且对茹法亮说："人之将死，其言也善。先前，齐建国时几乎将宋室的子孙杀光，今天萧齐的子孙也一个个遭祸，这也是天理循环，我也没有什么好怨恨的。你是曾事奉过武帝的老人，现在受指使而来，应该是身不由己，奉命行事而已，你也不用劝酒，我不会为难你的。这酒绝非平常之酒，我只能认命了。"

茹法亮心中有愧，低头不语。见萧子伦接过酒杯，一饮而尽，就退了出去，片刻功失，萧子伦毒发身亡。死时他年仅十六岁。茹法亮以及周围的人无不感慨而流泪。

萧鸾收到捷报后，又派人杀掉衡阳王萧钧。萧钧是齐高帝萧道成的第十一子，过继衡阳王萧道度为嗣，曾任秘书监，好学有文名，年二十二岁。

萧鸾篡位

萧鸾任意杀戮，朝中没有一个人敢违背他的旨意，更别说站出来说公道话了。于是，齐高帝萧道成、齐武帝萧赜传下的江山，就这样轻易地被他篡夺了去。

萧昭文虽然身居帝位，但起居饮食等事项，统统要请示宣城王萧鸾准许后才可以进行。一次，萧昭文想要吃蒸鱼菜，太官令说没有萧鸾的命令，竟然不给他吃。

延兴元年（494年）十月，皇太后发出诏令："新继位的皇帝年龄幼小，不明国事，昧于朝政。况且，他从小就疾病缠身，体质羸弱，不能承受过重的负担。太傅宣城王萧鸾，是宣皇帝萧承之嫡孙，又深得太祖皇帝的钟爱，所以宜于入宫承受皇位。皇帝可降为海陵王，我本人也因年老而告退，不再过问朝政。"

萧昭文毫无反抗之力，只能出宫住进私邸，皇后王氏也降为海陵王妃。

太后王氏本来居住在宣德宫，萧鸾即位之后，她只好搬到宫外，住进经过修缮的鄱阳王故邸，并沿袭旧号，仍然称为宣德宫。

萧鸾假惺惺地再三谦让一番，入殿登基，是为明帝。改换年号为建武，颁诏大赦天下。任命太尉王敬则为大司马；司空陈显达为太尉；尚书令王晏加封骠骑大将军；左仆射徐孝嗣加封中军大将军；中领军萧谌为领军将军，兼南徐州刺史；中护军王玄邈为南兖州刺史；平北将军王广之为江州刺史；晋寿太守王洪范为青、冀二州刺史。

长子萧宝义为扬州刺史。由于萧宝义自小有些残疾，不便出京任职，萧鸾改命始安王萧遥光前去代任。又令萧遥光的弟弟萧遥欣镇守荆州，萧遥昌镇守豫州。这三个人与萧鸾最为亲近，所以得到萧鸾的重用。

过了几天，齐主萧鸾追尊生父始安王萧道生为景皇帝，生母江氏为景皇后，追封已故兄长萧凤为、骠骑将军，任命始安王的弟弟萧缅为侍中、司徒，并封为安陆王。

萧鸾册立已故妻子刘氏为皇后，追封谥号敬。刘皇后去世已有六七年，留下四个儿子，长子萧宝卷，次子萧宝玄，三子萧宝黉，四子萧宝融。

萧鸾还有几个姬妾生的儿子，最年长的是萧宝义，老二萧宝源，老三萧宝攸，老四萧宝嵩，最小的叫萧宝贞。

萧鸾即位后，欲册立储君。几个儿子中，萧宝义虽然是长子，但他是姬妾所生，并且是个残疾人。于是，萧鸾册封萧宝卷为太子，封萧宝义为晋安王，萧宝玄为江夏王，萧宝源为庐陵王，萧宝黉为建安王，萧宝融为随王，萧宝攸为南平王，萧宝嵩为晋熙王，萧宝贞为桂阳王。

延兴元年（494年）十一月，海陵王萧昭文忽然患病，萧鸾多次派御医前往诊视，没想到几服草药下去，反而断送了海陵王萧昭文的性命。可怜十五岁的废主，仅得一副华棺。

齐主萧鸾正心满意足，如愿以偿，偏外人仗义执言，继而声罪致讨，干戈又起。

第九章
北魏南征

反对无效

延兴元年（494年）这一年，对萧齐皇族意味着残酷与恐怖。西昌侯萧鸾谋杀了郁林王萧昭业，废杀了海陵王萧昭文，自立为帝。为了根绝后患，他把高帝萧道成、武帝萧赜的子孙屠杀殆尽。朝廷内外人人自危，朝不保夕，江南大乱。

萧鸾篡位的那段日子，正是北魏孝文帝拓跋宏迁都洛阳之时。拓跋宏因为萧鸾废掉海陵王而自立为帝，准备大举南征，攻打南齐。恰在这时，边境将领上奏说南齐雍州刺史曹虎派人送来信函，说要举襄阳城投降北魏，请求北魏接应。

拓跋宏大喜，迁都的事情已经搞定，北魏军队集中于洛阳，就是为了伺机南征，孝文帝拓跋宏以维护正统自居，决定出兵伐齐。如果襄阳归附，则可将势力范围扩大到长江，形成西晋灭吴的态势。

拓跋宏立即下诏，分兵四路南征：征南将军薛真度统兵进击襄阳，卢渊为前锋；大将军刘昶、平南将军王肃出兵义阳（今河南信阳北）；徐州刺史拓跋衍出兵钟离（今安徽凤阳东北）；征虏将军刘藻和拓跋英向汉中出发，直取南郑。

朝廷刚迁入洛阳，立足未稳，马上又仓促出兵，很多大臣担心出师不利，先锋官卢渊为其中之一，他以不熟习军事为由，不肯接受任命。

拓跋宏很生气，斥责道："你怕死吗？"

卢渊缓缓地说："臣并非怕死，只是担心曹虎使诈！"

大臣高闾插嘴说："卢将军所言极是，洛阳草创，人心未定，曹虎不派人质过来，足见他没有诚意，不可轻举妄动啊！"

拓跋宏冷笑道："即使没有曹虎，一样平定江南，朕意已决，御驾亲征，择日起兵。"

此后很长时间，曹虎没有再派人来联系。拓跋宏不准备等了，召集王公大臣商议。廷议中，有人认为时机不成熟，不宜用兵，有人则支持出兵，两种意见相持不下。拓跋宏提议进行辩论。自己为正方，主张出兵；反方，不赞成出兵，以任城王拓跋澄、镇军将军李冲为首。大家都说这个办法好。

李冲认为，朝廷刚迁都洛阳，诸事草创之际，大家都想有一段安定的时间。再加上对曹虎并不十分了解，情况未明之时，不宜轻率出兵。

拓跋宏立即反驳说："曹虎投降一事是真是假，确实不好判定。即使曹虎投降是假的，朕也可以借此巡视、抚慰淮水一带，访查民间疾苦，使那里的百姓知道朕的仁政善德，以便让他们产生归顺本朝的心思。如果曹虎之降属实，我们如果不及时接应，就会坐失良机，有负于他一片弃暗投明的诚心，无疑将有损朕的宏大谋略。"

拓跋澄接着说："曹虎既没有送人质来，也没有再派人来联系，其中之诡诈显而易见。从平城搬迁到这里来的民众，都很留恋本土。他们离乡背井，扶老携幼，长途跋涉，来到一个新的地方，没有房子住，没有粮食吃，眼看冬季将尽，春耕即将开始，正是《诗经》中所说的'兴建屋室''耕作南亩'之时。这种时候，不解决他们的基本生活、生产问题，反而要驱使他们出兵打仗，且这样的出征并非当年武王伐纣那样的正义之师。万一出师不利，恐怕有损我朝天威，助长贼军的气势。"

司空穆亮并不认同他们的意见，表示拥护陛下的决定，出兵南征，其他大臣也都随声附和。

拓跋澄看了大家一眼，反问道："你们怎么能这样呢？刚才私下里议论，你们都不同意南征，为何到了皇上面前又是一种态度，背后一套，当面一套，难道这是大臣的忠义、国士的品格吗？万一南征出师不利，归罪于谁？"

李冲立即说："任城王可是忠心于国啊！"

拓跋宏生气地说："照任城王的说法，附和朕的人都是佞臣，不附和朕的人就是忠臣，朕听说小忠为大忠之贼，任城王听说过这句话吗？"

拓跋澄辩驳道："臣愚昧无知，虽然属于'小忠'之列，归根到底是出于一片竭诚之心，为国而谋。不知道所谓'大忠'者，出于哪一种根据？"

拓跋宏无话可说，气得哑口无言，坐了半晌，拂袖还宫。

廷议不欢而散，拓跋宏南征的决心没有改变。第二天，拓跋宏就下了一道诏令：任命最小的弟弟北海王拓跋详为尚书仆射留守洛阳，统管国事；命李冲兼任仆射，留在洛阳辅佐北海王；又令皇弟赵郡王拓跋干、始平王拓跋勰一同统领禁卫军护卫京都。拓跋宏亲自率大军南下。

第一次南征

孝文帝拓跋宏嘴上说得硬，心中实际上也存有疑惑。新都处于草创阶段，百废待兴。洛阳的街道上，新都各处工地正在紧张施工，工匠们顶着刺骨寒风拼命劳作。到处都是无家可归的人，他们中有的说汉语，有的说鲜卑语，有的说西胡语，还夹杂着各地的方言，混乱不堪。

这些人扶老携幼，千里迢迢，长途跋涉来到洛阳，没有房子住，没有粮食吃。

眼看快到了春耕的季节，男人们不是准备耕地播种，却要拿起刀枪上战场，难道仅凭一个不认识的曹虎的一封信，便举国兴兵，陷百姓于水深火热之中吗？事情绝不会这样简单。拓跋宏一咬牙，为世间不再有战争，为天下百姓安居乐业，我不下地狱，谁下地狱？

北魏太和十八年（494年）冬，拓跋宏决定亲自统兵南征，他在出发前下诏，严禁国内士民穿胡服。"国人多不悦"，鲜卑族臣民对这条诏令都很反感。

太和十九年（495年）春，魏军行进到达悬瓠（今河南汝南），曹虎没有来，襄阳兵也不见踪影，几次派人催促曹虎前来会合，始终没有回音。拓跋宏没有退缩，下令各路魏军兵按既定方针进行。他把主攻方向选在寿阳、钟离、马头三地，并亲自赶往军中。

齐明帝萧鸾得知魏军南下，分别派遣镇南将军王广之、右卫将军萧坦之、尚书右仆射沈文季分别督率司州、徐州、豫州三地军队北上，抵抗北魏的入侵。又派太尉陈显达为使持节、都督西北各路军事，在新亭、白下一带来回巡视，以壮军威。

魏将拓跋衍率兵攻打钟离，被齐徐州刺史萧惠休击败。刘昶、王肃率军攻打义阳。齐司州刺史萧诞出兵抵抗，因出战不利，转而闭城自守，城外一万余百姓多半投降了魏军。

拓跋宏率三十万魏军渡过淮河，浩浩荡荡抵达寿阳，铁甲骑兵一眼望不到头。当时正值春雨绵绵之季，拓跋宏登上八公山，览胜赋诗。突然，天上下起了倾盆大雨，拓跋宏冒雨行巡，并命令侍从去掉撑在他头上的伞盖，左右担心他淋雨生病，极力劝说，拓跋宏不听，跳下马，踩着泥泞在雨中行走，浑身淋得透湿，看到生病的士兵，停下脚步，好言抚慰，鼓励士兵振作精神。

拓跋宏派人去寿阳城给南齐官员送信，请他们派人前来对话。

南齐丰城公萧遥昌接信后，派崔庆远前往魏营。崔庆远见到拓跋宏，第一句话便理直气壮地质问拓跋宏，为何要兴兵南侵。

拓跋宏回答说："当然有原因。你是想听真话，还是想听假话？"

崔庆远说："我不明白你的来意，也不想听假话，你就直截了当吧！"

孝文帝问道："你们君主为何连续废去两个皇帝，自立为君呢？"

崔庆远答道："废去昏君，另立明主，这种事情古今常见，并非只有我朝最近发生的这么一桩，不知你对此有何不解之处？"

孝文帝反问："武帝的子孙，现在都在哪里？"

崔庆远回答道："七位藩王乱国同罪，已和周朝的管叔鲜和蔡叔度一样，杀掉了，其余的二十多位藩王，有的在朝廷中担任清要之职，有的在外面担任州、郡长官。"

孝文帝又问："你们现在的君主萧鸾如果没有忘掉忠义之德，为什么不从前帝近亲中选择一人立为新君，如当年周公辅佐成王那样，而要自己做皇帝呢？"

崔庆远回答说："周成王有亚圣之德，所以周公立他为君，甘愿为辅臣。可是，如今本朝前帝近亲之中，没有周成王这样的人物。况且，汉代霍光也曾经舍弃汉武帝的近亲而拥立汉宣帝刘询，只是因为他贤德呀！"

孝文帝逼问："霍光为什么不自己登上皇位呢？"

崔庆远答道："霍光是外姓，不是皇族。本朝当今皇上如同汉宣帝刘询，怎么能拿他与霍光相比呢？如果按照你说的那样，那么当年武王伐纣，没有立纣王庶兄微子为君而自己辅佐之，也是贪求天下了吧？"

孝文帝笑道："朕前来，本是兴师问罪，听了你刚才之言，心里也明白了。"

崔庆远也笑了笑说："'见可而进，知难而退'，这就是圣人之师。"

孝文帝又问："你希望与我和睦友好呢，还是希望兵戎相见？"

"当然是和睦相处。"崔庆远说，"和睦友好，则两国互相庆贺，人民大众承受好处。否则的话，两国关系交恶，兵戎相见，致使生灵涂炭，流离失所。至于能否和睦相处，完全由你决定。"

孝文帝不禁点头，厚赏了崔庆远，并派人送他回寿阳城。随之放弃攻打寿阳，沿淮河东下，移师钟离。

此次南征，拓跋宏下了一道诏令：诸军不得骚扰淮北的百姓，违令者斩。大军所过之处，百姓安居乐业。军人不敢抢掠，百姓甘愿给魏军纳粮。

其实，这一项政策，打破了鲜卑人的习惯，引起鲜卑将士的不满。因为过去的鲜卑人打仗，是打一路，杀一路，抢劫一路。拓跋宏的诏令，打破了鲜卑人的发财梦。拓跋宏当然知道，但他必须这样做，若不行仁义之师，要实现他的远大目标，那就是一句空话。

贤首山之战

齐明帝萧鸾派左卫将军崔慧景、宁朔将军裴叔业增援钟离。

魏将刘昶、王肃率二十万大军攻打义阳。刘昶、王肃都是南朝降将。北魏有重用南方降将的传统，这和北方骑兵不习水战、不了解南方地形有关。孝文帝推行汉化，更是将南方人倚为重臣。

魏军仰仗兵力众多，在营盘四周挖堑立栅三重，日夜爬城进攻，摆出一副不攻下义阳誓不罢休的架势。守城的齐兵士只能以盾牌蔽身，无还手之力。

齐军走到距离义阳城百里的地方，久经战阵的王广之不敢再向前进，而义阳城守告急的信使一个接一个地赶来。

黄门侍郎萧衍建议，义阳西南有一座贤首山，如果占据贤首山，居高临下，出其不意，突发奇兵，必定能大获全胜。众将不敢冒险，谁也不敢附和。王广之见萧衍态度坚决，不好再坚持，说道："我老了，该是你们年轻人建功立业的时候，我手下的精兵任你挑选。"

王广之的畏缩不前，成就了萧衍。

萧衍带领精兵连夜出发，人衔枚，马束口，抄小道悄悄赶往义阳，将战旗插上贤首山。

第二天拂晓，萧衍登上山头，俯视山下，魏军大营里三层，外三层，将义阳围得水泄不通。

魏军主将刘昶望见贤首山的旗帜，大惊失色，不清楚到底来了多少人马，分兵十万列阵淮水以北，严阵以待。

义阳城中的齐兵远远望见漫山遍野的本方旗帜，以为大批援兵到了，士气大振。萧诞见援军到了，随即派长史王伯瑜率兵出城，对北魏阵营发起攻击，顺风纵火，烧毁魏军栅栏，攻入魏营。

萧衍站在贤首山上，居高临下，见城中齐军杀出，亲自擂响战鼓，齐军从贤首山猛扑下山，冲入敌阵。

齐军居高临下，对魏军形成内外夹击之势，锐不可当。

魏军难以招架，大败，鲜血染红了原野，刘昶、王肃率残部溃退。齐兵乘胜追击，俘敌数千人。

贤首山之战，二十万魏军败于一人之手，萧衍一战成名。梁朝有一首战歌《贤首山》：

> 贤首山，险而峻。
>
> 乘岘凭，临胡阵。
>
> 骋奇谋，奋卒徒。
>
> 断白马，塞飞狐。
>
> 殪日逐，歼骨都。
>
> 刃谷蠡，馘林胡。
>
> 草既润，原亦涂。
>
> 轮无反，幕有乌。
>
> 扫残孽，震戎逋。
>
> 扬凯奏，展欢酺。
>
> 咏杕杜，旋京吴。

这是"竟陵八友"之一沈约的杰作，写的就是萧衍的贤首山之战。而萧衍就是此后萧梁的开国皇帝。

无功而返

魏军四路南征，义阳一路战败，身在钟离的拓跋宏尚不知情。他还想体会一下饮马长江的滋味，杀齐军一个措手不及，亲自率轻骑南行。司徒冯诞因患重病不能随行。拓跋宏临出发的时候，特意前去与冯诞辞行，冯诞泪流满面。拓跋宏忍泪出发，才走了五十多里路，快马传来了冯诞的死讯。正在这时，突然又传来齐将崔慧景等几路齐兵驰援钟离的消息，只得连夜赶回钟离。

拓跋宏回到钟离城，摸着冯诞的尸体，悲痛万分，大哭不止。第二天，拓跋宏派人将冯诞的灵柩送回洛阳，又派使者临江发放檄文，历数齐明帝萧鸾废帝自立、杀戮诸王的罪过，然后亲自督战，对钟离城发起一轮又一轮攻势。

钟离守将萧惠休有勇有谋，再加上齐将崔慧景、裴叔业等人赶到增援，驻扎城外，与城中遥相呼应。

魏军觉得形势有些不妙，两军相持十多天，不但没有占到便宜，还损伤了许多将士。拓跋宏不禁有些沮丧，相州刺史高闾、尚书陆睿乘机上书，劝拓跋宏退回洛阳。拓跋宏这才渡淮北去。

拓跋宏在撤军前做了部署，皇帝和大队人马渡河先退，前将军杨播领步兵三千，骑兵五百殿后。

魏军半渡之时，齐军水兵突然发起进攻，占据河洲，截断水路。大批魏军被隔在淮河南岸，形势十分危急。拓跋宏立马淮河北岸，手指河中黑压压的齐军战舰，对众将说："无论是谁，若击破河洲上的齐兵，封直阁将军。"

重赏之下，必有勇夫，军主奚康生对身边的战友说："此去如果成功，一战扬名；如果命丧淮河，那也认命！大丈夫建功立业，就在今天。"

奚康生说罢，让士兵扎了一些木筏，装满柴草，点燃之后，顺风放筏，直冲齐军的战舰。趁着烟雾迷蒙的时候，奚康生率敢死队一阵掩杀，杀得齐兵仓皇失措，四散逃去，南岸的魏军这才安全北撤。

拓跋宏大喜，当即任命奚康生为直阁将军。直到殿后的杨播撤回北岸，拓跋宏才放心地纵马北去。

拓跋宏率大军撤退，但邵阳洲上仍然还有一万兵马被萧惠休围困，这些魏军归心似箭，但处在齐军包围之中，想走可没那么容易。无奈之下，只得派人求见齐将崔慧景，称愿献五百匹战马，求借一条归乡之路。

崔慧景是一员老帅，齐武帝时的旧将。萧鸾篡位前，特地派萧衍率台军进驻寿阳监视他；萧鸾称帝后，立即把他从地方调到京师；直到边关吃紧，才派他出来，如果不能拿下邵阳洲，对朝廷就不好交代。因此，他主张痛打落水狗，一举歼灭邵阳洲的魏军。

张欣泰摇摇头，表示不同意崔慧景的决定。

张欣泰的父亲是大名鼎鼎的刘宋名将张兴世，他出身将门，却不喜欢舞刀弄棒，只喜欢读书，只是一个文官。魏军南侵，用人之际，齐明帝萧鸾委任张欣泰为将，跟随崔慧景增援钟离。

崔慧景眉头一皱，问道："为何？"

张欣泰说道："有一句古话，叫作穷寇勿追。驱兵追击，胜了不足以说明我们善战，万一败了则前功尽弃，岂不是很可惜！"

崔慧景同意了张欣泰的建议。萧坦之却生气了，心想我浴血奋战，你俩坐收战功，太便宜了吧。

萧坦之回朝之后，向萧鸾打了小报告，说崔慧景、张欣泰二人在邵阳洲放走了一万魏军。崔慧景、张欣泰没有得到奖赏，挨了萧鸾一顿臭骂。

北魏四路南征，钟离、义阳两路已经退归。以薛真度为帅的襄阳一路，在南阳遭到齐太守房伯玉顽强抵抗，也大败而归。

唯有南郑一路，先是攻占了汉中，后来在南遇挫，随即奉命北归，最终安全返回仇池。但胜利的主角并非主将刘藻，而是副将拓跋英。

北魏城阳王拓跋鸾攻打赭阳，结果吃了一场败仗，也匆匆退回。督军卢渊本是勉强受命，至此归心似箭，早已丢下军队，返回洛阳了。

孝文帝的第一次南征，草草收场。

第十章
孝文帝改革

推行汉化

太和十九年（495年）六月，拓跋宏南征失败，回到洛阳后，先到太庙向祖先告罪，随后下诏减去散官的俸禄，以资助军队开支。并在太庙举行仪式，对南征的将士论功行赏。

随后，皇太子拓跋恂在太庙举行加冠礼。拓跋宏想要改变北方风俗，特意召见文武群臣，问他们："你们是希望朕远追商、周呢，还是想让朕连汉、晋都不如？"

咸阳王拓跋禧说："群臣都盼愿陛下能超越前王啊！"

拓跋宏："那么，接下来是改变风俗习惯呢，还是因循守旧呢？"

拓跋禧不假思索地说："但愿圣政日新月异！"

拓跋宏问道："新政是仅行之于现在呢，还是传之于子孙？"

"当然是传之于百世。"

拓跋宏道："朕要下令推行新政，你们一定不得有违。"

拓跋禧："上令下从，谁敢违抗？"

拓跋宏严肃地说："朕要禁止使用鲜卑语，全部改用汉语。三十岁以上的人可以放宽限制，三十岁以下的朝廷官员，必须更改，如有违者，免官查办。"

拓跋禧回答："谨遵圣旨。"

孝文帝接着说："朕曾经与李冲谈过这件事，李冲说：'四方之人，言语不同，故不知应该以谁的为是；做皇帝的人说的，就是标准。'李冲此话，其罪当诛。"拓跋宏看着李冲说："李冲，你有负于社稷，应让御史把你牵下去。"

李冲摘下帽子，磕头谢罪。

拓跋宏看了大家一眼，不满地说："朕回到洛阳，看见还有些女人穿着夹领小袖衣服在大街上行走。朕出征时曾下诏禁穿胡服，你们为何不遵行朕的诏令呢？"

留守洛阳的官员纷纷跪下，磕头谢罪。

拓跋宏召见群臣，其实是一个通气会。几天之后，拓跋宏便下诏"断北语"。孝文帝规定，汉语为"正音"，鲜卑语为"北语"，下令"断北语，一从正音"，朝廷上有说北语者免官。在具体实行上，因为三十岁以上的人乡音难改，尚不强求，三十岁以下的官员，在朝廷必须用汉语讲话，否则免官。

很快，北魏又依据《汉制》改革度量衡。年底，又废除了北魏长期以来以货易货的交换方式，下令铸造太和五铢钱，并诏令公私使用。

拓跋宏还亲赴鲁城祭祀孔子，封孔氏四人、颜氏二人为官，并从孔氏宗族子弟中选出一人，封为崇圣侯。金墉宫建成后，拓跋宏又在洛阳立国子监、太学、国子太学，挑选几位年高博学的人充当国老，请他们求遗书，正度量，制礼作乐，颂扬太平。

鲜卑人用的多是复姓，如拓跋、独孤、步六孤等，姓氏与汉人不同，标志着民族的差异，影响胡、汉贵族合作。因此，在迁都的第二年，孝文帝下令把鲜卑族的复姓改为音近的单音汉字。如拓跋氏改为元氏，独孤氏改为刘氏，步六孤氏改为陆氏，丘穆陵氏改为穆氏等。同时规定随迁洛阳的鲜卑人一律以河南洛阳为原籍，死后也不得还葬代北。

定族姓。魏人自称是黄帝的儿子昌意的后裔，昌意的小儿子在镇守北国时，将当地的大鲜卑山作为名号。黄帝以土德王，北方的习俗称土为拓，称君王为跋，所以叫作拓跋氏。孝文帝拓跋宏说土属于黄色，是万物之始，因而他特意将"拓跋"姓改为"元"姓。

禁止鲜卑同姓通婚，提倡胡汉通婚。孝文帝本人率先纳范阳卢氏等汉族四大姓崔、卢、郑、王及陇西李冲之女为嫔妃，又令各位弟弟将鲜卑正室降为侧室，分别娶中原汉族士族之女为妻。

孝文帝元宏仿效南朝，推崇门阀制度。门阀制度是两晋以来的一种选官制度，最主要特征为按门第高下选拔与任用官吏。开明的士人对此持反对态度，纷纷以"贤才主义"为宗旨，站在士人的立场抵制门阀制度。尚书仆射李冲就是这些反对者中的一位，他反问孝文帝："国家选用官吏，怎么能只重门第出身，而忽略真才实学呢？"

孝文帝道："世家子弟，就算才学平庸，品行也一定好过庶民，朕因此而录用他们。"

李冲辩驳道："傅说版筑，吕望钓叟，他们谁出身于名门望族？"

孝文帝有些不高兴，说道："不寻常的人物，毕竟是少数，你怎么能拘泥为成例？"

中尉李彪也插嘴说："鲁只有三卿（上、中、下三卿），为何孔门却分四科（即德行、言语、政事、文学）？"

孝文帝说："如果有出类拔萃的人，朕也会加以重用的，不拘一格。"

毕竟是皇上要办的事，二李反对也无用，其他人也就不再说了。

太子谋逆

孝文帝曾将太师冯熙的两个女儿纳入宫中，因小女儿是正室所生，所以册封为皇后，大女儿是侧室所出，故封为昭仪。

皇后颇有德操，昭仪却独工妩媚。孝文帝刚开始时对皇后还十分眷顾，后来觉得中宫的德操比不上爱妾的多情，冯昭仪的玉貌花容相较于皇后的德操，更让人心动。好德不如好色，孝文帝也得了这个病，感情开始向冯昭仪倾斜。迁都洛阳以后，姐妹俩一同住进洛阳宫殿。冯昭仪用尽媚术讨得孝文帝欢心，除了上朝之外，孝文帝基本上都待在冯昭仪宫中，二人同餐同宿，形影不离。冯昭仪更献出百般殷勤，笼络孝文帝，直把孝文帝的爱情全部转移到她一个人身上，不但后宫的嫔妃无从望幸，就是中宫的皇后也是寂寂长门，很难见到皇上一面。

皇后虽然不是妒妇，但也自叹命薄，不免对孝文帝心生埋怨。冯昭仪自恃自己是姐姐，不肯遵循妾礼，再加上皇上对她的宠爱，更助长了她的气焰，把皇后妹妹视为眼中钉，经常给皇上吹枕头风，惹出孝文帝心中的怒气，竟然把皇后废去，打入冷宫。不久，经孝文帝同意，冯皇后去瑶光寺做了尼姑。

孝文帝迁都、禁穿胡服、统一语言、改变姓氏等举措，鲜卑贵族、文武大臣中虽然有一些人持不同意见，但没有遇到根本性的抵制与反抗，倒是太子元恂"以身作则"，率先出来反对自己的父亲。

元恂是孝文帝的长子，已故皇妃林氏所生。太和十七年（493年），十一岁的拓跋恂被册立为皇太子。他行过加冠礼后，孝文帝拓跋宏为他取字，叫作元道，并对他说："朕之所以给你取字元道，是因为对你寄有厚望，你应该谨记在心，不要让朕失望。"孝文帝将姓氏由拓跋氏改为元氏时，又将太子的字改为宣道。

太师冯熙在平城病逝，孝文帝派太子元恂前往平城吊丧，临行时嘱咐说："朕坐守京师，不便亲自前去，你去吊丧的时候，顺便去拜谒先帝的陵寝，再去你母亲的墓前看看。在途中往返，你就多读一些书打发时间。"

元恂虽然答应而去，但并没有按父亲说的去做。

元恂虽然只有十四岁，但有自己的想法，不想盲从父亲的国策。在鲜卑人的影响下，他是一位极端的鲜卑主义者，不喜欢穿汉服，上朝时穿汉服装样子，回到东宫后，立即换上胡服。元恂讨厌汉化有两个方面的原因：一是他身体肥胖，而洛阳的气候炎热，不如旧都平城清凉；二是他和大多数小孩一样，不喜欢学习。鲜卑人不讲文化，牧羊放马，纵鹰围猎。其实，这些表现不过是年轻人青春期的逆反心理，放在常人身上也罢，但身为太子，一举一动，就是天大的事情了。

元恂奉命回到平城，办完公事之后，留在平城，不想返回洛阳。

孝文帝十分性急，父子分别不过两三个月，竟下了数道圣旨，催促太子赶快回来。元恂无法推诿，只好硬着头皮回洛阳复命。

孝文帝将太子训斥几句，命他回东宫学习。元恂阳奉阴违，当面满口应承，回东宫后，将父亲的话抛向九霄云外。中庶子高道悦屡次劝谏，元恂不但不领情，反而内心十分仇视跟前这位唠唠叨叨的大儒。

八月初，孝文帝巡幸嵩岳，令元恂留守金墉城。

元恂觉得这是一个好机会，立即与心腹密谋策划，牵来马匹，骑上马欲回平城，中庶子高道悦挡在马前劝阻，元恂一怒之下，亲手把高道悦杀死在宫殿之中。

中领军元俨得报，下令严守门禁，以防止事态扩大，直到夜间，才将事态平定下来。第二天天刚亮，尚书陆琇急忙骑马去向孝文帝汇报。

孝文帝大吃一惊，但没有声张其事，仍然到了汴口，然后返回。孝文帝回宫，立即召见元恂，数说他的罪过，并且亲自与咸阳王元禧轮番把元恂打了一百多棒，然后命人把他拽出去，囚禁在城西。一个多月之后，元恂才可以起床。

不久，孝文帝在清徽堂召见群臣百官，商议废去太子元恂之事。太子太傅穆亮、少保李冲摘去帽子，伏地磕头谢罪，请求宽宥太子。

孝文帝说："你们谢罪，请求宽宥，是出于私情，而我在这里所要商议的却是国家大事。'大义灭亲'，为古人所看重。如今，元恂想要违抗父命而私自逃叛，天底下还有比这更大的罪恶吗？如果不把他废掉，将会成为社稷一大忧患。"

十二月初，北魏废太子元恂为庶人，安置于河阳无鼻城，派兵看守，虽供应他的衣服饮食，但仅仅免于饥寒。

任城王平乱

元恂想重返平城，可以说是年轻人的一时冲动，但因孝文帝迁都而导致不满的还大有人在，其中以恒州刺史穆泰、定州刺史陆睿为最。

原先，北魏冯太后想要废去孝文帝，穆泰苦苦劝谏才作罢，穆泰由是得到孝文帝的宠信。孝文帝南迁洛阳，其所亲近信任的大多是中州的儒士，所以皇族内部以及代京人往往对此深感不满。穆泰从尚书右仆射出任定州刺史，但是他不愿去上任，说自己有病，在气候暖湿的地方病情会加重，请求到恒州去。

孝文帝于是调恒州刺史陆睿为定州刺史，任命穆泰为恒州刺史。穆泰到达恒州之后，陆睿还没有离开恒州，于是就与陆睿一起密谋反叛作乱，并秘密勾结镇北大将军乐东陵王元思誉、安乐侯元隆、抚冥守将崐鲁郡侯元业、骁骑将军元超等人，共同推举朔州刺史阳平王元颐为主。元思誉是元天赐的儿子，元业是元丕的弟弟，元隆和元超都是元丕的儿子。

陆睿认为孝文帝是仁德之君，劝穆泰迟缓进行，穆泰暂时没有叛乱。元颐表面上同意穆泰等人谋划，以便稳住他们，而后秘密地把情况写成奏状上报朝廷。

孝文帝得到密报后，立即在凝闲堂召见在家养病的任城王元澄，对他说："穆泰图谋不轨，煽动诱说宗室策动叛乱。迁都不久，北方人恋旧，南北事务纷扰，威胁到迁都洛阳的国策。这是国家大事，这件事只有你能解决。你虽然有病，但是还得勉强为我北行一次。如果穆泰的势力不太强的话，就直接把他抓起来。如果势力强盛，可联合并州、肆州的兵力，讨伐他们。"

元澄回答说："穆泰等人愚蠢至极，由于恋旧，才有了这次行动，并非深谋远虑。我虽然无能胆怯，但对付他们还是绰绰有余，希望陛下不要忧虑。我虽然患病，但也不敢推辞。"

孝文帝笑着说："任城王愿意北行，朕还有什么忧愁的呢？"

于是授元澄节旄、铜虎、竹使符以及身边的卫兵，使其代理恒州事务。

元澄到达雁门时，雁门太守连夜前来报告，说穆泰带兵往西边投靠阳平王去了。元澄立即命令出发。

右丞孟斌说："事情还难以预料，应奉圣旨召集并州、肆州的兵力，然后再慢慢进发。"

元澄说："穆泰既然策谋叛乱，理应据守坚城，但他却去投靠阳平王，想必势力不怎么强。穆泰既然不与我们抗拒，发兵就不太合适。所以，只需迅速前去镇压，民心自然就能安定。"

元澄率部日夜兼行赶往阳平。他先派治书侍御史李焕进入平城。

穆泰见李焕单人匹马进城，非常意外。李焕毫无怯意，对穆泰及其同僚晓之以利害。大多数人听了李焕的劝告，表示不再跟随穆泰作乱。穆泰见众叛亲离，便铤而走险，带领部下数百人攻打李焕，但却不能取胜，因为有很多人帮助他。穆泰知道大势已去，只得从城西逃跑。李焕率众追上，活捉了穆泰。

元澄到达平城后，立即肃清余党，拘捕了陆睿等一百多人，并把穆泰等人的罪行一项项列举出来，上表奏告朝廷。

孝文帝接到元澄的奏报，高兴异常，在群臣面前大夸元澄是栋梁之材。

孝文帝随之北行，回到平城后，亲自提审穆泰、陆睿等人。这些人没有一个人说自己冤枉。他们都说任城王元澄公正、明察。穆泰及其亲信党徒全都伏法，陆睿也被赐死狱中，他的妻子得到宽宥，被流放到辽西，成为平民。

孝文帝返回洛阳，接到御史中尉李彪的密报，说外界传言，太子元恂与手下的人谋划叛逆。孝文帝大怒，派中书侍郎邢峦和咸阳王元禧带着用椒子浸制的酒去河阳，赐元恂死，用粗劣的棺材和平常衣服装殓了他，埋葬在河阳。

北魏立皇子元恪为太子。孝文帝在清徽堂欢宴，说到废太子元恂，李冲谢罪说："我愧为太子的老师，没能教导好他，实在有罪。"

孝文帝说："朕尚且不能教化他的劣恶，你做老师的何必谢罪呢？"

元恪的母亲高氏是将军高肇的妹妹。高氏小时候曾梦见自己被太阳追逐，慌忙之中，她藏匿到床底下，没想到太阳竟然变成了一条龙，紧紧地将她缠住，大叫一声醒来，原来是一场梦境。高氏十三岁进宫，因长得艳丽可人，被孝文帝召幸几次，竟然珠胎暗结，生下二皇子元恪，随后又生下一名皇子，取名元怀。

元恪立为太子后，元怀也被封为广平王。冯昭仪得宠后，孝文帝渐渐疏远了高氏。只是冯昭仪是一只不下蛋的鸡，尽管孝文帝常住在她的寝宫，就是不能为孝文帝生下一男半女。冯昭仪听说了高氏做的那个梦，顿起邪念，用毒药害死了高氏，将元恪收为养子。孝文帝不知情，见冯昭仪对元恪非常疼爱，还嘉奖一番，却不知这背后的巨大阴谋。

东阳王元丕，先前曾不同意迁都，孝文帝下诏令群臣改穿汉服，他却仍然穿着胡服进进出出。孝文帝因他违逆旨意，将他贬为新兴公。

随后，元丕的两个儿与穆泰密谋为乱，孝文帝在处置穆泰的党羽时，诛杀了他两个儿子，甚至将元丕也牵扯在内，贬为庶人。

当时北魏宗室，元丕的辈分最高，资望也最大，曾侍奉六朝君主，在朝七十年。孝文帝突然削夺他的官职，贬为庶人，朝野为之叹惜。

孝文帝远贤近色，好大喜功，先是册立冯昭仪为后，后来听说南朝屡次杀害大臣，又准备起兵，进攻南阳。

第十一章
自相残杀

卸磨杀驴

齐明帝萧鸾篡位的时候，中领军萧谌是第一功臣。萧鸾曾许诺萧谌，事成之后让他当扬州刺史。谁知萧鸾事后食言，只是让萧谌兼任南徐州刺史。扬州刺史的职位给了萧遥光。萧谌十分失望，对友人说："饭做熟了，结果让别人吃了。"

萧鸾是一个疑心很重的人，由于皇位来得不正，担心有人不服，常密派亲信四处监督群臣。萧谌平时的言论，自然就传到萧鸾的耳里。由于北魏入侵，萧谌的两个弟弟萧诞、萧诔在前线联合击退魏军，看在功臣的分上，萧鸾只好暂时隐忍，没有发作。

萧谌恃功自傲，颇有些干预朝政事务的味道，他想选用谁了，就命令尚书为其说话。因此遭到萧鸾的忌恨。

北魏退兵之后，萧鸾在华林园召集开庆功宴，萧谌、尚书令王晏等人都参加了这次宴会，大家喝得很尽兴。宴席结束之时，萧鸾留下萧谌再陪他一会，一边走一边聊。当走到华林阁时，萧鸾身边的侍卫突然冲上前，拘捕了萧谌，押送到尚书省。

萧鸾派近侍莫智明前往尚书省，向萧谌宣读圣旨："隆昌之时，如果没有你，我不会有今天。现在你们兄弟三人都被封上爵位，有两人担任了州刺史，朝廷报答你，已经是到了极点。可是你还是不满足，总是心怀怨恨，说什么饭做熟了，连锅送给别人去吃了。现在朝廷特赐你死。"

萧谌听完圣旨，十分惊骇，转念一想，卸磨杀驴的事情常有，反抗也是枉然，酸楚地对莫智明说："我与陛下杀高帝、武帝的儿子时，都是由你往返传达消息，这些你最清楚啊！今天陛下让我去死，你为何不出手相救？我做鬼也不会放过你！"说罢，服毒自尽。

萧谌被害之后，萧鸾又命黄门侍郎萧衍为司州别驾，前去司州拘捕萧诞、萧诔，一并斩杀。又将西阳王萧子明、南海王萧子罕、邵陵王萧子贞一并赐死。

早先，尚书令王晏深得武帝的宠信，萧鸾谋划废掉萧昭业时，王晏又倒向萧鸾，充当帮凶。萧昭业被废去之后，萧鸾与王晏在东府宴饮，谈到时事时，王晏拍着手掌对萧鸾说："你经常说我王晏胆怯，今天认为我如何呢？"萧鸾即位之后，王晏自以为对新朝有佐命之功，经常菲薄讥刺武帝萧赜在世时候的事情。担任了尚书令，他居于朝臣中的最高地位。

萧谌死后，王晏趁势专横独断，朝廷内外的重要职位，都任用自己的亲信，经常与明帝在用人方面发生争执。明帝虽然因举事之际，不得不依赖、重用王晏，但是内心却十分厌恶他。明帝曾经整理检查武帝的诏书文告等材料，得到武帝写给王晏的手敕三百多张，都是谈论国家的事情，又获得王晏劝谏武帝不要让自己主管铨选之事的奏疏，因此越发猜忌、冷淡王晏了。

始安王萧遥光劝明帝杀掉王晏，明帝说："王晏于我有功劳，况且没有罪过，所以不能杀他。"

萧遥光回答说："王晏深受武帝的宠任，最后还是背叛了武帝，怎么能忠于陛下呢？"

萧鸾听了不禁变色。不久，萧鸾派心腹陈世范等人到街头巷尾去打听关于王晏的传言。王晏为人轻率浅薄，没有防范，他想为自己开辟府署，几次传叫方术之士来察看风水，说是会大富大贵。王晏与宾客谈话时，总是喜欢把手下的杂人支开，然后与客人在清静中交谈。

明帝知道了这些情况后，怀疑王晏想谋反，于是产生了杀掉王晏的念头。

建武四年（497 年），陈世范又前来告密说："王晏密谋借陛下南郊祭天的机会，联合武帝过去的旧臣发难。"

正在这时，突然传来有一只老虎闯进南郊祭坛的消息，萧鸾更加害怕了。郊祭的前一天，下令取消南郊祭祀之行，并派人先告诉王晏和徐孝嗣。

徐孝嗣奉旨后没说什么，王晏却不同意取消南郊祭祀，说郊祀事关重大，圣上一定要亲自去。

萧鸾更加相信陈世范的密报，当即在华林园召见王晏，让人杀了他，一同被杀的还有王晏的儿子和弟弟。

萧鸾两次废黜皇帝，王晏都曾参与谋划。萧昭业被废黜之前，王晏的堂弟御史中丞王思远对王晏说："兄长你承受武帝的厚恩，现在一旦帮助别人进行此事，在那个人来说或许可以暂时利用兄长，但不知兄长这样做了，将来别人何以自立呢？如果现在自刎而死，还可以保全门户，不失后世英名。"

王晏不予理会，回答说："我正在喝粥，无暇顾及此事。"

萧鸾即位之后，拜王晏为骠骑将军，王晏把弟弟和儿子们召集在一起，对王思远的哥哥王思徵说："隆昌之末，思远劝我自裁，如果听从了他的话，哪里能有今天呢？"

王思远应声道："我还是当初的想法，如果你现在自尽，还为时不晚。"

王晏仍然没有领悟。

王思远知道明帝外表上对待王晏十分优厚，内心已开始怀疑他了，乘机对王晏说："眼下事情逐渐有异样，兄长觉察与否？人们大多拙于自谋而巧于谋算别人。"

王晏听后没有吭声。王思远走了之后，王晏才叹息着说："世上竟有劝人死的人，真是令人费解！"

十日之后，王晏被杀。

明帝得知王思远对王晏说过的话，没有定他的罪，并且升任他为侍中。

王晏的表弟阮孝绪也知道王晏必定会败落，所以王晏屡次到他家去，他都避而不见。一次，他吃酱时觉得味道很香，一问才知道是从王晏家得来的，立即吐了出来，并且把剩下的酱全部倒掉。到了王晏被杀之后，人们都为阮孝绪担心，他却不以为然，说："虽然是亲戚，但是并不是同党，有什么害怕的呢？"

王晏被杀后，阮孝绪也被免罪，逃过了一劫。

萧鸾任命萧坦之为领军将军，徐孝嗣为尚书令，以抚慰朝野，安定人心。

北魏再次南征

北魏孝文帝元宏见南齐频杀大臣，朝野人心浮动，觉得有机可乘，调冀、定、瀛、相、济五州兵马南征。出发前，命吏部尚书任城王元澄留守洛阳，御史中丞李彪、仆射李冲二人辅政。授彭城王元勰为中军大将军，让他负责行军事宜。元勰辞而不受，说朝廷用人，不应一味任用皇室中人，应亲疏并用，建议孝文帝另用他人。孝文帝不听，率二十万大军南征，命元勰率军随后跟进。

当初，北魏迁都洛阳，荆州刺史薛真度劝孝文帝首先攻占樊、邓两地。孝文帝不听，只是令他率兵进攻南阳，结果却被南阳太守房伯玉打败。孝文帝发誓要报复房伯玉，留下各路将帅攻打赭阳，自己领兵南下，到达宛城，乘夜攻打宛城外城，一举而克。齐将房伯玉坚守内城，顽抗抵抗。

孝文帝派孙延景给南阳太守房伯玉传话说："这次我要荡平六合，不会像上一次那样冬去春来，如果不能取胜，不会北返。你守的这座城首当其冲，必先攻取，多则一年，少则一月。封侯、斩首，何去何从，你自己考虑。你有三条罪状，一是你先侍奉武帝，不但不能尽忠，反而助纣为虐；二是近年薛真度奉旨讨伐，你重创魏军；三是我御驾亲临，你不投降，反而负隅顽抗。"

房伯玉派副将乐稚柔答话说："大驾南侵，其在必胜，我虽然地位卑微，得以与威严的陛下相抗，誓与此城共存亡。从前承蒙武帝重用，岂敢忘恩！但继位之君失德，我主是高帝的第三子，继承皇位不但符合百姓之望，也是武帝遗愿。所以区区尽节，不敢有二心。上次魏军入侵，骚扰我边民，我率师抵抗，是职责所在。难道你们北朝，要劝导臣下不忠吗？"

房伯玉心知南阳城小，难以抵挡北魏大军，一面派快马分别向襄阳和建康告急，一面安排奇兵在城外设伏，企图杀掉孝文帝。

南阳城东的河沟上一座桥，是魏军的必经之路，齐国勇士身穿斑纹衣，头戴虎头帽，潜伏在桥下乱草丛中耐心等待。

大队魏兵陆续过桥，轮到孝文帝过桥时，潜伏在桥下的齐国勇士从桥下冲出来，扑向孝文帝。魏军马队顿时大乱，紧急关头，魏军神箭手上前护驾，施展神箭绝技，射杀了齐国勇士。房伯玉的偷袭宣告失败。

齐军固守南阳，孝文帝也不急着报复房伯玉，留下咸阳王元禧等继续攻打南阳，自己则率大军转攻新野。

新野守将刘思忌顶住了魏军一轮又一轮的攻势。魏军在城外修起长围，将新野团团围住。

雍州刺史曹虎离新野最近，早就收到房伯玉的求援书，领兵由襄阳出发，走到樊城后就不再前进。理由很简单，他与房伯玉不睦，他想黄鹤楼上观帆船，看房伯玉怎么死。

齐明帝萧鸾正忙着清理功臣和高帝、武帝的子孙。杀死萧昭业的萧谌处理掉了，支持发动政变的王晏也灭了，还有王敬则、崔慧景等几员老帅怎么办？高帝、武帝的子孙杀了一批，还有十几个王爷仍在。萧鸾的身体不好，太子的年龄又太小，正寻思余下的王爷杀不杀。杀绝，显得太无情；留下来，万一哪一天反攻倒算怎么办？

萧鸾的头都大了，北魏又大军压境，于是派裴叔业驰援雍州。襄阳离建康太远，裴叔业不想去，于是献上围魏救赵之计，魏军不是攻打襄阳吗，我就去端他的老窝临泉、涡阳，逼魏军回师自保。

萧鸾认为这是个不错的计策，便令他依计而行。裴叔业兵分两路，自率一万兵马攻打虹城，随后命部将鲁康祚、赵公政率一万兵马攻打太仓口。

北魏长史傅永接受豫州刺史王肃的命令，率三千兵马迎击齐军，在淮河北岸列阵，与对岸的齐将鲁康祚、赵公政率领的齐军隔水相望，彼此相距十余里。

战前，傅永对部下说："南方人喜欢劫营，今晚是下弦月，夜色苍茫，他们肯定会有所行动。我们将计就计，四下埋伏，杀他个措手不及。"众将士依计行事。当天晚上，齐军果然前来劫营，魏军伏兵齐出，大破齐军，活捉齐将赵公政，鲁康祚在渡河时溺水身亡，尸首被魏军捞走。

傅永凯旋，王肃大喜，立即派人向孝文帝请功。随后听说裴叔业进逼楚王元戍，王肃再次命令傅永率三千人马驰援楚王元戍。傅永带领一名心腹先行，同楚王元戍定约，又在城外设下伏兵千人。

天亮之后，裴叔业率部逼近城东门，部署兵力，准备攻城。傅永的伏兵对裴叔业的后军发起袭击。裴叔业让其他将领守护营盘，亲率精兵数千援救后军。元戍在城楼上望见裴叔业率兵支援后军，立即命令大开城门，率军杀出城，内外夹击，大败齐军。

裴叔业心慌意乱，夺路而逃，本来使的是围魏救赵之计，结果数万人马让几千魏军杀得落花流水。

魏军还想痛打落水狗，傅永制止说："我军不足三千人，齐军数万，之所以能打败他们，全仗出其不意，如果敌人知道我们的虚实，那就麻烦了。此战足以让敌军丧胆，何必要追呢？"随即回去报捷。

王肃再次向孝文帝汇报傅永的战绩，孝文帝随即封傅永为安远将军，兼任汝南太守，还封他为贝邱县男爵。傅永不仅有武略，还有文韬。孝文帝曾赞叹傅永说："上马能击贼，下马做文章，傅永是文武全才啊！"

孝文帝令统军李佐全力攻取新野。新野太守刘思忌抵挡不住，城破被擒。李佐问刘思忌："如果你投降，不但可以免死，而且仍然可以为官。"

刘思忌回答："我宁可做南方的鬼，不愿当北方的臣子！"

李佐见刘思忌不降，下令杀了刘思忌。

刘思忌被杀之后，沔水之北的南齐守军大为震惊。湖阳守将蔡道福、赭阳守将成公期、舞阳守将黄瑶起等相继南逃。黄瑶起被北魏军队抓获，他曾害死王肃的父亲，孝文帝把黄瑶起赏赐王肃，王肃把他割成小片煮熟吃了。

孝文帝又移师攻打南阳，逼得内无粮草、外无救兵的房伯玉自缚出降。房伯玉的堂弟房思安是北魏的中统军，房思安数次哭泣着向孝文帝请求不要杀死房伯玉。于是，孝文帝赦免了房伯玉。

魏军连克新野、南阳两处重镇，斩杀刘思忌，逼降房伯玉。这两人是齐军沔北边镇的灵魂人物，一死一降，沔北大震，各地守将纷纷逃跑。

三月初，崔慧景和萧衍在邓城被北魏军打败。当崔慧景到达襄阳之时，南阳、新野等五郡已经陷落，崔慧景与萧衍以及军主刘山阳、傅法宪等人率领五千多人马来到了邓城。北魏数万骑兵尾追而至，崔慧景等只好部署兵力，登城防守。其时，南方的将士们由于早晨匆忙吃饭，再加上轻装快走，人人面呈饥饿、恐惧的神色。萧衍要出战，崔慧景不同意，说："北魏军队从来不在夜间围城攻打，所以等天黑之后他们自然就会撤走的。"

一会儿，北魏的大批军队到了，崔慧景在城南门带着自己的队伍逃走了，其他的队伍不知道，也相继逃遁。北魏军队从北门入城，刘山阳与部曲数百人断后死战，边战边退，以掩护前头的队伍撤逃。崔慧景带领队伍过闹沟，军士们互相拥挤踩踏，把桥都压断了。北魏军队乘势在路两旁发箭射杀，傅法宪中箭身亡，士卒们相继赴沟而死，尸体相枕，不计其数。刘山阳用衣袄和甲仗填在沟中乘势通过，才得以幸免。

北魏孝文帝率领大兵乘胜追击，一直追到沔水。刘山阳依据樊城拼力苦战，直到天黑，魏军才撤走。南齐各路队伍都害怕了，当天晚上，全部坐船返回襄阳去了。

孝文帝率领十万大军，浩浩荡荡地开来围攻樊城，樊城守将曹虎闭门自守，不敢迎战。孝文帝临近沔水眺望，见对岸襄阳城高墙厚，料难攻克，于是离开襄阳，转向悬瓠城进军，留下镇南将军王肃一军进攻义阳。

裴叔业听说义阳被围攻，重演围魏救赵之计，率兵五万围攻北魏涡阳，以便援救义阳。

北魏南兖州刺史孟表固守涡阳，因城中粮尽，派人向魏主求援。

孝文帝派安远将军傅永、征虏将军刘藻、辅国将军高聪等人援救涡阳，三支军队接受王肃的指挥。没想到齐军来势凶猛，迎头痛击，大败北魏援军，高聪逃往悬瓠，傅永收容残兵徐徐而返。裴叔业再次进击，斩敌一万人，俘虏三千多人，缴获器械、财物不计其数。

孝文帝命令把吃了败仗的三位将领锁起来押到悬瓠，刘藻、高聪发配平州，傅永被撤职、削去爵位，贬王肃为平南将军。

王肃上表请求增兵涡阳。孝文帝回信说："看你的意思，一定认为刘藻等人刚败，难以再援涡阳。朕派兵少了，不足以制胜，派兵多了，朕身边的兵力就不够，你考虑一下，义阳能攻则攻，不能攻就停。如果涡阳失守，朕唯你是问。"

王肃接信后，立即撤走围攻义阳的魏军，驰援涡阳。与统军杨大眼、奚康生等率步、骑兵十多万前去解救涡阳之危。

裴叔业听说北魏十万大军即将杀到，连夜领兵撤退。第二天早上，魏军仍然追杀上来，一阵猛攻。齐军大败，裴叔业带着残兵退守涡口。

自相残杀

萧鸾接连收到兵败的消息，心生忧惧，渐渐积郁成疾，不能上朝。宗室各位王爷分别前来探视。萧鸾叹道："我和弟弟萧缅的儿子年龄幼小，而高帝和武帝的子孙却一天天长大，他们肯定会对我儿不利啊！"

萧鸾想把高帝和武帝的后代全部除掉，试探性地向陈显达表达了自己的想法。陈显达回答说："这些人不足以让圣上忧虑呢。"

萧鸾又向始安王萧遥光表达了自己的想法。萧遥光大喜，认为应当一个一个逐步清除。萧遥光是一个有野心的人，他想借萧鸾之手灭尽高帝、武帝的后裔，待萧鸾去世后，他再杀光萧鸾的子孙，夺取齐室江山。萧鸾没有觉察到萧遥光的阴谋，以为他真心为自己考虑，随即命萧遥光依计行事。

萧遥光奉命先后杀害了十位王爷，他们是河东王萧铉、临贺王萧子岳、西阳王萧子文、永阳王萧子峻、南康王萧子琳、衡阳王萧子珉、湘东王萧子建、南郡王萧子夏、桂阳王萧昭粲、巴陵王萧昭秀。至此，高帝、武帝子孙中凡是有爵位的全被杀害。

从前，齐武帝萧赜在世时，曾梦见一只金翅鸟，突然冲进殿廷，叼食了无数条小龙，然后飞上天空。太子萧长懋也曾对竟陵王萧子良说："我每次看到萧鸾，都觉得恶心，如果不是他福德太薄，必定是他会对我们的子孙不利！"

众王死后，萧鸾才让公卿们奏告诸王的罪状，并请求诛杀他们，萧鸾还假意下诏令不允许；公卿再次奏请，然后批准。

萧遥光杀人有功，晋封为大将军。改建武五年为永泰元年（498年）。

第十二章
萧鸾归天

王敬则造反

大司马王敬则是高帝、武帝时的两朝旧人，当时出任会稽太守，他人虽然不在建康，却时刻关注着朝中动向，见萧谌、王晏二人先后被杀，不免有些兔死狐悲。又听说高帝、武帝的子孙遇害，更是惊惧，总觉得下一个被杀的是自己。

齐明帝萧鸾经常询问王敬则的饮食情况如何，身体状况怎么样，能否带兵打仗。表面上虽然礼遇优厚，内心对王敬则十分猜疑、提防，只是王敬则老了，而且又在离建康不远的地方，才稍稍放心，故暂时没有打王敬则的主意。

王敬则的世子王仲雄在京城任职，王敬则担心事情发生变化会牵连到儿子，心中忧恐万分。萧鸾知道这一情况后，还派王仲雄去会稽安慰父亲。

王仲雄擅长弹琴，萧鸾把焦尾琴借他一用，传说这是蔡邕用过的琴。王仲雄见到珍贵的焦尾琴，一时兴起，弹唱了一首《懊歌》，歌词中有"常叹负情侬，郎今果行许""君行不净心，哪得恶人题"之句。

萧鸾听了之后，认为王仲雄有意挑这首曲子，有感而发，心里对王敬则更是起了疑心，于是任命张瓖为平东将军，兼吴郡太守，并命他秘密布置兵力，提防王敬则。

王敬则得知张瓖被任命为平东将军，大惊失色，私下里对人说："东边没有胡虏入侵，哪用得着平东将军？陛下一定是要杀我，我不甘心受死啊！"

王敬则的女儿是徐州行事谢朓的妻子，王敬则的儿子王幼隆曾是太子洗马，他委派将军徐岳去见谢朓，密约他一起举事。谢朓不但拒绝了徐岳，而且还把徐岳抓起来，进宫向萧鸾告密，说王敬则密谋造反。

王敬则手下的城局参军徐庶家住京口，徐庶的儿子把王幼隆、徐岳被抓的消息悄悄告诉父亲。徐庶立即将这一消息转告王敬则的侄子王公林。王公林去见王敬则，劝他进京请罪。王敬则不同意，竟举兵造反，扬言要拥立南康王萧子恪为君主，进京废掉萧鸾。

萧鸾知道王敬则要反，下令将王敬则在京为官的四个儿子王幼隆、王世雄、王季哲、王少安抓起来，全都杀掉了。王敬则的长子王元迁正在徐州前线率兵抗击魏军，萧鸾令徐州刺史徐玄庆把王元迁也杀了。

始安王萧遥光趁机劝说萧鸾把高帝、武帝的子孙全部杀掉，以除后患。萧鸾病得精神恍惚，迷迷糊糊地同意了。萧遥光当即派人将高帝、武帝所有的子孙都带到中书省，甚至连襁褓里的婴儿也不放过。然后命令宫中的太医煮了两斛花椒水，又命有关部门备办了数十具棺材，准备三更时分，把这些王侯全部毒死。

南康王萧子恪是豫章王萧嶷的儿子，王敬则以拥立萧子恪为名起兵造反，萧子恪并不知情。他曾是吴郡太守，因调任卸职回京，突然听说王敬则造反与自己有关，吓得跑到郊外躲藏起来。当天晚上，从宫中传出消息，说萧遥光要在三更时分杀尽高帝、武帝的子孙。萧子恪情知不妙，拼命往回赶，想为自己辩护，阻止悲剧发生，二更时分到达建阳门，重叩宫门，递进诉状。

三更已到，萧鸾睡眠未起，中书舍人沈徽孚与内廷直阁单景隽商议，决定暂不动手，等待皇上醒来后看了萧子恪的诉状再议。萧鸾醒来后，单景隽奏报说萧子恪来了。萧鸾惊奇地问："还没有动手吗？"

单景隽说情况有变，随之呈上萧子恪的诉状。萧鸾看完诉状，明白了事情的真相，拍着床沿说："遥光坏了大事，差点让朕成千古罪人啊！"当即下令，不准妄杀一人，随后设宴招待各位王侯。第二天，放各位王侯回府，还任命萧子恪为太子中庶子。

不久，传来王敬则率十万叛众抵达武进陵口的消息。萧鸾当即诏令前军司马左兴盛、后军将军崔恭祖、辅国将军刘山阳、龙骧将军胡松四人共赴曲阿，屯兵长冈。又令右仆射沈文季驻扎湖头，都督各军。

王敬则率军对左兴盛、刘山阳两处军营发起攻击，朝廷军队不能抵挡，准备撤退，但却难以脱身，只好死战。

胡松率骑兵从王敬则背后杀过来。王敬则的部众虽多，不过是乌合之众，很多人拿着一根木棍当武器，根本就没有战斗力，抵挡不了胡松骑兵的冲击，顿作鸟兽散。慌乱之中，王敬则被崔恭祖一枪挑落马下，丢了老命。随后，王敬则的首级被送到建康。

萧鸾归天

当时，齐明帝萧鸾的病情非常沉重，王敬则猝然起兵，朝野震惊。太子萧宝卷让人上屋顶眺望，见征虏亭失火，一片火光天，以为是王敬则的叛军打过来了，急忙穿上戎装，准备逃走。

王敬则知道这件事后，高兴地说："檀公三十六策，走为上策，我想你们父子也只有逃走一条路了。"所谓"檀公三十六策，走为上策"，是当时人们讥刺檀道济见了魏军只会逃跑的话。王敬则起兵，来得凶，去得也快，在很短的时间内就以失败告终。

王敬则起兵失败后，子孙全部被杀，家产也被抄收充公。左兴盛、崔恭祖、刘山阳、胡松四人因平叛有功，被封为男爵。

谢朓也因告密有功，升任吏部郎中。谢朓做了亏心事，不敢受职，三次上表辞让。有人说谢朓是嫌官职小了。国子祭酒沈约却说："近世以来低级官员不辞让，已成为一种习惯。谢朓越级吏部授官却辞让不受，是避免别人说他出卖岳父得官。辞让出于人情世故，与官职大小无关。"

谢朓的妻子有乃父之风，谢朓告密王敬则反，王敬则死，常怀中藏刀，欲报父仇，吓得谢朓不敢见妻子。

这年七月，齐明帝萧鸾在正福殿病逝，享年四十七岁。

萧鸾遗诏任命徐孝嗣为尚书令，沈文季、江祐为仆射，江祀为侍中，刘暄为卫尉；军政大事委托太尉陈显达处理，朝廷内外政务由徐孝嗣、萧遥光、萧坦之、江祐辅佐幼主处理，其中重大事情与沈文季、江祀、刘暄三人商量决定。

萧鸾教子无方，临死时没有劝诫太子如何当好皇帝，守住社稷，而是提醒他要以被废掉的郁林王为诫，"做事动作要快，不可落到人后"！意思是对属下王公大臣要果于诛杀，不要被别人先算计废杀。萧宝卷深记这个遗嘱，所以杀人时疾如闪电。猜忌一动，杀机即起；杀机一起，即刻行动，不做任何考虑，也无任何预兆和迹象，最终弄得身亡国灭。这是后话。

萧鸾在位五年，改元两次。《南齐书》记载萧鸾说："帝明审有吏才，持法无所借；制御亲幸，臣下肃清。"看似是一个明君，但是，接下来还有一句："性猜忌多虑，故亟行诛戮。"意思是说，萧鸾明察秋毫，有为政才干，依法办事，公正无私，但是他过于猜忌，动不动就杀人。

萧鸾即位后，在治国方面也还算有些小成就，有为政的才能，依法办事，公正无私。制约受到他宠爱的人，群臣完全肃清贪污。虽然有点夸张，但这也说明萧鸾还是有心去治理这个国家的，但是，萧鸾在圣君的光环下还有另外一个虚伪的面具。

萧鸾性格猜疑多虑，深居简出，当皇帝五年，竟然没有去南郊祭天。但他对筮占却又深信不疑，每次出行，先要占卜吉凶利害。他担心有人谋害自己，不想让别人事先知道自己的行迹，出行前故意散布虚假信息，如果去东边，则告人说去西边；如果去南边，则告人说去北边。刚得病的时候，对外特别保密，害怕别人知道他的病情，照样临朝听政，照样批阅公文。很久以后，他在下达给台省的文件中要白鱼来做药，外界这才知道他生病了。

萧鸾嗜杀，猜忌同宗，信任典签，对各位王侯严加监控，大肆屠杀同宗。齐高帝萧道成与齐武帝萧赜的子孙都被萧鸾诛灭。要知道，当初萧道成、萧赜父子对萧鸾特别好，但萧鸾就像一条喂不熟的狼，一旦大权在握，牙口硬了，就忘恩负义地反过头来咬人，而且是一批批地咬。他咬的人，若是乱臣贼子也就罢了，可偏偏是对他恩重如山的高帝萧道成、武帝萧赜的后人，也就是他的同宗，且几近杀绝。每当他决定要屠杀一个同宗时，都会装模作样地哭上一场，以示迫不得已而为之。萧鸾一流泪，就是他准备杀人的信号。对于萧鸾杀人前焚香祷告、痛苦流泪的这类作秀式的表演，柏杨评价"萧鸾是一个小动作特别多的老流氓"。

萧宝卷即位后，追尊父亲萧鸾为明皇帝，安葬于兴安陵，庙号高宗。

萧宝卷在东宫当太子时就十分顽劣，讨厌读书写字，天天玩乐。萧鸾在世的时候，对太子并不曾斥责，只是要求他遵守家礼。萧宝卷曾请求天天入朝，萧鸾没有答应，只要他三天一朝。萧宝卷无所事事，就变着法子玩，他最喜爱的事情，就是大半夜里和几个小太监一起挖洞抓耗子，一抓就抓到天亮。继位以后，恶习不改，成天与宦官、宫妾嬉戏，彻夜流连。

萧鸾刚死，灵柩停放在太极殿，看着黑森森的大木头盒子，萧宝卷觉得影响了他的乐兴，急着要大臣们送去陵墓安葬掉。

古代礼法森严，停柩有规定的时间，徐孝嗣一再坚持，才使得萧鸾的灵柩停放了一个多月。其间，当臣下祭拜或属国使臣临吊时，萧宝卷作为孝子，应该在旁"临哭"，但每次他都借口说自己喉咙痛，只是站在一旁装装样子，没有丝毫悲哀之情。

太中大夫羊阐是个秃子，进殿哭灵时哭得前仰后合，以致头巾掉到地上，露出光秃秃的脑袋。萧宝卷瞧见后，停止假哭，放声大笑，同时大呼："秃鹫来哭灵了！"身边的人见状，忍不住捂着嘴偷笑。

萧鸾的灵柩安葬后，萧宝卷更是百无禁忌，从此欢天喜地，纵乐不休。

始安王萧遥光、尚书令徐孝嗣、右仆射江祏、右将军萧坦之、侍中江祀、卫尉刘暄等人轮番劝谏，萧宝卷就是不听，眼看朝纲日益紊乱，祸患就要来了。

礼不伐丧

太和二十二年（497年）秋末，北魏孝文帝元宏得知齐明帝萧鸾病故，笃信儒孝的他下了一道诏令："按礼，他国有丧，不加讨伐。"于是率兵北还。孝文帝说得有板有眼，显出一副仁德之君、效法前贤的模样。其实，"礼不伐丧"只是孝文帝一个冠冕堂皇的借口，真实的原因是北魏国内内政出了问题，北方边陲爆发了战争，更要命的是，居然有人给他戴了绿帽子。

原来，孝文帝南下时，曾令任城王元澄以及李彪、李冲留守洛阳。让人没有想到的是，李冲一手提拔起来的李彪居然与李冲唱起了对台戏。李冲气恼不过，向孝文帝上书，说李彪种种违法的事情，请求严惩。他在表中斥责李彪"傲逆不顺，趾高气扬，贪图安逸，敷衍公事，私拿公物，为所欲为"等等。

孝文帝看过李冲的上表之后，怅然叹息了很久，说道："唉！没想到留守洛阳的几个人闹到如此地步。"接着又说道，"李彪可以说是骄傲了，然而李冲又何尝没有自满呢？"黄门侍郎宋弁素来对李冲有怨气，而与李彪同是相州人，关系很好，因此就私下里对如何处分李彪加以操纵。有关部门建议对李彪处以死刑，孝文帝宽宥了他，最后只对他做了免官除名的处理。

李冲性情雅闲，温良敦厚，但是在拘押李彪之时，却一反常态，亲自数落了李彪前前后后的过失；他怒不可遏，大喊大叫，扔出小桌子，敲碎大桌子，吓得御史们个个以泥涂面，反绑自己的双手，向李冲谢罪。李冲骂不绝口，精神失常，言语错乱，颠三倒四，时不时地扼腕大骂"李彪小人"，吃药扎针都不能治疗，有人认为他是因怨气太盛而导致肝裂，十多天后就死了。

留守洛阳的三位大臣，一位革职，一位死了，三去其二，孝文帝当然非常担心，有了归国之心。这是第一个原因。

第二个原因是孝文帝入侵南齐时，派遣使者去向高车调兵，但是高车人害怕远途劳役，因此奉袁纥树者为头领，率众叛变向北。孝文帝派遣征北将军宇文福去讨伐，但是大败而回，宇文福因此而被黜官。孝文帝又命令平北将军江阳王元继为都督北讨诸军事，去讨伐高车，自怀朔以东全部归他掌管调遣，并摄镇平城。元继是拓跋熙的曾孙。

　　洛阳的内政出了问题，北方边陲又爆发战争，孝文帝不免心焦，不得不归。但是，这两件事尚未对孝文帝造成致命的打击，直到妹妹彭城公主冒着大雨赶到悬瓠，向他诉说了一件宫中丑闻，说有人乘皇上出征的时候，给皇上戴了一顶绿帽子。孝文帝终于被击倒了，这仗不能打了，必须赶快回洛阳。

第十三章
孝文帝之死

背叛

原来，冯昭仪奸计得逞，被孝文帝册立为皇后。二人本来是鱼水谐欢，天天缠绵，怎奈孝文帝志向高远，欲统一天下，常年率兵出南征，将如花似玉的冯皇后留在洛阳闷守孤帏，凄凉寂寞。冯皇后虽然过着锦衣玉食的生活，但少了枕边之人，没了情趣，这让她无法忍受。

刚好有个中官高菩萨，名义上是阉宦，实则是冒名顶替进来的，生理功能与常人无异。高菩萨不但长得英俊潇洒，而且天资聪慧，入侍宫闱，善解人意，很快赢得冯皇后的欢心。高菩萨又对冯皇后进行巧妙的挑逗，冯皇后知道高菩萨的身份后，不恼反喜，竟然引他上床，做起了假鸳鸯。

冯皇后惊喜地发现，高菩萨雄猛异常，久战不疲，久旱逢甘露，喜出望外。此后两人朝欢暮乐，卿卿我我。为了不致奸情外泄，他们又买通太监双蒙替他们打掩护，内外蒙蔽，真个是洞天花月，暗地春宵。

天下之事，要想人不知，除非己莫为，冯皇后虽买通了身边的小太监代为掩饰，但事情终不免还是泄露出去。宫女、太监们议论纷纷。冯皇后与高菩萨照样还是快活逍遥。千不该，万不该，冯皇后不该得罪一个人，让他们的奸情败露。这个人就是孝文帝的妹妹彭城公主。

彭城公主正在为刘昶的儿子守寡。冯皇后的弟弟冯夙看上了彭城公主。冯皇后也想让年轻的公主改嫁给弟弟。于是恳请孝文帝赐婚，孝文帝允许了。南北朝时没有贞节守寡的风气，离婚也是正常的事，何况丈夫死了。偏偏彭城公主却不同意，死活不嫁。

冯皇后心想，冯夙是我的亲弟弟，而且是皇上赐婚，你居然不同意，岂不是太不给面子了。于是强行定下婚期，到时花轿相迎。

眼看婚期将近，彭城公主也算是一个烈性女子，竟然偷偷带着侍婢、家仆十余人，乘上马车，冒着大雨，赶赴悬瓠前线，找皇帝哥哥理论。

孝文帝身体欠佳，正在悬瓠的行宫养病。迁都、汉化、杀子、叛乱、战争，连年超负荷运转，已经将这位雄心勃勃的大帝的精力消耗到极限。他不想放弃千载难逢的机会，不回洛阳，就在悬瓠静养，一旦身体有所好转，即刻发兵南征。

彭城公主到了悬瓠，气愤之余，不顾皇帝哥哥的病情，口不择言，把冯皇后与高菩萨的事抖了出来。后院起火，唯一心爱的女人背叛自己与人通奸，这件丑闻对孝文帝的打击太大。

孝文帝惊愕地睁大眼睛，呼吸几乎停止，他不相信这是真的。但他是一个有理智的人，不会偏听偏信，立即询问从洛阳过来的宦官刘腾。刘腾是冯皇后派来观察皇帝病情的，为人聪明，见皇上过问此事，心知瞒不过，一五一十地全说了。

孝文帝无力地倒在床上，又惊又愕，于是暂守秘密，找一个"礼不伐丧"的理由，准备起驾回京。由于病情严重，一时不能动身。彭城王元勰等人一直在孝文帝身边照料，见皇上心急如焚，也非常着急，便将擅长医术的右军将军徐謇从洛阳召过来，给孝文帝诊治；又在汝水之滨筑坛祈祷，恳请以自己的身体代替孝文帝受疾病之苦。也许是徐謇的诊治起了作用，也许是神祖显灵，孝文帝的病竟有所好转，于是从悬瓠起程回京。

冯皇后知道彭城公主去了悬瓠，开始害怕了，私下里经常与自己的母亲常氏在一起，让女巫祈祷鬼神降灾于孝文帝，诅咒他快快死去，并许愿说："皇帝的病如果好不了，一旦我能像文明太后那样辅佐少帝垂帘听政的话，定将重加赏报。"

惊天丑闻

孝文帝率军渡过黄河北归，抵达邺城的时候，接到负责处理北方事务的江阳王元继从平城发来的奏报，说他采取安抚手段，平息了高车国的叛乱，叛军首领袁纥树者投案自首，北方边境可安枕无忧。孝文帝高兴地说："江阳王可以委以大任呀！"

孝文帝除去了一块心病，便在邺城停下来过冬。次年是太和二十三年春，即齐主萧宝卷永元元年（499 年）。正月初，孝文帝从邺城出发，返回洛阳。

孝文帝回到洛阳，路过李冲的坟墓。他让御车停下，侍从扶他坐起来，由于尚在病中，体质太差，孝文帝下不了车，便从车窗向外张望，不过一年光景，昔日的能臣，已化为一堆黄土。孝文帝泪流满面，痛惜国家失去栋梁之材。

李冲的职业修养与人品没得说，官居显位，勤奋不倦，以至操劳过度，四十岁的人头发全白，得到的赏钱无数，全都散发给了亲戚、邻居和需要帮助的朋友。李冲只有一个缺点，喜欢照顾亲戚，李氏宗族中只要多少有点才干的人，都会安排一官半职。不过，毕竟瑕不掩瑜，李冲设计的"三长制"，奠定了中国传统社会的户籍制度。

孝文帝回到洛阳，不顾病体未愈，进城之后，召任城王元澄入见，问道："朕离京以来，旧的风俗习惯得到改变没有？"

元澄回答说："在圣上的教化之下，风俗日新月异。"

孝文帝又问："朕入城时，见坐车的妇女们仍然戴着帽子，穿着小袄，还是老习俗，怎么能说日新月异呢？"

元澄回答："穿戴的人少，不穿戴的人多。"

孝文帝语重心长地说:"任城王,你这说的是什么话呀?难道你还想让满城妇女都戴帽、穿小袄吗?"

元澄和其他留守官员闻言,都脱冠向孝文帝谢罪。

几天之后,北魏大赦天下。孝文帝去邺城之时,李彪在邺城南边迎拜了他,表示服罪。孝文帝对李彪说:"朕想要重新起用你,但是一想起仆射李冲就不打算这样做了。"安慰了几句,便把他打发走了。恰在这时,御史台令史龙文观报告说:"太子元恂被拘之日,有一封亲笔信为自己申辩,李彪私自扣押没有上报。"尚书上表要求,将李彪拘押到洛阳审讯。孝文帝认为李彪一定不会那样做的,让他坐牛车来洛阳。正好遇上大赦天下,李彪得以幸免。

该面对的还是要面对,孝文帝回洛阳后便拘押了高菩萨、双蒙等人,严加审问。这些人细皮嫩肉,经不住拷打,全都招供认罪了。

夜幕降临,洛阳宫中灯火通明,孝文帝斜坐在含温殿的竹榻上,高菩萨、双蒙跪在屋檐下。孝文帝冷冷地吩咐:"让皇后进来吧!搜她的身,如有寸刃,斩!"

冯皇后进来了,离御榻两丈远,近侍拦住她,皇后跪下,流泪、抽泣,说道:"妾有罪,辜负了陛下。"

"高菩萨!"孝文帝冷冷地说,"该你的了。"

高菩萨、双蒙二人跪在那里,不敢有半句假话,将先前的供词原原本本地再述一遍。

孝文帝显得很平静,冲着皇后冷冷地说:"都听到了吧!有什么话说?"

冯皇后强压住恐惧,不知说什么好。

孝文帝却说:"听说你有妖术,我怎么不知道呢?为何不施展出来呀?"

冯皇后闭上嘴,仿佛有一桶冷水当头淋下,通体冰凉,想好的说辞,一句也用不上,因为她知道,诅咒人死,比通奸罪更严重。经孝文帝一再催促,她才恳请屏退左右。

孝文帝于是只留下长秋卿白整,并起身取过佩刀交给白整,监督皇后。

冯皇后仍然不肯说，一双泪眼看着白整。孝文帝知道她的意思，命白整用棉花塞住耳朵，然后连叫几声白整的名字，白整手握佩刀，两眼盯着冯皇后，没有丝毫反应。

孝文帝轻轻叹了口气："说吧！"

冯皇后无法再抵赖，哭哭啼啼地诉说。至于说了些什么，唯一在场的白整两耳被棉花团塞住了，只见皇后的嘴巴在动，完全听不到声音。孝文帝不会对其他人说，冯皇后更不会再说第二次，说话的内容成了千古之谜。

只见孝文帝向冯皇后吐了一口唾沫，示意白整取出耳朵里的棉花团，然后让他传召彭城王、北海王进见。

彭城王元勰、北海王元详进来了，见冯皇后坐在一边，有些局促不安。

孝文帝指着皇后对他们说："过去，她是你们的嫂子，今天开始就是路人，只管进来坐下，不用理会她。"

二人这才坐下。

孝文帝接着说："这个贱妇竟然想行刺我，可恶至极，你们好好讯问她，不用忌讳什么！"

二人见孝文帝异常愤怒，只好略略劝解。

孝文帝随之又说："你们不是说冯家女不宜再废吗？那就将这个贱妇打入冷宫吧！"

彭城王和北海王出去了。孝文帝又问冯皇后还有什么话要说。冯皇后再次向孝文帝行拜礼，跪地磕头，涕泣不已，然后被人送往中宫。

数日之后，孝文帝有事要问冯后，令中官代为询问。冯皇后竟然又摆起架子，向中官骂道："我是皇后，应该当面向皇上陈述，轮得到让你转述吗？"

孝文帝得知后大怒，立即将冯皇后的母亲常氏召进宫中，详述了皇后罪状，并责备常氏教女不严，纵她淫妒。常氏不免心虚，怕自己受到牵连，不得已鞭打冯皇后一百下，以示自己没有私心。

孝文帝顾念文明太后的恩情，不忍心杀死冯皇后，只是下令杀了高菩萨、双蒙二人，并嘱内侍不得纵容冯皇后，但是，废后的诏书却迟迟没有下达。

所有六宫嫔妾，照样对她施行皇后之礼，只是命令太子不再每天早晨去向她请安。

孝文帝之死

当时，南齐太尉陈显达、督领将军崔慧景收复雍州各郡，北魏将军元英率军迎战，不想屡战屡败。齐军攻占了马圈、南乡两城。

三月初，孝文帝的身体有所恢复，又想完成他的统一大业。于是命于烈留守洛阳，任命右卫将军宋弁兼任祠部尚书，代理尚书七兵曹事，协助于烈，又率大军南下，御驾亲征。

孝文帝率军抵达梁城的时候，齐将崔慧景正在攻打北魏的顺阳，顺阳太守张烈顽强固守。孝文帝派振威将军慕容平城率五千骑兵驰援顺阳，并命广阳王元嘉抄小路绕出均口，拦截齐军归路。前后夹攻，杀败齐军。

孝文帝心里享受着胜利的喜悦，身体却承受不了跋涉奔波的折腾，再次病倒了，而且病情来势凶猛，情况似乎有点不妙。

彭城王元勰陪在孝文帝身边，尽心服侍，照顾他吃饭、喝药，昼夜不离左右。凡是给孝文帝的饮食，他要先尝一下然后才进上，日夜辛劳，衣不解带，以致蓬首垢面，没有睡过一次安稳觉。

孝文帝见自己病情日渐沉重，于是任命元勰为使持节，都督所有军事。元勰当即推辞，说自己连陛下都照顾不过来，哪还有空治军，希望孝文帝另请一个藩王掌握军权。

孝文帝坚持说："我这次恐怕不行了，所以想让你主持大局，安六军、保社稷，除了你，还有谁能担此重任？"元勰于是勉强受命。

没过多久，孝文帝病情加重，只好乘车北归，到达谷塘原时，病情加剧，只得暂时住下来。他知道时日不多，开始安排后事，对元勰说："这次虽然打垮了陈显达，但天下并未平定，太子年纪幼小，江山社稷就全靠你了。当年霍光、诸葛孔明以外姓的身份，分别受汉武帝刘彻、昭烈帝刘备的托孤之重，你是皇家至亲骨肉，当勉力承担啊！"

　　元勰哭着说："布衣之士，尚能为知己者死，我是先帝的儿子，陛下的兄弟，理应竭力效命。但臣参政已久，官居要职，如果再被封为辅佐第一重臣，那时权威和声势将在君王之上，势必会引起嗣君和朝臣的猜疑。过去周公是大圣之人，周成王也是圣明之君，仍不免对周公产生疑心，何况是我呢？不是我矫情推辞，实在是害怕嗣君怪罪下来，有负重托啊！"

　　孝文帝沉思良久后说："你说得有道理，实在难以反驳。"于是，他让元勰取来纸笔，亲手给太子写下遗诏，遗诏中说："你的叔父元勰，以自己的言行树立了一个很好的榜样，所以被授官以资勉励，其节操如白云般纯洁。他不贪图荣华富贵，视官爵为身外之物，其素心如松柏翠竹。我自小与他相处，从不忍心分离，我离世之后，你要准许元勰辞去官职，脱身俗务，以便顺从他谦虚自抑的性格。"

　　孝文帝写完之后，折叠起来，交给元勰说："你把这个交给太子，应该可以免除你的忧虑了。"

　　元勰见孝文帝十分疲倦，忙扶他躺下休息。孝文帝喘吁了一会，又令元勰起草诏书：晋封北海王元详为司空，平南将军王肃为尚书令，镇南大将军广阳王元嘉为尚书左仆射，尚书宋弁为吏部尚书，令他们与太尉咸阳王元禧、尚书右仆射任城王元澄共同辅政。

　　元勰写完之后，呈给孝文帝过目，孝文帝点头无语。

　　第二天，孝文帝在弥留之际对元勰说："皇后不守妇道，乖违失德。我死后，赐皇后自尽，以皇后之礼仪安葬，这样可以免掉冯氏家门之丑。"

　　元勰依照孝文帝的意思写好诏书，呈给他过目。孝文帝元宏看完诏书后，闭目而逝，在位二十三年，年仅三十三岁。时间定格在太和二十三年（499年）四月初一，地点谷塘原。

　　孝文帝的一生，除了迁都、改制的宏伟大业之外，个人品德修为也很好。

　　他对几个弟弟都非常爱护，没有什么隔阂。一次，他对咸阳王元禧等人说："我死之后，子孙如果不肖，你们看情况办，可辅佐则辅佐，不可辅佐则取而代之，千万不要让江山落入他人之手。"

孝文帝能亲近贤士，选用才能，从善如流，精勤庶务，朝夕不倦。他常说："一国之主患在不能用心公平，以诚待人，如果能做到这两点的话，即使是胡、越之人，也可以成为兄弟。"

他用法严厉，大臣们只要有罪，绝不姑息宽容。如果别人有小过失，却又能宽大不计较。

有一次，他在饭中发现了虫子，又有一次手下人进羹时，不小心烫了他的手，他都一笑置之。

凡是天地五郊、宗庙二分的祭祀，他都亲自参加。

南征北战之前，有关官员奏告要修筑道路，孝文帝总是说："简单修理一下桥梁，能通过车马就行了，不要铲除杂草、填修平整。"

出征南朝，进至齐国境内的淮南，如在本国境内一样，严禁士卒践踏损坏庄稼，如果要砍伐百姓的树木以供军用，都给予绢帛作为补偿。

他所住的宫室，不到万不得已之时，不许修缮；衣服穿旧了，浆洗一下仍旧穿用；坐骑的鞍勒唯用铁木而已。他少年时候力气大，善于射箭，能用手指头弹碎羊的骨头，射猎禽兽百发百中。到了十五岁，他便不再射猎了。他常对史官说："当朝时事，要如实记载。皇帝的威福由己，没有能制止他的，如果史官再不记录下他的恶行，那他还有什么可畏忌的呢？"

考虑到陈显达逃离不远，恐怕他知道孝文帝的死讯后再回头来攻，彭城王元勰、任城王元澄商议，决定秘不发丧，把孝文帝的尸身置于车中照常赶路。元勰出入其中，神色如常，又是侍奉膳食，又是进药送汤；处理外面的各种启奏，一如平日那样。

数日之后，到达宛城，乘着夜间，把载有孝文帝尸体的车拉到郡署中，才把他装殓入棺，然后仍将棺材载在车中，外人不知实情。

元勰派中书舍人张儒奉旨召太子前来，并把孝文帝的死讯秘密告知留守洛阳的于烈。于烈暗中安排，谁随同前去，谁留守洛阳，表面上仍一如平常。

太子到达鲁阳，遇上孝文帝的灵柩，这才正式为孝文帝发丧。元勰、元澄奉请元恪即位。

咸阳王元禧到达鲁阳后，没有急着进城，而是留在城外观察动静，见元勰不存异图，才敢进城。一见面，便对元勰说："你的处境危险至极啊！"

元勰笑道："兄长见多识广，弟弟我握蛇骑虎，不觉得有多么艰难。"

元禧笑道："你这是怪我来晚了吧！"

元恪为东宫太子时，东宫属官大都怀疑元勰有异心，暗中戒备。元勰推诚尽礼，不给人留下任何话柄，解除了他们的戒心。

元恪即位时，元勰跪呈先帝遗诏。元恪起座受诏，一一遵行。随之令长秋卿白整奉行遗诏，赐冯皇后自尽。

冯皇后见了白整送来的毒药，不肯喝，边躲边说："皇上哪会有这样的诏令，是各位王爷恨我，要谋杀我呀！"

白整无奈，只好让人把冯皇后抓住，强迫将毒药灌进她的嘴里，冯皇后即刻毙命。白整回去交差。

元禧见冯皇后已死，高兴地说："就是没有遗诏，我们兄弟也会设法弄死她，哪能容忍这么一个失德的妇人主宰天下，杀害我辈呢？"

元恪遵照遗诏，仍然用皇后礼为冯皇后办理丧事，追谥号幽皇后。随即任命彭城王元勰为司徒，将国事委托给他处理，然后奉梓回洛阳，守丧一个月，才出葬长陵。追谥元宏为孝文皇帝，庙号高祖，尊母亲高氏为文昭皇后，配享高庙。封文昭皇后的兄长高肇为平原公，弟弟高显为澄城公。元恪从来没有见过几位舅舅，这次才赐赏他们衣服头巾，并且接见了几位舅舅。

第十四章
屠杀权臣

二江授首

萧宝卷继位之前，齐明帝萧鸾曾任命萧懿为益州刺史，萧衍为雍州刺史。萧衍得知萧宝卷继位，萧遥光、徐孝嗣、江祏、萧坦之、江祀、刘暄六人辅政，便对担任参军的堂舅张弘策说："一国三公，都能乱国，现在六贵同朝，势必相争，看来祸患已是不远。避祸图福，没有比雍州更好的地方。只是各位弟弟都还在京城，我担心他们会受到牵连，只好与益州共图良策！"

张弘策点头应允。萧懿是萧衍的兄长，萧衍所说的益州，便是指萧懿。

此后，萧衍秘密招募士兵，制造兵器。大量砍伐竹、木，沉进檀溪水中，茅草堆积如山，都不见使用。中兵参军吕僧珍觉察到萧衍的用意，也暗图不轨，私造船橹数百张。

不久，萧懿被调到郢州，萧衍给萧懿写了一封信，派张弘策前往郢州送信，他在信中说："朝中六贵辅政，人人为自己谋划，争权夺利，必致相残。皇上为太子时声誉就不好，轻慢身边人，行事凶悍残忍，怎么肯把朝政委托于他人，自己成为傀儡呢？时间一长，猜忌之心必起，猜忌积久，必有一番大动作。我们兄弟二人幸好驻守外藩，能为自己免祸。趁那些权贵内讧未起，赶紧把各位弟弟召过来，错过这个机会，弟弟们可就无路可走了！郢、雍二州兵强马壮，天下太平时，我们可以竭诚为朝廷效力；天下大乱，则可匡济天下，这样才能永保万全。"

萧懿看完信只是摇头，没有说什么。

张弘策说："你们兄弟英勇盖世，天下无敌，且又占据郢、雍二州，正好为百姓请命，废昏立明，易如反掌。雍州方面已做好准备，特来征求你的意见，你怎么就不为自己着想呢？"

萧懿是个忠臣，对萧衍的一番劝告丝毫没有动心，见张弘策再次劝说，不高兴地说："我只知道忠于君主，其他的一概不知。"

张弘策无奈，只好返回雍州，如实向萧衍汇报。

萧衍为之叹息，忙派部将进京，将骠骑外兵参军萧伟及西中郎外兵萧憺接到襄阳，静待朝廷的消息。

明帝萧鸾在遗诏中虽然把朝政委托给六位大臣，但他最信任的还是江祏、江祀兄弟二人。江祏、江祀是同胞兄弟，景皇后的侄子，同萧鸾是表亲关系。萧鸾能得到帝位，江祏、江祀功劳不小，因此，萧鸾对他们格外信任，并将辅佐嗣主的重任交给二人。

萧宝卷即位后，江祏、江祀兄弟二人轮流在殿内值班，严格控制萧宝卷的一举一动。当时萧宝卷屡次肆意妄为，徐孝嗣不敢劝谏，萧坦之有时违逆，有时依从，唯独江祏、江祀二人一点面子也不给，说不行就不行，萧宝卷十分憎恨他们。

萧宝卷宠信的茹法珍和梅虫儿等人，受萧宝卷的指派办事，常遭到二江的阻挡、责骂，以致茹法珍等人对二江也是恨得咬牙切齿，不时在萧宝卷面前说二江的坏话。

徐孝嗣常对江祏说："皇上稍微有些自己的主张，这也是正常的，怎么可以一概加以反对阻拦呢？"

江祏却说："如果皇上事事咨询我们，那我就没有什么可担忧的了。"

萧宝卷肆意妄为，让朝中大臣非常失望。江祏欲废掉萧宝卷，改立新君，但对于新君的人选，几个人的意见又不统一。

江祏想立江夏王萧宝玄为帝，刘暄不同意，他想立建安王萧宝寅。

原来，刘暄在郢州辅佐过萧宝玄。当时有人献上一匹好马，萧宝玄想去看看，刘暄阻拦说："马不都是一样吗，有什么好看的？"萧宝玄的妃子徐氏叫厨房烤乳猪，刘暄也不许，对厨子说："早上已经吃过鹅肉了，现在怎么又吃烤乳猪呢？"为了这两件事，萧宝玄曾愤恨地说："舅舅也太没人情味了吧！"刘暄当时听说后，心里很不舒服。

刘暄现在入朝为辅政大臣，当然不愿意立萧宝玄为帝。江祏见与刘暄的意见不统一，便去找萧遥光商量。

萧遥光早就想自立为帝，此时正想下手，怎么会赞同江祏的意见，推立萧宝玄呢？只因不便明说，于是旁敲侧击，托词为社稷着想，应立年长一点的君主。

江祏揣知萧遥光的意思，回来告诉弟弟江祀，江祀也说不能拥立少主，不如推立萧遥光。江祏惶惑不定，万分踌躇。

江祏又去找萧坦之商议，说要拥立萧遥光为帝。萧坦之感慨地说："明帝夺位，天下人至今不服，如果再上演一出类似的闹剧，恐怕四方会因此而瓦解，我实在不敢参与其中！"

江祏见两人说不到一块儿，随之离开。萧坦之怕受到江祏的牵连，连忙离京回家为母亲守丧。

吏部郎谢朓向来有才，江祏与江祀一直视他为臂助。一天，江祏对谢朓说："皇上大失人心，我本想改立江夏王，因他年幼难当重任。始安王萧遥光年长资深，如果由他继承大统，不会违背众望。我这样做，并不是贪图个人富贵，而是为国家着想。"

谢朓听后不置可否，支吾了几句，便告辞而去。恰在此时，丹阳丞刘沨奉萧遥光之命，前来拉拢谢朓，欲结为同党。谢朓没有答应，只是随口敷衍几句。刘沨扫兴而归。萧遥光竟然不计前嫌，提拔谢朓兼任知卫尉事。

谢朓突然身居要职，心里很不淡定，整天提心吊胆，惶恐不安。于是将刘沨与江祀的密谋透露给太子右卫率左兴盛。左兴盛觉得事态严重，不敢多言。

谢朓又对刘暄说："始安王一旦入承大统，恐怕刘沨等人将身居要职，到时大人就没有立足之地了。"

刘暄装出一副惊慌的模样，待谢朓离去后，立即通报萧遥光及江祏。

萧遥光道："既然他不愿意依附我们，那就将他调离京城好了。"

江祏却说："谢朓知道的太多，不能让他带着这些机密出京！"

萧遥光随即与徐孝嗣、江祏、刘暄三人联名上奏，诬陷谢朓大不敬，恳请皇上将他治罪。萧宝卷竟然稀里糊涂地同意了。谢朓随即被勒令自杀。

谢朓临死时终于有了悔悟，叹道："天道不可违啊！我虽未杀王公（王敬则），但王公因我而死，今日之死，也是报应啊！"

萧遥光正想发难，不料刘暄突然又变卦了。原来，刘暄觉得自己起码是萧宝卷的亲舅舅，如果废掉萧宝卷，由萧遥光当皇帝，自己就失去国舅之尊。江祏、江祀见刘暄有异议，也犹豫起来。萧遥光闻讯大怒，派亲信黄昙庆刺杀刘暄。

这一天，刘暄路过青溪桥，黄昙庆从桥底下蹿出来，欲刺杀刘暄。刘暄喝左右擒拿刺客。黄昙庆见护卫刘暄的人太多，料难得手，弃刀而逃。众人大骇，不知刺客为何要杀刘暄。

刘暄心知肚明，知道祸由江氏兄弟而起，于是便向萧宝卷告发江祏、江祀二人的阴谋。

萧宝卷当时吓得跳了起来，他本来就很讨厌江祏，又想起父亲临终前说过的一句话："做事不可落人后。"想当年，萧昭业如果提前下手，天下哪会有父亲的份。萧宝卷一刻也没有迟疑，立即派人拘捕江氏兄弟。

江祀当时正在内殿值班，听到风声，立即派人给江祏报信说："刘暄已经告密，我们该怎么办？"

江祏不以为然，只说了"镇静"两个字。谁知送信的人刚走，圣旨就到了，将江祏拘捕到市曹，江祀也被押来，兄弟俩相对落泪，哽咽难言。只听一声号令，两人头颅落地，魂飞黄泉了。

刘暄虽然是首告，得知二江被杀后，仍然大惊失色，扑倒在门外，吓得连问仆从左右："抓捕我的人来了没有？"徘徊了很久，重新回到屋中坐下，十分悲哀地说，"我并非怀念江氏弟兄，而是自知祸将及身，故而痛心啊！"

萧遥光举兵

萧宝卷杀了江祏、江祀，更加肆无忌惮，日夜与亲近之人在殿堂内鼓吹弹唱、跑马作乐，每天闹到五更才就寝，第二天傍晚日落才起床。尚书省的文案奏告堆积如山，一个月或者更长时间才上报一次，但报上去后，竟然有的奏折不知去向，原来是宦官们用来包裹鱼肉拿回家去了。

一天，萧宝卷骑马出游，对身边的亲信说："江祏常禁止我骑马，这小子今天如果还活着，我怎能这样快活？"

亲信们连忙拍马屁，说陛下英明。

萧宝卷突然想起了什么，问道："江祏的亲戚中还有谁活着？"

"江祏的弟弟江祥还关在牢里。"随从讨好地回答。

萧宝卷立刻在马背上发出诏令，赐江祥自杀。

萧遥光觊觎皇位已久，他与出任荆州刺史的弟弟萧遥欣密谋，准备起兵占据东府以争帝位，约萧遥欣率兵从江陵直下建康，起兵日期将近，萧遥欣突然暴病而亡。

江祏被杀之后，萧宝卷召萧遥光进殿，把江祏的罪行告诉他。萧遥光心惊胆战，回到中书省便开始装疯，胡言乱语，借口有病回到东府，从此不再入朝。

萧遥光的弟弟萧遥欣的灵柩从荆州运回京城，停放在淮河边，送葬的荆州士卒云集在东府。萧宝卷担心萧遥光趁机叛乱，想免去他扬州刺史的职务，仅保留司徒一职，让他回家休息，不问朝政，于是召萧遥光进朝。

萧遥光有江祏前车之鉴，担心小皇帝要杀自己，决定先下手为强，于是以讨伐刘暄为名，起兵造反。

萧遥光是齐明帝萧鸾的亲侄子。萧鸾在世的时候，凡是诛杀齐高帝、齐武帝的子孙，都是在萧遥光的参谋建议下干的，做了不少缺大德的坏事。

萧遥光起兵犯了一个大错误，他不该派兵去抓捕萧坦之。抓捕萧坦之的士兵破门而入，萧坦之从睡梦中惊醒，来不及穿衣服，光着膀子，翻墙逃走，向朝廷禁中去报信。

萧遥光又派人抓捕沈文季，恰巧沈文季上朝去了，也扑了个空。

骁骑将军垣历生劝萧遥光迅速攻打台城，萧遥光犹豫不决，直到天亮，才穿着一身战服出来布置任务，命令安排仪仗，要登城对部下进行赏赐。垣历生再次劝说萧遥光出兵攻打台城。萧遥光却说："台城不久就会内乱，我们不必动兵。"

"先声才能夺人，如此迟疑不决，怎么能成大事啊！"垣历生出府长叹，有了去意。

萧坦之、沈文季二人进入台城，带来萧遥光叛乱的消息，大伙情绪惶惑，不知所措。天快亮的时候，徐孝嗣奉诏进宫护卫，左将军沈约也到了西掖门，人心这才安定下来。

萧宝卷诏令徐孝嗣率兵守卫宫城，萧坦之率兵讨伐萧遥光，屯兵湘宫寺，右卫率左兴盛屯兵东篱门，镇军司马曹虎屯兵青溪桥，三路兵马一同围攻东府。双方相持了将近一天。

萧遥光派垣历生从西门出战，朝廷军队屡战屡败，军主桑天爱被垣历生部属杀死。萧坦之等未免心慌。正在这时，萧衍的弟弟东府参军萧畅、沈文季的侄子长史沈昭略前来归降，报称东府空虚，发兵攻打一定能拿下来。

垣历生料知萧遥光成不了大事，借南门出战之机，投降了曹虎。曹虎不相信垣历生，命人把他杀了。

萧遥光得知垣历生投降身亡的消息，气得七窍生烟，派人将垣历生的儿子杀掉。

这天晚上，台军以火箭烧东北角楼，烟焰冲天，城被攻破。朝廷军涌进东府，萧遥光无路可逃，爬进床底下躲藏。士兵破门而入，黑暗中把萧遥光从床下拖出来，当场斩首。一场兵变，以萧遥光人头落地而告终，从起事到被杀，全部加起来不过四天时间。

"六贵" 遭诛

萧坦之等人回朝复命，萧宝卷晋封徐孝嗣为司空，加封沈文季为镇军将军，萧坦之为尚书右仆射，刘暄为领军将军，曹虎为散骑常侍、右卫将军。

江祏等人失败之后，萧宝卷身边拿刀和应敕的一帮子人没了约束，全都恣意纵横，想怎么办就怎么办，无有忌惮，当时人们称他们为"刀敕"。

萧坦之刚愎自用，凶狠残忍，专横独断，萧宝卷周围的宠信之徒因害怕而特别憎恨他。在萧遥光死后二十多天，萧宝卷派延明殿主帅黄文济率兵包围了萧坦之的住宅，将其杀掉，他的儿子秘书郎萧赏也一起被杀。

萧坦之的堂兄萧翼宗为海陵太守，还没有去赴任，萧坦之对黄文济说："我死不足惜，只是我的堂兄向来为官清廉，家境也很清贫，还望大人代我恳请陛下免他一死！"

黄文济回宫报告萧宝卷，提到萧翼宗。萧宝卷立即派黄文济前去搜查，萧翼宗的家果然一贫如洗。于是萧宝卷赦免了萧翼宗的死罪。

茹法珍等人还是不满意，又继续诬陷刘暄，说他有谋逆之心。萧宝卷说："刘暄是我的舅舅，怎么会有异心呢？"

直阁徐世标说："明帝（萧鸾）与武帝（萧赜）是堂兄弟，他受到武帝那样的恩待，还是杀尽了武帝的后代，舅舅哪里值得信任呢？"

萧宝卷被他这么一激，便将刘暄拿下，杀死了事。

曹虎善于吸引、招纳人，每天供食从蛮地或域外来的好几百人。但是到了晚年，却又变得非常吝啬，结束雍州任时，敛集钱财五千万，其他财物折价也有这个数。萧宝卷因曹虎是前朝老将，对他起了疑心，并且贪上了他的财富，于是杀了他。至此，萧坦之、刘暄、曹虎这几位新任命的官员，都还没有来得及上任就被杀害。

当初，齐明帝萧鸾临死曾告诫萧宝卷："做事行动不可以落在他人之后。"所以，萧宝卷多次同近臣密谋诛杀大臣之事，都是突然行动，主意坚定，没有半点迟疑，搞得大臣们人人自危。萧宝卷为了稳定人心，竟然诏令大赦天下。

徐孝嗣是文士出身，待人处事圆滑周到，不露棱角，虽然身居高官，仍然平安无事。中郎将许准劝徐孝嗣伺机废掉萧宝卷。徐孝嗣觉得大动干戈不妥，应该趁小皇帝出城游玩的机会关闭城门，再召集群臣商议废掉萧宝卷。"书生造反，三年不成"，虽然有此想法，却终究没有采取行动。

大臣沈文季借口年老多病，请假休息，不参与朝政，想落个善终。他的侄子侍中沈昭略对他说："叔父你六十岁的年纪，官居仆射，想要免祸，那是不可能的啊！"

沈文季只是付之一笑，不答一词，很有"死猪不怕开水烫"的风范。

一个月之后，萧宝卷召徐孝嗣、沈文季、沈昭略三人去华林园议事，沈文季上车时有一种不好的预感，回头对家人说："我这次去了，恐怕不能活着回来了。"三人进入华林园后，不见萧宝卷，觉得有些不对劲，心里很不安。忽见茹法珍端着毒酒进来，说是陛下赐三人自尽。

沈昭略气愤地大骂徐孝嗣说："废昏立明，从古到今都是这样，拜你这个无能宰相所赐，我们才有今天的下场。"说罢，取过一杯毒酒，一饮而尽，然后把酒杯砸在徐孝嗣的脸上，说："让你做一个破面鬼！"说完，倒地身亡。

徐孝嗣喜欢喝酒，一口气喝了几杯毒酒，才气绝身亡。

徐孝嗣的两个儿子，徐演娶武康公主为妻，徐况娶山阴公主为妻，受父亲的牵连，也都被诛杀。

沈昭略的弟弟沈昭光本来可以逃走，但他不忍心丢下年迈的老母，最后也被杀害。沈昭光的侄子沈昙亮本来已经逃脱，得到沈昭光的死讯，叹息地说："全家被杀，我一个人活着还有什么意思？"于是也自尽了。

此时，六位顾命大臣，只剩下太尉陈显达一个人了。

陈显达是高帝、武帝时期的旧将。明帝萧鸾残忍好杀,陈显达心中不安,平时做人做事总是小心谨慎,每次出门总是乘坐一辆破车,随从也只有十几人,且多是一些老弱之人。一次,萧鸾赐宴,陈显达酒后向萧鸾借枕头一用。由于是三朝元老,萧鸾马上命人给老将军取来一个枕头,陈显达接过枕头,抚摸着说:"我老了,富贵已足,只缺少一个枕头,恳请陛下赐我此枕,让我安枕而死。"

一句话,说得嗜杀成性的萧鸾也心有不忍,忙说:"您喝醉了,怎么说这样的话呢?"不久,陈显达又上奏告老还乡,萧鸾自然不准。

萧宝卷即位后,陈显达奉萧鸾遗命,率兵攻打北魏,杀敌无数,惊得北魏孝文帝亲率十万大军增援,虽然陈显达最后被击退,但累得大名鼎鼎的孝文帝回去后,不久便病死了。

陈显达攻魏败归之后,御史中丞范岫弹劾他,请朝廷罢免陈显达的官职。陈显达也自请降罪。

萧宝卷只是安慰,却不肯罢免他。不久,萧宝卷又命陈显达都督江州军事,兼任江州刺史。

陈显达接到诏书,心中非常高兴,好像跳出了火坑一样。然而没过多久,朝中开始诛杀权贵,并传出谣言,说朝廷肯定要派兵袭击江州(今江西省九江),陈显达知道逃不过萧宝卷的残杀,慌忙与长史庾弘远、司马徐虎龙商议起事,打算迎立建安王萧宝寅为帝。

第十五章
众叛亲离

陈显达起兵

陈显达在寻阳起兵，命令长史庾弘远等人给朝廷中的新贵们送去一封信，信中列举了萧宝卷的罪恶行径，并且公开表明自己的主张："准备拥立建安王萧宝寅为帝，待京中诸害一除，就西迎建安王登基。"

萧宝卷得知陈显达起兵，立即调兵遣将，令护军将军崔慧景为平南将军，指挥各路兵马攻击陈显达。后军将军胡松、骁骑将军李叔献，率水军屯兵梁山。左卫将军左兴盛，率先头部队驻扎杜姥宅。

陈显达从寻阳发兵，在采石打败了胡松，消息传到建康，朝中一片震惊，人心惶惶，惊恐不安。陈显达率军到达新林时，遭到左兴盛所部的阻截。夜间，陈显达命士兵在江边点燃许多火堆，自己则率数千将士悄悄渡过长江，准备夜袭宫城，活捉萧宝卷，迅速结束战斗。

可惜人算不如天算，尽管陈显达的疑兵之计骗过了左兴盛所部，望见对岸众多篝火，以为陈显达的部队宿营了，放松了防备。当天夜里，江面却刮起大风，而且还是逆风，给陈显达的船队增添了大麻烦，耽搁了行程，第二天凌晨才到达落星冈。

守军突然见叛军进了城，一片大乱，退到宫城内，关闭宫门死守。朝廷各路兵马迅速回援，对陈显达开展前后夹击之势。陈显达已是七十岁高龄，舞动长矛冲锋陷阵，十进十出，斩死守军百余人，甚至连手中长矛也都折断了，只得丢掉断矛，仗剑督战。终因寡不敌众，向西州撤退。骑官赵潭尾随而至，瞅准陈显达的背影，将手中长矛当标枪，奋力掷向陈显达，陈显达不及预防，被刺落马下，被赵潭斩了首级。陈显达的几个儿子全都被杀。

主将阵亡，全军溃败。长史庾弘远被捉，押送市曹问斩，行刑之时，他要来帽子戴上，说道："当年子路把冠缨系好而死。我也不可以不戴帽子死去。"又对观看的人说，"我不是反贼，是起义军，为的是替诸君请命。陈显达太轻率，如果采纳我的意见，天下就可以免于陷入水火之中了。"

庾弘远的儿子庾子曜抱着父亲，乞求代父一死，与父亲一并被杀害。

萧宝卷剿杀陈显达后，更加骄横恣意。他觉得帝位稳固，开始出宫闲逛，可是又不允许任何人看见他，每次出宫前，都要清道戒严，下令凡是他要经过的街道，两边的屋舍都要清空。于是在萧宝卷统治的这段时期，南齐出现一个怪现象：皇帝每次出巡，皇家卫队先敲着鼓沿途走一大圈，百姓听到鼓声立即跑开，有的连衣服和鞋都来不及穿，跑慢了被抓到会被杀掉。

萧宝卷一个月要出巡二十多次，而且从来不说具体去处，东西南北，想到哪就到哪。他常常在夜间三四更时出游，而出行就清道，弄得全城鸡飞狗跳，百姓的奔跑声、小孩的哭叫声混乱不堪，不知道的人以为是土匪进城了。

有一次，萧宝卷游走到沈公城，有一个妇人因临产而没有躲逃，萧宝卷就和左右剖开产妇的腹部，下刀前打赌婴儿是女是男。

还有一次他到定林寺，有一个老和尚因年老患病不能走避，藏在草丛中。萧宝卷下令左右侍卫发箭，把老和尚射得像刺猬一样遍体是箭。

萧宝卷出游时，头戴薄金帽，身穿锦绣衣裤，手执七宝槊，驰骋时感觉到口渴，就下马解下挂在腰侧的马杓，盛水猛喝一通，又上马狂奔。

萧宝卷从小爱玩，身体强壮无比，能开三斛五斗硬弓，常以射猎野鸡为乐，城郭周围设射雉场二百九十六处，奔走往来，很少休息，简直就是"多动症"的极致。

裴叔业降魏

裴叔业得知萧宝卷多次诛杀大臣，心中很不安，带着部下登上寿阳城头眺望北方，对部下感慨地说："你们想富贵吗？我能替你们办到。"

众将面面相觑，不明白主将说这话是什么意思。不久，朝廷调裴叔业任南兖州刺史。裴叔业收到调令后，更加不安，不敢起程。陈显达反叛朝廷，裴叔业也曾派司马李元护率兵支援建康，其实是持骑墙观望的态度。陈显达兵败后，李元护率兵返回寿阳。

朝廷怀疑裴叔业有异志，裴叔业也派人去建康观察动静，众人对他更加怀疑了。裴叔业的侄子裴植在建康任职，为此也很害怕，偷偷跑回寿阳告诉裴叔业，说朝廷必定要出其不意地前来袭剿，劝他早做准备。

朝廷有人认为裴叔业身处边境，如果逼得太急，他一定会请求北魏的援助，事情如果真的到了那一步，朝廷就控制不住事态的发展，于是有人建议萧宝卷允许裴叔业继续留任豫州刺史。萧宝卷采纳了这个建议，并派裴叔业的同宗中书舍人裴长穆去宣告圣旨。

裴叔业收到圣旨，心里仍然忧虑害怕，加之裴植等人在一旁继续劝说。裴叔业于是派亲信马文范到襄阳去见萧衍，对他说："天下之事，大势可知，陛下随时会对我们下手，与其等死，不如投靠北魏，说不定还能封个河南公。"

裴叔业推心置腹地讨教，萧衍也诚心出主意，他让来使转告裴叔业："朝廷是小人专权，那些人没有远略，你把家属送回京都，他们就放心了，自然无患。如果朝廷真的派兵前来，你率兵直出横江，切断他们的后路，天下事一举可定。如果投靠北魏，只怕他们会派别人取代你，只以黄河北边的一个州给你，哪里还能做河南公？"

裴叔业觉得萧衍说的有理，于是就将儿子裴芬之送到建康充当人质，但仍然不放心，于是又派人给北魏豫州刺史薛真度送信，探讨投奔北魏的可能性。

薛真度劝裴叔业及早投降，并说："如果事急才来投降，功劳就小了，赏封也就不会多了。"

裴叔业左右徘徊，始终没有下定决心，但却与薛真度保持书信往来。

建康的人纷纷传说裴叔业要反叛，裴芬之害怕朝廷会加害自己，偷偷溜出京城，跑回寿阳去了。裴叔业见儿子回来了，竟然派他去北魏乞降。

北魏主元恪大喜过望，当年孝文帝出动数十万大军都没有攻克的地方，今天竟然不战而降，简直有如天助。元恪当即下诏，令彭城王元勰和车骑将军王肃统领步、骑兵十万前去受降，坐镇寿阳。另封裴叔业为兰陵郡公，使持节，都督豫、雍等五州诸军事，征南将军，豫州刺史。

齐主萧宝卷得知裴叔业降魏，愤恨不已，当即令平西将军崔慧景率领水军讨伐裴叔业，又任命萧懿为豫州刺史，协助崔慧景西讨寿阳。

魏军展开大赛跑，前锋李丑、杨大眼率两千骑兵进驻寿阳，又派奚康生率一千羽林兵驰援寿阳。元恪之所以行动如此迅速，一是怕裴叔业反悔，煮熟的鸭子飞了，二是怕南齐派兵先下手攻克寿阳。

裴叔业没有反悔的机会，因为死人不能反悔，魏军还没有渡过淮河，献城后的裴叔业已经病死，时年六十三岁。卖国贼心里也有负担。国和家哪一个重要？当国、家为一体时，国与家相存；当国抛弃家时，家就该好好想一想了。裴叔业的一念之差，给淮南人民带来无尽灾难，连年的战争不说，高高的浮山堰也成为淮南百姓与萧衍的噩梦，这是后话。

裴叔业病亡，寿阳无主，众将士一致推举裴植暂时监管州务，并对裴叔业的死讯保密。

奚康生率领的北魏羽林兵最先赶到，裴植打开城门迎接魏军进城，随之把城内仓库的钥匙全部交给奚康生。奚康生进城后，将城内德高望重的老人召集在一起，向他们宣布北魏皇帝的圣旨，任命裴植为兖州刺史，李元护为齐州刺史，席法友为豫州刺史，军主王世弼为南徐州刺史。

奚康生进城之后，关闭城门一个多月，增援的军队才到。

彭城王元勰、车骑将军王肃出击胡松、陈伯之等部，一路奏凯，并乘胜攻克合肥，活捉南齐骁骑将军李叔献。北魏统军宇文福向元勰建议，说："建安是淮南重镇，要冲之地，夺得建安，义阳唾手可得，夺不到，寿阳也难保。"

元勰觉得有理，于是派宇文福率兵攻打建安。南齐建安守将胡景略自知不敌，自缚出城投降。

江夏王叛亡

崔慧景是唯一留在建康的老帅，夺回淮南责无旁贷。朝廷命崔慧景率军出征寿阳，夺回被裴叔业送出的国土。萧宝卷对这次战略反攻极为重视，亲自出城给大军送行，但不让人看到他的规矩仍然没变，命人在他要经过的地方两旁悬挂高幔。萧宝卷身着武服，坐在楼上，只传召崔慧景一人骑马进入他的所谓屏障长围之内，没有一个人相随。崔慧景进去只一小会儿便出来了，不知萧宝卷对他说了什么话，从崔慧景出来后脸上的表情看，他显得很开心。

崔慧景早有异志，从建康出发前，就密令身为直阁将军的儿子崔觉第二天秘密出京，赶往军前。崔觉在父亲出发后的次日，单骑赶往广陵与父亲会合。崔慧景率大军离开广陵十多里，停下来召集各军将领议事，他哭着对大家说："我深受三代皇帝的厚恩，无以为报，现在幼主昏庸狂妄，朝纲败坏。国家危难之际，我愿与你们共立大功伟业，安定社稷江山，你们以为如何？"众人一致响应。崔慧景当即挥师返回广陵。司马崔恭祖大开城门，迎接崔慧景进城。

崔慧景在广陵停驻了两天，打算率部渡江，进逼建康。他先派使者去见江夏王萧宝玄，表示愿意拥立萧宝玄为帝。萧宝玄斩杀掉来使，一边派兵守城，一边派人通知朝廷。

萧宝卷以为萧宝玄很可靠，立即派马军主戚严、外监黄林夫，协助萧宝玄镇守京口。让萧宝卷万万没有想到的是，萧宝玄用的是苦肉计，斩杀崔慧景派去的说客，其实是做给萧宝卷看的，暗地里却在与崔慧景频频联络。

原来，萧宝玄是萧宝卷的亲弟弟，娶徐孝嗣的女儿为王妃，两人伉俪情深。徐孝嗣被杀后，徐王妃受到牵连，丢了性命。萧宝卷把自己玩过的两个姬侍送给萧宝玄，算是对他的安慰。萧宝玄对此怀恨在心，有了取而代之的想法。斩杀崔慧景派来的使者，是为了博取萧宝卷的信任。

崔慧景将要渡江之时，萧宝玄秘密与他联络，崔慧景自广陵东返，顺利抵达京口，萧宝玄杀了司马孔矜、典签吕承绪以及萧宝卷派来的戚平、黄林夫，大开城门，迎接崔慧景进城。经过商议，崔慧景率军先行，萧宝玄率大军随后跟进。

建康大震，朝廷派遣骁骑将军张佛护、直阁将军徐元称等出屯竹里，堵截叛军。

崔觉与崔恭祖率兵先行，长驱直入，势如破竹，在竹里斩杀张佛护，逼降徐元称，直抵建康城外。右卫将军左兴盛奉命统率三万台军（禁卫军）在北篱门抵挡崔慧景，尚未交战，便望风败逃。

崔慧景率兵进了乐游苑，崔恭祖率领轻骑兵十多人突进北掖门，然后又退了出来。由于宫门关闭，崔慧景带领部下围住宫城。此时东府、石头、白下、新亭几城人马溃散。左兴盛败退，进不了宫城，只好逃进秦淮河边芦苇丛中的船里藏匿起来，最终还是被崔慧景的部下擒获斩杀。

宫中虽然派兵力出城冲杀，也是惨败退回。崔慧景火烧御史台府署，将那里开辟为战场。多亏卫尉萧畅力守南掖门，并分兵守住各个城门，抵挡叛军的攻击，众心才稍稍安定。

崔慧景以宣德太后名义发令，废齐主萧宝卷为吴王，却把推立萧宝玄之事搁置起来，不曾提及。堪堪破城之时，崔慧景反而不着急了，入令停止进攻。

崔恭祖见宫城久攻不下，向崔慧景献计，火攻北掖楼。崔慧景却说："现在大局已定，何必毁坏那些建筑，将来又要重建，得花很多冤枉钱。"崔恭祖快快退出。

崔慧景之所以不急着攻进宫城，是因为他对拥立江夏王萧宝玄为帝这件事犹豫了。萧宝玄这个人太可怕了，当初派人去石头城告知要拥立他为帝的时候，他为了麻痹萧宝卷，竟然不惜斩杀使者，最终也骗得萧宝卷的信任，派中央军支援石头城。自己率军抵京口，萧宝玄这才露出真面目，杀死朝廷派来的将领。接收了中央军，崔慧景得以轻松获胜。拥立这样的人做皇帝，日后控制得住吗？

崔慧景信佛，喜欢与人谈佛，他从乐游苑移居法轮寺后，整天闲坐，对客高谈阔论。崔恭祖禁不住叹道："现在都什么时候了，哪还有参禅的时间啊！"

世上之事本来没有十全十美。崔慧景的等待，给了萧宝卷喘息的机会，也等来了萧懿的援军。

萧懿之前奉命屯驻小岘，他瞅准裴叔业病故的良机，正准备乘虚而入，没想到建康的一纸急诏，让他改变了进军计划。萧懿是一个忠臣，当时正在吃饭，接到朝使送来的急诏，扔下筷子就走，率军主胡松、李居士以及数千人马，从采石渡江，驻扎在越城，然后点燃大火。台城中见到火光，知道援兵到了，高兴得打鼓欢叫，拍手称庆。

崔慧景反应迟钝，萧懿率军抵达南岸后过了许久，崔觉才领兵前来迎战。两军刚接战，叛军已溃败，崔觉单人匹马逃退，逃回京都。

崔恭祖正在抄掠东宫，得到几名姿色女子。崔觉不禁垂涎三尺，竟然把崔恭祖拦住，将那几名女子抢了过来。崔恭祖本来十分怨恨崔慧景，又被崔觉这么一激，怒火中烧，当天夜里，竟然同崔慧景的骁将刘灵运一起向台军投降。

崔慧景的部众见崔觉战败而归，崔恭祖又率亲兵离开，料知大势不妙，纷纷逃散。崔慧景也觉得站不住脚，带领心腹数人偷偷离开，打算渡江北去。城北的各路军马尚不知道，还在拒战。驻守台城的萧畅趁势麾兵杀出城，杀死了数百人，叛军纷纷逃散。

崔慧景带着亲兵逃亡，途中被萧懿的巡兵追杀一阵，单枪匹马来到江边，想要渡江。渔人见他形迹可疑，打听之后，得知他是叛军首领，众渔民一拥而上，杀了崔慧景，砍下首级，放在盛鱼的篮子中，送到建康，献给朝廷领赏。

崔慧景的儿子崔觉虽然逃亡当了道人，依旧难逃一死。崔恭祖虽然投降，朝廷仍然将他杀了。

萧宝玄在京中躲了好几天，后见搜查越来越紧，再没有人敢收留他，无处藏身，只得出来自首。

崔慧景失败之后，在收捕余党的过程中，将领搜到一本花名册，记录的全是投靠萧宝玄、崔慧景的人的姓名，准备一一追查。

萧宝卷连看都不看，命令烧掉，同时感慨地说："连江夏王都作乱，再去责怪他人，有什么意思？"

萧宝玄自首后，萧宝卷把他召入后堂，用布帐把他围起来，命令左右好几十人擂鼓吹号，环绕着他跑动，并且派人对他说："前几天，你就是这样进攻我的，今天我也让你享受一下这美妙的滋味！"

一番折腾之后，萧宝卷赐萧宝玄一杯毒酒，让他见阎王去了。随即颁诏大赦，令所有的叛徒余孽悔过自新，不再追究。这是萧宝卷当皇帝后，绝无仅有的一次善政！

第十六章
荒唐少主

皇帝太荒唐

萧宝卷颁诏大赦，本来是一件美事，但他身边的奸佞专权，却不依皇帝的诏书行事，一些本无罪而家中富足的人，全被诬陷为崔慧景的党徒，统统杀掉，没收财产，而实际上投附崔慧景、家中却很贫穷的人，全都不予问罪。有人对中书舍人王之缫说："朝廷的赦令没有信用，民意沸腾啊！"

王之缫说："肯定还会有诏书下来，阻止这种暴行。"

不久，特赦令下来了，但那伙宠幸之徒仍然横行如故，根本就不把特赦令当回事。萧宝卷只知道嬉戏游乐，无心过问政事，放任小人为所欲为。

萧宝卷最宠幸的侍从有名有姓的有三十一人，太监十人。骁骑将军徐世缫向来为萧宝卷所信任，凡有杀戮之事，都由他去执行。陈显达举事之时，萧宝卷又加任他为辅国将军，虽然任用护军崔慧景为都督，然而朝廷兵权实际上掌握在徐世缫手中。徐世缫也知道萧宝卷昏庸狂纵，所以暗中对茹法珍、梅虫儿二人说："哪一朝代的天子身边没有要人？但是我这是出售主上的恶行啊！"

茹法珍等人与徐世缫争夺权力，因此把徐世缫的话报告给萧宝卷。于是，萧宝卷逐渐对徐世缥有了厌恶之感，派宫中卫兵去杀他，徐世缥与卫兵搏战，最终被杀。从此之后，茹法珍、梅虫儿专权，经常口头宣布皇帝的诏令，王之缥则专掌文书，三人相互勾结，狼狈为奸。崔慧景之乱平定后，茹法珍受封余干县男，梅虫儿封竟陵县男。

萧宝卷最宠幸的妃子姓俞，乐户出身。听说宋文帝有潘贵妃，在位三十年，萧宝卷便改称俞姓女子为潘贵妃，平时称潘贵妃的父亲潘宝庆和茹法珍为阿丈，呼梅虫儿、俞灵韵为阿兄。萧宝卷同茹法珍等人一起去潘宝庆家，小皇帝亲自到井边打水，给做饭的厨子打杂，一群人嬉笑互骂，与奴同乐，形同市井小人，没有一点帝王的样子。

不仅仅是丈人潘宝庆的家，身边侍从的家萧宝卷也是常客，这些人凡是家中有红白喜事，萧宝卷都要到场，或庆贺，或吊唁，然后便是吃吃喝喝。

太监王宝孙，年龄才十三四岁，外号叫"伥子"，最受萧宝卷宠幸。他参与朝廷政事，就是王之缥、梅虫儿之辈对他也是十分恭顺。王之缥可以控制大臣，篡改圣旨，甚至可以骑马进殿，敢当面诋斥萧宝卷。公卿大臣们见了他，吓得连大气也不敢喘。

萧宝卷经常出宫游玩，宫内常有火灾发生，一次，萧宝卷出游数日未归，后宫失火，由于宫内之人不得出去，外面的人不敢进宫救火，火势蔓延，烧毁房屋三千多间，遍地都是烧焦的尸体。

萧宝卷周围的侍臣都称为"鬼"。有一个叫赵鬼的，能读《西京赋》，引用其中之言对萧宝卷说："柏梁台既然被烧毁了，那么就营建章宫。"

萧宝卷大喜，按照赋中的描述大兴土木，建造宫殿，刻画装饰，极尽绮丽。其中专门为潘贵妃修建的有神仙、永寿、玉寿三座宫殿，金碧辉煌，五彩绚丽。玉寿殿中的飞仙帐，四面织锦彩绣，殿内的书字、灵兽、飞禽、风云、华炬等都是用纯金打制。萧宝卷还命人把宫内外古代文物中的玉饰和佛寺中的宝物全部凿剥下来，剖剔一新，装饰潘贵妃的宫殿。

萧宝卷喜欢园林景致，他把阅武堂改建成芳乐苑，大暑天种树，早上栽树，晚上死光，死了再栽，反正没有一棵能活下来。工匠们不停地把死树挪走，再把活树栽进去。为了保持园林常绿，便大肆搜刮，见树就取，破门毁院，从居民家里把树倒腾出来。不少合抱粗的大树，费尽气力移到园里，数天之后便枯死。地上铺的草皮，为了保持常绿，也是数天更换一次。工匠们就这样周而复始地倒腾。更为可笑的是，萧宝卷下令把园林中的山石都涂上彩色，远远望去，五彩斑斓，很像童话世界。又大建亭台楼阁，在台阁的墙上绘满春宫图。参加营建的劳役白天黑夜不停地干，还不能达到萧宝卷所要求的速度。

后宫中的服饰用具，都是精心挑选的珍奇之品，如此奢侈，以至府库中旧有的物品不再能满足需要，萧宝卷便派人到民间高价收买金玉宝器。他还命人把金子凿制成莲花贴在地上，让潘贵妃在上面行走，说这是"步步生莲花"。

穷奢极欲需要大把的钱，萧宝卷便增加赋税，不择手段地科敛于民，百姓困苦不堪，怨声载道。有一个叫张欣寿的齐国大臣私下对人说："以秦之富，起一阿房宫而灭，今不及秦一郡，而顿起数十阿房，其危殆矣！"

忠臣不畏死

萧懿因平叛有功，被萧宝卷留在京都，又封他的弟弟萧畅为卫尉，掌管宫门钥匙。

萧衍得知哥哥萧懿被留在京城，立即派亲信虞安福进京，对萧懿说："你所立的功劳太大，即使遇上圣贤之君，也很难立得住脚，何况如今朝政混乱，昏君奸臣都容不下你，留在京都，何以自全？如果歼灭反贼之后，率兵进宫，如商之伊尹放逐太甲、汉之霍光废昌邑王那样，废掉昏君萧宝卷，是上策。如果不愿如此，便托词抵抗胡房，继续镇守豫州，也是一个办法。千万不要放弃兵权，一旦失权，仅享受高官厚禄，必将束手就死，到时后悔就来不及了。"

萧懿摇头不语。长史徐曜甫也是苦苦相劝，萧懿仍然不为所动。果然如萧衍所料，宠臣茹法珍、王之缞等人忌惮萧懿的威权，私下对萧宝卷说："萧懿恐怕会造反，臣担心陛下危在旦夕！"萧宝卷懔然而起，当即命茹法珍等人设法除掉萧懿。

徐曜甫得知消息后，在江边秘密准备了船只，劝萧懿前往襄阳。萧懿是一位忠臣，面对死亡，面不改色，振振有词地说："自古以来，人谁无一死，有尚书令叛逃的吗？我宁可坐以待毙，绝不逃走。"

萧懿有九个弟弟，除萧衍、萧畅外，还有萧敷、萧融、萧宏、萧伟、萧秀、萧憺、萧恢，其中萧伟与萧憺在襄阳，萧敷、萧融等在京都，在京都的人觉得形势不妙，随时准备逃走。

茹法珍等人怕萧懿叛变，趁他还在尚书省时，派人送去药酒，说是陛下所赐，叫萧懿自行了断。萧懿是一个忠臣，临死前竟然说："家弟萧衍在雍州，这可是朝廷一大忧患啊！"

萧懿死后，他在京城的弟弟和侄子们全都逃逸，分头藏匿在里巷之中，但是没有人告发他们，只有萧融被捕获，遭到杀害。

萧宝卷杀了萧懿，怀疑雍州刺史萧衍有异谋，于是派直后将军郑植前往雍州刺杀萧衍。

刺客出京

萧宝卷的怀疑还真的没有错，萧衍确实有异谋，因为他早就预料到萧齐的国运不长，欲取而代之，早在他的兄长萧懿从益州刺史任上调往郢州的时候，他便派张弘策前往郢州，说服萧懿共谋天下，可惜萧懿一片愚忠，拒绝了弟弟的邀约，最终丢掉了性命。

萧衍志向不改，在雍州延揽豪杰，厚集兵力，以图有朝一日推翻萧宝卷，自己坐天下。四方智勇之士闻风而动，纷纷前往雍州投靠萧衍，在这些人中，确实有几个出类拔萃之人。

吕僧珍，字元瑜，广陵人，家境寒微。幼时从师读书，有一个江湖术士来到书塾，遍观各位学生，独对吕僧珍感兴趣，说他出声清奇，他日必将封侯拜相。吕僧珍成人之后，智识宏通，身长七尺七寸，容貌伟然。

陈显达出军沔北时，见到吕僧珍，甚为爱惜，对他说："你有贵相，他日名位当在我之上，请自爱。"

徐孝嗣当国的时候，欲召吕僧珍进京任职，吕僧珍知道徐孝嗣不久必败，谢绝了徐孝嗣的好意。徐孝嗣果然不得善终。萧衍在雍州招贤纳士，吕僧珍欣然前往，为中兵参军。萧衍积竹木于檀溪，众人不解其故。唯独吕僧珍心领神会，私造船橹数百张。后来萧衍起兵，从檀溪取竹木造战舰，战舰造好了，却缺少船橹，吕僧珍预先造好的船橹派上了用场，众人无不佩服他的远见。

王茂，字茂先，太原人，好读兵书，精通用兵之道。齐武帝萧赜还是布衣的时候，初次见到王茂，叹道："王茂年少英俊，堂堂如此，异日必为公辅。"后来官居侍郎之后，一直没有变动。他见朝廷政局不稳定，请求出任边职，朝廷放他出京，出任雍州长史。萧衍见到王茂，便以王佐许之。两人因而结为兄弟，事无大小，萧衍都要与他商酌，王茂也是尽心尽力。

曹景宗，字子震，新野人。自幼善于骑射，喜欢打猎。经常与数十名少年逐群鹿于泽中，鹿、马混杂，曹景宗拔箭便射，众人担心误中马匹，然而，曹景宗每一箭射出，奔鹿应弦而毙，从未误伤一马，令伙伴们佩服得五体投地。有一次，曹景宗单枪匹马跑在前面，恰逢数百名劫匪拦路抢劫。曹景宗身带百余箭，每箭杀劫匪一人，箭无虚发，一人竟杀退数百名劫匪。曹景宗因此以胆勇而闻名。曹景宗好读书，读到《穰苴传》《乐毅传》，叹息地说："大丈夫当如是也！"萧衍出镇雍州，曹景宗前往依附，被萧衍举荐为竟陵太守，成为萧衍手下第一员猛将。

韦睿，字怀文，杜陵人。他的伯父韦祖征认为此子有出息。当时，韦睿的同乡王憕、杜恽素有盛名，韦祖征问韦睿："你自比王憕、杜恽二人何如？"韦睿谦虚，不敢回答。

韦祖征说："你的文章可能稍有不及，但学识过于他们，佐国家，成功业，他们就不及你了。"

萧宝卷称帝，天下大乱，陈显达、崔慧景相继起兵。雍州不少豪杰与韦睿谋划借机干一番大事业。韦睿点评当今人物："陈显达非济世才，崔慧景懦而不武，天下英雄将出在吾州。"

"吾州"指谁？自然是萧衍。韦睿把两个儿子派到襄阳做事以结交萧衍。当他接到襄阳起兵的檄文，立即砍竹作筏，率两百骑兵、两千步兵，从上庸城顺流而下，日夜兼程赶往襄阳。萧衍见到韦睿，大喜，拉着他的手说："得君来此，我大事可成也！"

柳庆远，字文和，元景的侄子。将门之后，有谋略，任雍州别驾。他曾私下对人说："天下大乱，能定大业者，唯萧衍耳！"因而一直跟随萧衍。

郑绍叔，字仲明，荥阳人。徐孝嗣曾称他为"当代祖逖"。郑绍叔与萧衍交情莫逆，两人相识于义阳保卫战。当时郑绍叔任萧衍的中兵参军，贤首山一战，郑绍叔认准萧衍是一个大英雄。大战过后，萧衍为躲避明帝萧鸾的猜忌，回京时遣散门人宾客，一个不留。郑绍叔一定要留在萧衍身边，并说这辈子跟定他了。萧衍不准，郑绍叔只得回到寿阳老家，从此谢绝做官。豫州刺史萧遥昌三番五次请他出山，郑绍叔不为所动，为此得罪了萧遥昌，差一点下了大狱。萧衍为雍州刺史，郑绍叔起程抄小路赶往襄阳，做了萧衍的宁蛮长史。

这一天，郑植来到雍州，直接去了弟弟郑绍叔的家。郑绍叔吃惊地问："兄长在天子左右，到雍州来，有什么事吗？"

"我是朝廷派来的刺客。"郑植笑着说，"朝廷怀疑萧雍州有异心，派我以探望你的名义来雍州，伺机刺杀萧雍州。"

"你真的要这样做吗？"郑绍叔睁大了眼睛。

郑植哈哈大笑："我怎么会害你呢？迫于朝命，我也不得不来啊！你去见萧雍州，将朝廷派我来雍州的目的告诉他。"

郑绍叔随之将郑植的话转告萧衍。萧衍带着酒肉到郑绍叔家为郑植接风，彼此敬过酒后，萧衍笑着说："朝廷派你来杀我，今天我正闲着，陪你宴饮，正是下手的好机会呀！"说罢，宾主大笑。

　　萧衍带着郑植巡视雍州，将雍州的城墙壕沟、仓库、兵士、战马、器械、船舰等观察一番，然后对郑植说："你看我雍州之兵，能否挡索虏？"

　　郑植暗暗心惊，回到弟弟的家，对郑绍叔说："雍州的实力在诸州之上，朝廷要取雍州，绝非易事。"

　　郑绍叔回答说："哥哥回朝后，不妨对陛下据实以报，朝廷如果要攻雍州，绍叔必率雍州甲兵与之决一死战。"

　　郑植在雍州住了两天，回京复命，兄弟二人握手，恸哭而别，各为其主，相会无期。

　　郑植离开京都时，萧懿还没有死，所以与萧衍见面，没有提及萧懿的事情。

第十七章
萧衍起兵

两封空函定荆州

萧懿惨死的噩耗传到雍州，萧衍痛哭流涕，连夜将张弘策、吕僧珍、长史王茂、别驾柳庆远、功曹吉士瞻等人召集在一起，商议起兵之事。第二天一大早，萧衍又将众幕僚召集到一起，对他们说："眼下天子昏庸残暴，朝廷小人当道，我想与你们一同起事，废昏立明，共扶社稷，你们愿意吗？"众人踊跃响应，愿唯萧衍马首是瞻。

萧衍马上正式树起大旗，招兵买马，旬日之间，便招得甲兵一万多名，征集战马一千多匹，筹集船舰三千多艘。萧衍命人捞起沉放在檀溪中的竹子木料，打造战船和箭，事情很快都办妥了，但是还缺一样东西，就是划船的橹。吕僧珍登场了，命人取出原先准备好的船橹，每只船派发两把。万事俱备，只欠东风。

萧衍正要出兵，忽有密报传来，说朝廷派辅国将军刘山阳统领三千人马，会合荆州长史萧颖胄兵力，将要袭击襄阳。众将建议在半路截击刘山阳。

萧衍胸有成竹地说："刘山阳不足虑，只需略施小计，就可退此强敌。"于是派参军王天虎赶赴江陵，给荆州和西中郎府的官员每人送一封信，并放出消息说，朝廷派刘山阳率兵西进，攻袭荆州、雍州两地。同时又致信萧颖胄、萧颖达两兄弟，约他们一同起义，一起起兵杀向建康。萧颖胄两兄弟是南康王萧宝融的僚属，收到书信后，心中大恐，迟疑不决。

信送出之后，萧衍又对部众说："荆州人向来害怕襄阳人，而雍州与荆州相邻，唇亡齿寒，能不与我们通力合作吗？只要能合荆、雍两州之兵，大张旗鼓地东进，即使是韩信、白起再生，也无计可施。更何况昏君重用的是一帮提刀传敕之徒呢！"

刘山阳到了巴陵，萧衍再次命王天虎给萧颖胄、萧颖达两兄弟送信。张弘策有些不解，问道："不是刚送过信吗？为何再送？"

萧衍微笑着说："兵法中以攻心为上策，王天虎去荆州送信，每人都有一封，唯独南康王的部下有两封信，收信人是萧疑胄、萧颖达兄弟，信中只写'王天虎口述'一行字。他们如果问具体情况，王天虎一句也说不上来，因为我压根就没有向他交代过什么。王天虎是萧颖胄信得过的心腹之人，所以荆州方面一定以为萧颖胄与王天虎一起隐瞒着事情，于是人人心中疑虑丛生。刘山阳会被众人的言说搞迷糊了，就一定要对萧颖胄产生疑心。如此一来，萧颖胄就是跳进黄河也说不清，必定落入我的圈套。这就是以两封空函定荆州之妙策。"

刘山阳到了江安，逗留了十多天，徘徊不进。萧颖胄大为恐惧，但又无计可施。夜里，他叫来参军席阐文、谘议柳忱密商。

席阐文说："萧衍在雍州招兵买马，实力雄厚，朝廷肯定不是萧衍的对手。就算我们侥幸打败雍州，朝廷也只会疑忌，不见得会容纳我们。所以，我们不如设法诱杀刘山阳，与雍州一同起兵举事，共图霸业。"

柳忱说："朝廷已是非常狂悖，京城中的大臣们惴惴不安，吓得连大气都不敢出。还好我们远离朝廷，暂时还算安全。朝廷命令我们袭击雍州，一看就知道是借刀杀人，玩的是卞庄刺虎之计。难道忘了尚书令萧懿的事吗？他以数千精兵打败崔慧景十万之众，保全了京都，最后竟遭小人陷害，魂归地府。雍州兵精粮足，萧衍谋略过人，刘山阳不是萧衍的对手。如果萧衍击败刘山阳，朝廷肯定会归罪于荆州，说我们没有竭力相助，到时进退两难，不如依阐文之计更为有利。"

萧颖达听了二人的建议，也说道："他们说得有理，大哥不可不依啊！"

舍不得孩子套不到狼

萧颖胄考虑再三，问道："席参军劝我诱杀刘山阳，可我该如何诱杀呢？"

席阐文显然是胸有成竹，说道："办法当然有，诱饵就在眼前，就看你敢不敢用。"

萧颖胄迫切地问："什么办法？诱饵在哪里？"

席阐文说："刘山阳迟疑不进，分明是怀疑我们，我们只好斩下王天虎的首级，换取他的信任。等他欣然前来，我们就好趁机下手。"

萧颖胄大惊："杀掉王天虎，萧衍那里如何交代？"

席阐文道："舍不得孩子套不到狼，派人去雍州，向萧衍说明情况，萧衍是个干大事情的人，我想应该会体谅我们的。"

萧颖胄采纳了席阐文的建议，一面派人通报萧衍，一面将王天虎召入内室，伤感地对王天虎说："王参军与辅国将军刘山阳相识，非常抱歉，今天只有借你的脑袋一用了。"

王天虎惊骇至极，刚要开口说话，萧颖达从背后就是一刀，杀死王天虎。

没过多久，王天虎的首级送到了刘山阳手里。刘山阳得到王天虎的首级，又听说荆州即将发兵征讨襄阳，彻底消除了对萧颖胄的猜疑，当即乘一辆车，穿着白色便服，带几十个随从去见萧颖胄。

萧颖胄早就在城内设下伏兵，刘山阳一行刚进城，一声暗号响起，四周伏兵齐出，扑向刘山阳。此时，就算刘山阳有三头六臂，也只有挨宰的份儿了。

刘山阳的副将军李元履得知主帅被杀，连忙收集余部，请求投降。

萧颖胄顾虑西中郎司马夏侯详不合作，把心中的忧虑告诉了柳忱。柳忱回答说:"这不是难事。"

"你有办法?"萧颖胄迫不及待地问。

柳忱道:"前不久,夏侯详曾请人来我家求婚,要娶我的女儿做儿媳妇,我还没有答应他,为了成就大业,我就答应这门亲事。"于是,柳忱就把自己的女儿嫁给夏侯详的儿子夏侯夔,并把密谋告诉夏侯详,夏侯详果然答应起事。

十三岁的南康王萧宝融,当即被迎立为皇帝。萧颖胄随即以南康王萧宝融的名义,命萧衍为使持节都督前锋各军事,萧颖胄都督行留各军事,并加封夏侯详为征虏将军,派宁朔将军王法度出驻巴陵。

萧颖胄派人把刘山阳的首级送给萧衍,并且告诉萧衍,说年月不吉利,约定来年二月,进兵建康。

萧衍起兵

萧衍听说要等到来年才能发兵,顿时大怒,说道:"行军打仗,全凭一时锐气,现已是箭在弦上,不得不发,哪有延期的道理?周武王伐纣,出发时间正好冲犯太岁星,岂能等待什么吉利年月?"当下要求立即起兵。

南康王萧宝融只得发放檄文,声讨萧宝卷以及梅虫儿、茹法珍的罪恶,准备攻打建康。

宁朔将军王法度因按兵不进而被免职,改派冠军将军杨公则进军巴陵,直逼湘州,又令参军邓元起出兵夏口。

适逢夏侯详的儿子骁骑将军夏侯亶应夏侯详之召,从建康逃到江陵,萧颖胄趁机声称夏侯亶带来了宣德皇太后密诏:南康王萧宝融应当继承皇位。由于要等待清除宫中的昏君和奸臣,暂时不称帝。

萧衍部署完毕,正准备起程,竟陵太守曹景宗派亲信前来游说萧衍,建议他去迎接南康王,以襄阳为都城,先称帝即位,然后进军建康。萧衍没有采纳他的意见。长史王茂私下对张弘策说:"现在南康王掌握在萧颖胄手中,他挟天子以令诸侯,我们都会受制于人,这怎么能行?"

张弘策把王茂的话转告萧衍。萧衍笑着说："如果事败，我们将同归于尽；如果成功，我将威震四海，那时他们敢不听我的吗？我也不是碌碌之辈，岂能受他人的摆布？"

随即大军起程。上庸太守韦睿得知萧衍起兵，率二千郡兵日夜兼程，赶到萧衍军前参战，华山太守康绚也率三千郡兵归附。冯道根当时正在家中为母亲守丧，听说萧衍起兵，立即脱去孝服，率乡亲中能从军的子弟加入萧衍的军队。柳忱的哥哥、梁州和南秦州刺史柳惔也起兵响应。

萧衍在沔南设立新野郡，将新归附的兵民安置在这里，听候调遣。

萧宝卷听说刘山阳死了，立即发出诏书，讨伐荆州和雍州，并任命冠军长史刘浍为雍州刺史，并派骁骑将军薛元嗣、制局监暨荣伯率兵将大批粮草运送到郢州，让郢州刺史张冲抵挡荆、雍二州的军队。

薛元嗣等人有鉴于刘山阳之死，怀疑张冲有异心，走到夏口浦后就不敢再向前进了，后来听说雍州军队将要开过来，才率兵进入郢城。

前竟陵太守房僧寄将要回建康，走到郢州时，萧宝卷令房僧寄留守鲁山，任命他为骁骑将军。张冲与房僧寄结盟，派军将孙乐祖率领数千人帮助房僧寄守护鲁山。

萧颖胄给武宁太守邓元起去信，让他前来江陵。张冲对待邓元起向来优厚，众人都劝邓元起回郢州去，邓元起大声对众人说："如今朝廷残暴肆虐，杀戮宰辅大臣，一帮小人在朝中专权，士大夫前途穷尽。荆州和雍州共同谋举大事，何愁不能成功？况且我的老母亲在西边，如果事情不能成功，正好让昏庸的朝廷把我杀掉，这样反而可以免于我对老母亲的不孝之罪。"邓元起当日就收拾行装，上道西行，到达江陵后，被萧颖胄任命为西中郎中兵参军。

湘州行事张宝积拥兵自守，不知该依附那一方。杨公则攻克巴陵之后，进军白沙，张宝积害怕了，请求投降，杨公则率部进入白沙，安抚、招纳了张宝积及其部下。

永元三年（501年），南康王萧宝融自称相国，任命萧颖胄为左长史，号为镇国将军，任命萧衍为征东将军，任命杨公则为湘州刺史。

萧衍率兵从襄阳出发，留下弟弟萧伟总管府州事务，萧憺防守襄阳城附近的堡寨，府司马庄丘黑镇守樊城。

萧衍出发之后，州中兵力以及物资储备都很空虚。魏兴太守裴师仁、齐兴太守颜僧都两人不服从萧衍的命令，率兵马要袭击襄阳，萧伟和萧憺派兵在始平拦截阻击，大获全胜，雍州得以安定，萧衍无后顾之忧。

二月中旬，萧衍率军到达竟陵，命令中兵参军张法安防守竟陵城，命令王茂、曹景宗担任前军。雍州军到达汉口后，在战略上出现了分歧。大部分将领主张围攻郢城（今湖北武汉）的同时，分兵袭击西阳（今湖北黄冈东）、武昌（今湖北鄂州）。

萧衍力排众议，不同意分兵，他说："汉口江面宽不到一里，船行江中，敌军在两岸射箭，箭雨交织，如何得了？再说房僧寄以重兵把守汉口，与郢城成掎角之势，如果出动全部兵力，房僧寄必定切断我军补给线，到时后悔就来不及了。"因此，萧衍主张，王茂、曹景宗率先锋部队渡江，与荆州军合兵一处，围困郢城，他率雍州军围攻鲁山，这样，无论是汉水还是长江，补给线通畅，兵多粮足，何愁两城不破！夺取天下无须力战，可卧而取之。

行军打仗，战略决策出现分歧时，在征求意见的基础上，当然是主帅说了算。萧衍的意见，很快成了进军的命令。

雍州军在王茂等人的率领下渡过长江，驻扎在九里。

郢州刺史张冲派中兵参军陈光静出城迎战。王茂等率部痛击，破敌获胜，陈光静战死，张冲只好据城自守，不敢出战。于是，曹景宗便占据石桥浦，拉开战线，沿江而下，一直至加湖。

荆州方面派遣冠军将军邓元起，军将王世兴、田安之率领数千人马在夏口与雍州方面的兵力会合。

萧衍筑建汉口城以便守护鲁山，并命水军将军张惠绍等人在长江游动阻截，以便断绝郢城和鲁山之间的信使往来。杨公则率领湘州兵力与其他友军在夏口会合。

萧颖胄命令荆州方面的各部兵力全都接受杨公则的指挥调遣，即使是萧颖达也不例外。

南康王萧宝融的相国府商议要派遣人去执管湘州，但是难以找到合适的人选，中兵参军刘坦说，湘州的风土人情不同一般，那里的人容易骚乱，很难取得他们的信任。派一个武将去，则会侵扰、鱼肉百姓；派一个文官去，则又显威略不够，镇不住他们。他因此毛遂自荐，说要想使湘州安定，只有他去最为合适。

萧宝融于是任命刘坦为辅国长史、长沙太守，主管湘州事务。

刘坦曾经在湘州居住过，做了一些善事，当地很多人都得过他好处，刘坦到达湘州时，迎接他的人挤满了道路。刘坦到任之后，选派能干的吏员分赴十郡，发动民众运送租米三十多万斛，资助荆州和雍州的军队，对萧衍进军建康提供了很大帮助，使东征军的粮食物资不再缺乏。

三月，萧衍派邓元起前去占据南堂西边的长江岸，田安之驻扎在城北，王世兴驻扎在曲水旧城。

郢州刺史张冲忧愤成疾，没过多久便病逝了。临死前，张冲将郢城托付给儿子张孜经及骁骑将军薛元嗣、征虏长史程茂。

前方两军正相持，后方南康王萧宝融在江陵即位，改元中兴，并且建立宗庙、南北郊祭祀天地场所，州府城门则全部依照建康宫的规模而建，设置尚书五省，任命萧颖胄为尚书令，萧衍为左仆射，晋安王萧宝义为司空，庐陵王萧宝源为车骑将军，建安王萧宝寅为徐州刺史，散骑常侍夏侯详为中领军，冠军将军萧伟为雍州刺史。下诏废仍在京都为帝的萧宝卷为涪陵王。然后大赦天下，梅虫儿、茹法珍等人除外。

萧宝融又命令尚书令萧颖胄兼荆州刺史，加封萧衍征东大将军、都督征讨诸军事。同时派御史中丞宗夬到夏口慰问萧衍。

宗夬抵达夏口后，宁朔将军庾域婉言对他说："皇上没有授予萧衍黄钺，让他很难统率各路军队啊！"

宗夬返回江陵，把庾域的话转告萧宝融，萧宝融于是授予萧衍皇帝所用的黄钺。这就有了上述对萧衍的任命和授予黄钺一事。

薛云嗣派军将沈难当率领轻舟数千艘穿越急流，前来交战，张惠绍等人迎战进击，擒获沈难当。

第十八章
萧宝卷之死

雍州兵东进

四月，萧衍率部出沔，命令王茂、萧颖达等率军逼近郢城。郢城守将薛元嗣不敢迎战，只是闭城坚守，并派人向建康求援。众将领准备攻城，萧衍不允许。

萧宝卷已命豫州刺史陈伯之移驻江州，进击荆州、雍州，得知郢州告急，立即派军将吴子阳、陈虎牙等率军援救郢城，这些军队先后进驻巴口。

雍州、荆州两路大军围困郢城已两月有余，但寸步不进，萧颖胄有些着急，派席阐文到前线犒劳部队，责怪萧衍说："当初不先取西阳、武昌，乘虚进取江州，已是失计，现在只有向北魏求援，才是上策。"

萧衍听罢哈哈大笑，对席阐文说："汉口路通荆、雍二州，控引秦、梁二州，乃交通枢纽之地，粮草物资转运，必须经过此地，如此重要的战略要地，我怎么能舍弃？如果分兵前进，鲁山之敌必定断我沔水，扼我咽喉，怎么办？取西阳、武昌，犹如探囊取物，但是，取得二城后须分兵把守，最少得一万人。若建康军大举西来，救还是不救？若分兵救援，郢州之敌则抄我兵路；不救，则两城势必陷落。一旦城池失守，必使士气大损，大势将去矣！只要攻克郢城，沿江顺流而下，西阳、武昌自然望风而降，何须分兵？大丈夫兴兵举事，是为了清理出通向朝廷之路，拥有数州兵力诛除一帮小人，好比悬河注火，一扑即灭，怎么能求救于北方戎狄呢？如此下计，又怎么能说是上策呢？请转告镇军将军，下一步的攻取之事，请他放宽心，我完全清楚该如何行动，不要担心不能取胜，只是要借镇军将军之威名来镇定军心罢了。"

萧衍对郢城围而不攻，其实是想吸引朝廷援军到来，然后分而击之，这是围城打援之计。只要击败朝廷的有生力量，凭萧宝卷那点威望和向心力，各地势必望风而降。

围城打援之计进展得相当顺利，吴子阳等人进军武昌时，萧衍命令军将梁天惠等人驻兵渔湖城，又命令唐期等人驻兵白阳垒，两岸驻军严阵以待，准备夹击。

吴子阳率军开进加湖，见雍州军沿路驻扎，不敢再向前进，在离郢城三十里之处，选择一个依山傍水的地方修筑战垒，自我固守，并命士兵点燃烽火。

郢城之内见到烽火，立即点火相应。但也仅限于隔空传信，城内与城外只愿各自保命，不能互相援救。

当时正值春水暴涨。王茂、曹仲宗等奉萧衍之命，乘水涨之际，率水军夜袭加湖，杀了吴子阳一个措手不及，吴子阳等人败走，将士被杀或被淹死者数以万计。王茂、曹仲宗的水军俘虏了吴子阳的残余兵将，大胜而归。

加湖大捷，萧衍名声大震，郢城和鲁山的守军士气大泄。鲁山守将房僧寄恰在此时病逝，众人推选原守城副将孙乐祖接替房僧寄的职位，防守鲁山。鲁山缺乏粮食，将士们在矶头捕捞小鱼小虾为食，并秘密筹集船只，准备逃奔夏口。

萧衍知道鲁山城守军要逃跑，派一支部队切断他们的逃路。孙乐祖窘迫无奈，只得献城投降。

郢城刚被包围时，城内尚有军民近十万人，城门关闭了二百多天，城内瘟疫流行，人人浮肿，因瘟疫而死之人十之七八，尸体堆积在床底下，活人睡在床上，家家户户都这样。郢城守将薛元嗣见大势已去，只得献城投降。

萧衍任命韦睿为江夏太守，代理郢府事务。韦睿收埋死者尸体，安抚活着的人，郢城的人心这才得以安定。

众将想在夏口休整几天，萧衍坚持乘胜而进，直驱建康。张弘策、庾域等人觉得有理，也极力赞同，于是整军出发，继续东进。

张弘策熟悉沿途地形，将自江口至建康的地形绘制成图，大军按图行进，行进快捷。

未遂的政变

萧宝卷明知荆、雍两州已经起兵，仍然在京中逍遥快活，肆意妄为。芳乐苑扩建竣工后，他让人在苑中设立一个集市，让宫人、宦官装扮成小商小贩，潘贵妃任管理市场秩序的市令，自己任集市录事。市场上发生的矛盾纠纷，全都由潘贵妃坐堂裁夺，是打是罚，全由潘贵妃说了算，就连萧宝卷自己犯错，也得跪在堂下，由潘贵妃坐堂审讯。潘贵妃有时发怒，让人用棍棒伺候，萧宝卷始终乐而受之。

潘贵妃产下一名女婴，不到百日便夭折了。萧宝卷穿着粗布麻衣为女儿守丧，不沾一点荤腥，天天素菜淡饭，比父亲萧鸾去世时不知要难过多少倍。

萧宝卷是好色之徒，虽然对潘贵妃心存忌惮，暗地找女人仍然是家常便饭，有些艳事传到潘贵妃的耳里，便要遭到潘贵妃一顿杖责。

萧宝卷令人挖渠筑坝，自己亲自驾船游玩；或坐下来充任屠夫，在芳乐苑的集市上卖肉。萧宝卷还喜欢巫师。有一个叫朱光尚的侍从诈称自己能看见鬼。一次，萧宝卷出宫游玩，坐骑突然受惊，便问朱光尚是怎么回事。朱光尚神秘地说："我刚刚看见先帝发怒，他不许陛下经常出宫游玩。"

萧宝卷一听大怒，拔出刀子，同朱光尚一起寻找明帝的鬼魂。找了半天没有找着，萧宝卷于是命人用菰草扎了一个草人，说是明帝，然后用刀砍下草人的脑袋，悬挂在东游苑的门上。

永泰元年，明帝萧鸾残杀高帝、武帝的子孙，竟陵王萧子良的两个儿子萧昭胄、萧昭颖逃到江西做了道人。崔慧景率兵杀进建康，兄弟二人投奔崔慧景。崔慧景战败之后，兄弟二人侥幸没有坐罪，仍以王侯的身份回到王府，但心中总觉不安。梅虫儿的军副桑偃是竟陵王萧子良的旧属，想报答萧子良的旧恩，与前巴西太守萧寅合谋，欲拥立萧昭胄为帝。萧昭胄许诺事成之后，让萧寅做尚书左仆射和护军，并游说新亭守将胡松一起参加行动。不料消息走漏，萧昭胄兄弟以及桑偃等同时被捕杀。

胡松得知事情败露，十分害怕。碰巧新任雍州刺史张欣泰与弟弟张欣时派人送来密函，劝他与前南谯太守王灵秀、直阁将军鸿选等人先诛杀萧宝卷身边的宠幸之徒，然后废掉萧宝卷。胡松回信表示赞同。

当时，萧宝卷派中书舍人冯元嗣督军援救郢城。茹法珍、梅虫儿、太子右率李居士、制局监杨明泰等人到中兴堂为冯元嗣送行。

张欣泰事先派一名死士怀中藏刀，悄悄跟在冯元嗣后面，茹法珍等人刚刚落座，那名死士突然跳出来，手起刀落，冯元嗣的脑袋坠落到装水果的盘子里。杨明泰上前救护，也被刺倒，死于当场。梅虫儿的手指头全被砍掉，忍痛逃出，李居士、茹法珍二人则逃往宫中。

王灵秀赶到石头城，迎接建安王萧宝寅，他把车子去掉车轮，让萧宝寅坐在上面，命人抬着前行，数百名文武官员在前头吆喝开道，浩浩荡荡向朝廷走去，数千名老百姓跟随在后面。

张欣泰骑马入宫，希望乘茹法珍等人未归之际，萧宝卷能把城中布置防御的大权交给自己，以便里外相应。不料茹法珍从中兴堂逃出之后，抢先一步赶回禁城，命令关闭城门，不准任何人进出。张欣泰没办法进城，鸿选在殿内不知情况，也不敢行动。

萧宝寅到达杜姥宅，等到傍晚，不见有信息传来，又见随行士兵渐渐逃散，打算出城，但城门已闭，把守森严，一旦有人靠近，便放箭阻止。萧宝寅只好折返，找一个隐蔽的地方躲起来。

城中开始大搜捕，张欣泰等人陆续被捕，与胡松一道被杀。

三天之后，萧宝寅觉得躲下去也不是办法，索性出来自首，自请处罚。

萧宝卷将萧宝夤召进宫，问他详情。萧宝夤痛哭流涕地说："那天不知道什么人逼我上车，把我弄去了，实在是身不由己啊！"

萧宝卷听罢笑了，没有为难萧宝夤，还恢复了他的爵位。

随后，萧宝卷任命萧宝夤为荆州刺史，冠军将军王珍国为雍州刺史，辅国将军申胄为郢州刺史，骁骑将军徐元称为徐州刺史，令太子右卫率李居士负责讨伐事宜，屯兵新亭，调度各军。不久，传来江州刺史陈伯之投降萧衍的消息，萧宝卷忙令李居士为江州刺史。

兵临城下

早先，萧宝卷曾派陈伯之镇守江州，以便增援吴子阳等人。吴子阳等人失败之后，萧衍对众位将领们说："用兵不一定靠实力，只是凭借威声罢了。如今陈虎牙（陈伯之之子）大败而逃，寻阳方面一定人心惶惶，所以，无须用兵，只需一道檄文便可平定。"

于是，萧衍派人去搜查被囚禁的俘虏，发现了陈伯之的幢主（领兵官）苏隆之。萧衍给了苏隆之一笔优厚的奖赏，派他去游说陈伯之，许诺只要陈伯之归顺，就任命他为安东将军、江州刺史。

苏隆之不负所托，前往寻阳见过陈伯之，带回陈伯之的答复：同意归附，但要求雍州军不要来得太急。

萧衍听后对左右说："陈伯之虽然归附，还是首鼠两端，我军宜迅速前往，大兵压境，让他束手无策，方肯诚心来降。"

萧衍于是命令邓元起领兵先行，杨公则抄近道袭取柴桑，自己则同其他将领随后跟进。

邓元起将要到达寻阳，陈伯之收兵退保湖口，留下陈虎牙防守溢城。萧衍到了寻阳，陈伯之果然投降请罪。

忽然，由江陵传来急报，说巴西太守鲁休烈、巴东太守萧惠之子萧璝出兵峡口，打败了刘孝庆，任漾之战死。鲁休烈等前进至上明，江陵大为震惊。

萧颖胄恐惧了，急告萧衍，令他派杨公则回援江陵大本营。

萧衍却答说："杨公则已经东下，如果让他折回江陵，就算是日夜兼程，也来不及回援，鲁休烈这些人不过是一群乌合之众，没有持久作战的能耐，只要镇军萧颖胄稍稍镇定，便足以退敌。必要时，我的两个弟弟还在雍州坐镇，他们可以随时调兵支援，请镇军慎重行事。"

来使回去报告萧颖胄，萧颖胄只得派军将蔡道恭屯兵上明，誓死抵抗。

萧宝融诏令萧衍，如果平定京城，可以根据具体情况决策行事，不必事事请示。

萧衍奏请萧宝融，授陈伯之为江州刺史、陈虎牙为徐州刺史；留骁骑将军郑绍叔留守寻阳，带着陈伯之引兵东下。临行时萧衍对郑绍叔说："你是我的萧何、寇恂啊！这次出兵，如果战败，那是我的失策；如果粮草供应不上，那就是你的过错了。"

郑绍叔流泪受命。萧衍见没有了后顾之忧，专心向建康进军。

江州、郢州失陷之后，萧宝卷毫不慌张，照样寻欢作乐，他对茹法珍说："等敌人来到白门前时（建康城西门），再与他决一死战！"

萧宝卷根本没有把萧衍放在眼里，直到兵临城下，他才召聚兵力，准备固守城池，他命人把监狱里的囚犯放出来，发给兵器让他们守城，对不可赦免的死囚，就近在朱雀门砍头，一天杀了一百多人。

萧衍派曹景宗等人进驻江宁。总督军李居士刚从新亭来到江宁，见曹景宗也是刚到，营垒尚未建立，士兵由于长途奔袭，明显显出疲态，有了轻敌之意，击鼓呐喊，杀上前去。曹景宗奋起反击，大败李居士，乘胜进逼，占据了皂荚桥。

王茂、邓元起、吕僧珍也进据赤鼻逻。新亭城主江道林领兵出战，被众军在阵中生擒。

萧衍到了新林，命令王茂向前推进，占据越城，邓元起占据道士墩，陈伯之占据篱门，吕僧珍占据白板桥。

李居士窥探到吕僧珍的兵力少，率精兵一万杀向吕僧珍的营盘。

吕僧珍对部下讲道："我们的兵力少，不可出战，也不要远距离放箭，须等待敌人到了堑垒之中，再拼命反击。"不一会儿，李居士的军队越过堑壕，拔掉栅栏。吕僧珍派人上城，箭、石一齐发射，自己则亲率步、骑兵三百人绕到敌人的背后，城上的人越城而下，内外夹击，李居士溃败而逃。吕僧珍部众缴获各种器甲不可胜数。

萧宝卷忙派征虏将军王珍国以及军将胡虎牙，率领十万精兵在朱雀航南列阵，令宦官王宝孙拿着白虎幡亲自督战。并打开浮桥，自绝归路，以示与雍州军背水一战。

萧衍的军队稍微后撤，王茂下了马，手持单刀，直向前去，他的外甥韦欣庆手执铁槊左右掩护，冲向敌阵。谁知敌军不经打，阵营一冲即破。曹景宗乘机纵兵攻进，吕僧珍放火焚烧了敌方的营地，将士们拼力死战，战鼓声和喊杀声震天动地。

王珍国等部众抵挡不住，土崩瓦解，全军覆没，各路兵马溃散而逃。王宝孙更是丢下白虎幡逃命去了。

萧衍率军长驱直进，直逼宣阳门，各位将领也都把营盘前移，建康城中人心惊惧，陆续有人出城投降。

陈伯之驻扎在西明门，每当城中有人来降，他都要叫来附耳低言。萧衍担心他再生反心，悄悄告诉陈伯之，说城内对他背叛朝廷一直耿耿于怀，据说要派刺客出城干掉他。陈伯之不相信是真的。恰好军将郑伯伦出城来降，萧衍授意郑伯伦去见陈伯之。郑伯伦见到陈伯之后，说城中将以封赏为引诱，趁机除掉他。如果引诱不成，将派刺客出城。嘱咐陈伯之多加防备。陈伯之害怕了，从此再也不敢有异心。

随后不久，宁朔将军徐元瑜献出东府城投降。青、冀二州刺史桓和奉命驰援建康，一看萧衍大军的气势，立即率众投降了萧衍。光禄大夫张环丢下石头城，跑回宫中。李居士困守新亭，穷途末路，也向萧衍乞降。

萧衍坐镇石头城，命令各路军队攻打建康的六个宫门。

萧宝卷命人放火烧了城内的营署、官府，驱逼士人和百姓全部进入宫城，关闭宫门，做最后的拒守。

萧宝卷之死

杨公则驻扎在领军府垒北楼，与南掖门正好相对，登楼观战，遥见城中萧宝卷的麾盖，用神锋弩射，箭头穿透了胡床，身边的人都惊恐失色，萧宝卷面不改色，笑着说："差点射中我的脚。"

萧宝卷遭到袭击，心有不甘，晚上，挑选勇士攻打杨公则的栅垒。军中惊慌不已，杨公则神态自若，躺在床上命令打击来犯者。萧宝卷派出的兵见有防范，只得撤退。

杨公则率领的士兵全是湘州人，湘州人素来被认为怯懦，城中轻视他们，每次出来冲荡，总是挑杨公则的营垒。杨公则治军有方，每战必胜。萧宝卷再也不敢轻视他了。

早先之时，萧宝卷派军左僧庆驻扎京口，常僧景驻扎广陵，李叔献驻扎瓜步。申胄从姑孰跑回宫中之后，萧宝卷让他去驻守破墩，以便声援东北两边。

萧衍派遣使者劝降上述各将，他们都率部来降。萧衍派遣弟弟辅国将军萧秀镇守京口，辅国将军萧恢镇守破墩，堂弟宁朔将军萧景镇守广陵。

正在这个时候，萧衍接到中领军夏侯详的密函，萧颖胄在江陵病故，因担心巴东、巴西两军乘机进逼，暂时没有发丧。萧衍当即让夏侯详在雍州征兵，自己在军中也绝口不提萧颖胄。

夏侯详随之在雍州征兵，巴东、巴西两军听说江陵的援军将至，并且听说建康已危在旦夕，惊骇之下，全军溃散。萧惠的儿子萧璝以及鲁休烈见大势已去，只得向萧宝融投降。江陵方面这才为萧颖胄发丧，追封他为丞相。萧颖胄死后，萧衍是众望于归，萧宝融也很识趣，诏令萧衍便宜从事。萧衍大权在握，可以为所欲为了。

萧宝卷关闭城门之后，把城中的军事全部委托给王珍国处理，兖州刺史张稷进京守卫，受命为王珍国的副将，萧宝卷令二人率城中七万士兵全力抵御。

城外战鼓阵阵，城内萧宝卷却玩兴不减，他与身边的黄门、刀敕以及宫人们在华光殿前演习战斗，假作受伤的样子，让人用木板抬去，用这种形式来作为诅咒制胜。他仍然像平常一样，白天睡觉，晚上活动，有时听到外面的呐喊之声，就披着大红袍，登上景阳楼的屋顶观望，几次差点被弩箭射中。

刚开始的时候，萧宝卷与左右心腹合计，以为陈显达一战即败，崔慧景围城的时间也很短，认为萧衍的军队也会这样，所以城中储备的粮草，只够一百天之用。

萧衍率兵进逼建康，城中民心慌乱，人人自危。茹法珍等人担心士人和百姓们逃溃，关闭城门后不再出战。等到萧衍对建康形成包围，堑栅坚固之后，城中再派兵出战，却屡战屡败。

萧宝卷没有意识到自己已处在生死存亡关头，当茹法珍恳请发放库银犒劳军队、振奋军心时，萧宝卷却生气地说："难道贼寇杀进来只要我一个人的命吗？凭什么要我发银子？"甚至连后堂存放的几百根大木头，他都不让茹法珍拿去做守城之用，他要留着这些木料修盖宫殿。

茹法珍和梅虫儿一同进宫，给萧宝卷出主意说："大臣们不用心，致使城围不能解除，应该把这些人全部杀掉。"

尽管萧宝卷迟疑不决，但消息却已传到军中，王珍国和张稷惧怕大祸降临到自己头上，立即派亲信去见萧衍，密谋杀掉萧宝卷。

这天晚上，萧宝卷在含德殿与潘贵妃夜饮，仍然是笙歌弹唱，莺歌燕舞。半夜时分，后阁舍人钱强偷偷打开云龙门，放张齐、冯翌进来，然后带领他们直奔含德殿。当时宴饮已散，潘贵妃已回后宫。萧宝卷因为有些醉意，躺在宫中的寝榻上休息。突然听到士兵闯入的声音，立即翻身起来，欲回后宫。没想到宫门已经关闭了，宦官黄泰平挡住去路。

萧宝卷吃惊地问："你要干什么？"

"要你的命！"话音未落，黄泰平举刀便砍，伤了萧宝卷的膝盖。

萧宝卷痛得倒在地上打滚，这时，张齐领兵赶到，见萧宝卷躺在地上大声号叫，上去补了一刀，斩下他的脑袋。萧宝卷死时年仅十九岁，在位三年。

随之，王国珍与张稷也率兵进入大殿，见萧宝卷已死，便派国子博士范云等人将萧宝卷的首级送到石头城。

萧衍大喜，知道范云是一位忠臣，便将他留在身边，然后派张弘策先进去清理宫中，封存府库和各种图籍。

在张弘策的严厉申诫下，军队进城后秋毫无犯。

杨公则率部下进入东掖门，护送公卿士民出城，使他们安全回家，不受侵扰。潘贵妃以及宠臣茹法珍、梅虫儿、王咺之等四十一人全被拘禁下狱，听候发落。

直到这时，萧衍才率兵进入阅武堂，打着宣德太后的旗号，追废涪陵王萧宝卷为东昏侯，将褚皇后以及太子萧诵贬为庶民。

第十九章
齐亡梁兴

萧衍摄政

萧衍入宫后，以宣德太后的名义发布命令。

当初海陵王被废之后，宣德太后早已离开皇宫，居住在鄱阳王的旧宅，号为宣德宫。过气的太后哪还管什么政事，只是萧衍不想以自己的名义废黜和继立皇帝，便借用太后的名义，这也是古今废立的惯例。

随之，萧衍又以太后的名义，任命萧衍为大司马、录尚书事，兼任骠骑大将军、扬州刺史，封为建安郡公。并且依照晋代武陵王司马遵承制之例，行使皇帝的权力，百官群僚向萧衍致敬。

原尚书右仆射王亮谒见萧衍，萧衍冷冷地说："萧宝卷昏庸无道，你没有尽到辅佐的责任，我还能用你吗？"

王亮回答说："如果萧宝卷是个可造之材，将军就不会有今天了。"

萧衍听罢哈哈大笑，随即任命王亮为长史，改封建安王萧宝寅为鄱阳王，晋安王萧宝义为太尉，兼任司徒。

萧衍进驻阅武堂，下令大赦天下，革除弊政：凡是错误的规章，荒谬的税赋，过分的刑罚和劳役，全部废除；对尚书省各部门的文案进行一次全面检查，凡是在东昏侯时处理不公道的各种诉讼案件，以及主办人拖延不及时办理的案件，认真讯问查办，根据事实论处并奏上；下令收葬阵亡将士，对东昏侯军队中的死亡者也加以掩埋。

潘贵妃秀色可餐，萧衍意欲把潘贵妃收留在身边，特地召来领军将军王茂商议。王茂提醒说："这个女人是亡国的祸水，将她留在宫中，一定会招来外界的非议。"

萧衍虽然有些不舍，还是下令把潘贵妃勒死在狱中，宠臣茹法珍、梅虫儿、王咺之等四十一人也被诛杀。萧衍命令把两千宫女分赏给将士们。只有余妃、吴淑媛被留在宫中供自己享用。还有始安王萧遥光的妾阮氏，也被留在宫中，以备随时寻欢作乐。

萧衍东下之时，豫州刺史马仙琕拥兵自守，不肯归附萧衍，萧衍派马仙琕的朋友姚仲宾前去招降。马仙琕先是以朋友的身份设宴款待姚仲宾，酒足饭饱之后，又将姚仲宾给杀了。他以此向众人宣示，决不投降萧衍。

萧衍又派马仙琕的族叔马怀远去游说，马仙琕对马怀远说："叔叔不要怪我，我今天可要大义灭亲了！"说罢，又要斩马怀远，幸亏军中有人求情劝止，马怀远才留得一命。萧衍到达新林时，马仙琕还在长江西边拦截萧衍的运粮船队。

萧衍围困宫城时，各州郡都派使者来请求投降，只有吴兴太守袁昂在境内拒不投降。萧衍让人给袁昂写了一封劝降信。

袁昂回信说："三吴邻近京畿，不是用兵之所，况以偏隅之地，何能为麾下效力？自承麾下挥师来京，各州郡莫不遣使悉祖军门，唯独在下一人敢于迟到，正因自感庸碌平常，文武缺欠，虽然想要献心投诚，但并不能为大军增勇，把我这愚默之人放在一边，也不会败坏军威。幸好将军气度宏大，才能让我从容遵守礼仪。窃以为，受人一餐之恩，必以涌泉相报；何况本人享受朝廷食禄，岂能忘恩于一旦？如果以身投附，不但要招来众议，恐怕明公也要鄙视。所以踌躇没来进璧而降。"

萧衍见信后格外叹息，对袁昂的忠义表示敬佩。

建康平定之后，萧衍派豫州刺史李元履巡抚东南一带，临行前，特地吩咐李元履说："袁昂出身于有道的门第，世代有忠节，对这样的名节之士，天下须共容之，不可以武力相逼。"

李元履到了吴兴，向袁昂宣读了萧衍的旨令，袁昂仍然不投降，只是打开城门，撤去守备，任由李元履押走自己。

马仙琕听说皇城失守，哭着对将士们说："我受朝廷委命，义不容降，你们都是有父母的人，不可因此连累家人。我是忠臣，你们做孝子，忠孝两全，我也没有什么遗憾的了！"说完，让城内之兵全部出去投降，只留下几十名士兵坚守。

没过多久，李元履的士兵进城，把马仙琕前后围了数十重，马仙琕命令壮士们拉开弓箭，李元履的兵也不敢相逼。一直对峙到天黑，马仙琕才扔掉手中弓箭，大声说："要杀要剐，随你们的便，我决不投降。"

李元履的兵这才上前将马仙琕捉拿，塞进囚车，押送到石头城。

萧衍见到马仙琕、袁昂二人，上前亲自为他们松绑，对二人说："二位之行为，让天下人见到了两位义士。"接着又对马仙琕说，"小白不记管仲旧仇，重耳不记寺人旧怨，为世人所称道，你不要因杀了我派去的使者和阻断我的粮道而见外。"

马仙琕谢道："小人我就像失去主人的狗一样，被后来的主人所饲养，那么只好为新主人所用了。"

萧衍大笑。马仙琕和袁昂被萧衍感动，同意归降，萧衍对二人格外优待。

沈约的大手笔

大司马萧衍入主殿中，文武百僚莫不俯首听命。中兴二年（501年）正月，萧衍迎宣德太后入宫，让她临朝摄政，行使皇帝的权力，自己停止执政。

当初，萧衍与范云、任昉、王融、谢朓、沈约、陆倕等人并游竟陵王萧子良西官邸，时人号称"竟陵八友"，彼此情意甚笃，关系非常密切。萧衍不忘旧友，推荐范云为谘议参军，沈约为骠骑司马，任昉为记室参军，遇事都让他们参与策谋计议。前吴兴太守谢朏、国子祭酒何胤已弃官归隐，萧衍上奏宣德太后，征召谢朏、何胤入朝为官，二人都没有赴任。

萧衍待老朋友不薄，沈约心里有数，他是大文豪，文章写得好，官场规则也颇为精通，对于萧衍的引荐当有回报，怎么回报？当然是送礼了，而且必须是大礼。多年的交往，萧衍想什么，沈约心知肚明，其他很多人也知道，那就是废掉当政的萧齐王朝，自己受禅登基做皇帝，只是时机未到，没有付诸行动罢了。如今时机已经成熟，事情就隔一层窗户纸，沈约要戳破这层窗户纸，给萧衍送上这份大礼。

沈约出于慎重考虑，在萧衍面前将改朝换代之事略微说了几句，萧衍没有吭声，但从神色上看，并无不高兴的意思，沈约心里有底了。

有一天，沈约又向萧衍进言说："如今与古代不同了，不可以期望人人都能保持淳古之风，士大夫们无不攀龙附凤，都希望能有尺寸之功劳。现在连小孩子都知道萧齐的国运已经终结，大司马应当取而代之。天时地利加人和，如果再谦让下去，将来后悔就来不及了！"

萧衍想了想，这才吐露了一句："我也正在考虑这件事啊！"

沈约又说："大司马在樊、沔兴兵举事，那时应该思考，如今王业已成，还考虑什么呢？如果不早成大业，若有人提出异议，就会有损大司马的威德。况且人非金石，事情难测，万一大司马有个三长两短，难道仅仅把建安郡公这么一个封爵留给子孙后代吗？一旦天子回到京城，公卿们各得其位，君臣名分已定，你就没有机会了。再说，如果将来君主贤明，臣下忠诚，还有人同大司马一起做反贼吗？"

萧衍点点头，对沈约的话深表赞同。沈约出去之后，萧衍立即召来范云，告诉他自己的心思，并征求范云的看法。范云的回答与沈约所说的意思差不多。

萧衍笑了，对范云说："智者所见略同。你明天和休文一同来见我。"

范云出来之后，把萧衍的话告诉沈约。沈约多聪明，当然知道为什么事，拉着范云的手说:"你明天一定要等我呀!"

范云笑道:"大司马是约见我们两人,我当然要等你了。"

第二天早晨,沈约提前去了,并没等范云,自己直接进去见萧衍,呈上备好的礼物:一份禅位诏书,一份新朝人事安排名单。

沈约的文采、构思、组织能力令萧衍惊讶,一夜之间,好厉害的手笔。萧衍也是文豪、政治家,看了沈约呈上的禅位诏书、人事安排计划,一字未改,全盘采纳。

不一会儿,范云来了,站在殿口门等沈约,没有进去,等来等去,不见沈约前来,只好在寿光阁外徘徊,嘴中不停地发出"咄咄"之声,表示奇怪的意思。"咄咄怪事"的典故出自东晋殷浩故事,范云为人忠厚,没有明白自己被好朋友耍了。

正在这时,沈约扬扬得意地出来了,范云明白了,来不及责备,迎上前问道:"对我怎么安排?"

沈约举手向左一指,意思是安排范云为尚书左仆射。

范云解其意,这才松了一口气,笑道:"还好,不至让我失望!"

过了一会,萧衍让人传范云进去,递给他几张纸。范云接过一看,竟然有一道禅位诏书,不由失声地说:"好锋利的笔墨!"

萧衍也感叹地说:"同沈休文做了多年朋友,不觉得他有过人之处,今天才华横溢,算是见识了!"

范云嘿嘿一笑说:"今天,你们算是互相了解,知道底细了。"

萧衍呵呵笑道:"我起兵已有三年,各位功臣将领出了不少力,但是成帝业者,只是你们两人啊!"

范云欣然称谢。

几天之后,宫廷里面传出诏书,晋封大司马萧衍为相国,领扬州牧,同时赐十郡,封为梁公,加九锡之礼。在梁公国设置各种官员,免去录尚书事的称号,但骠骑大将军的称号照样不变。梁公萧衍接受诏命。

随之,宣德太后再次下诏,再赐给梁公十郡,进爵位为王。梁国选任各种要职官员，全部依照朝廷之制。于是，萧衍任命沈约为吏部尚书兼右仆射，范云为侍中。

忍痛割爱

范云因上次被沈约抢了头功，这次格外留心，恨不得立即把梁王推上皇位，自己做一个开国元勋。然而，萧衍二月份晋封为梁王，一个多月过去了，仍不见有什么动静。范云格外心急，总想找个机会在萧衍面前提这件事，谁知萧衍深居简出，除了出殿处理朝政之外，基本都在府内不出来。范云有急事求见，他都是找各种理由婉拒。范云觉得奇怪，四处打听，得知原来萧衍像萧齐几位前任皇帝一样，沉浸于美色，荒废了大事。

萧衍的妻子郗氏，是已故太子舍人郗晔的女儿。郗氏自幼聪慧，擅长书法，精通史书，女红也很娴熟。宋废帝刘昱曾想纳为皇后，没能如愿。萧齐初年，安陆王萧缅欲纳为王妃，郗家托词女儿患病，谢绝了这门亲事。建元末年，郗氏竟将女儿嫁给萧衍为妻，伉俪和谐。萧衍出任雍州刺史，郗氏随丈夫去了雍州，不久，在襄阳病故。郗氏生前妒忌心重，不准萧衍纳妾，所以，萧衍只有一个小妾丁氏。丁氏经常遭郗氏虐待，每日要舂米五斛。幸亏丁氏是个村女，颇能吃苦，按日照舂，从不违逆郗氏，也无一句怨言。郗氏为萧衍生了三个女儿，未生男丁。郗氏病死后，丁氏产下一名男婴，取名萧统，就是后来的昭明太子。萧统出生才几个月，萧衍就起兵围攻郢州，丁氏母子不便随行，只能留居雍城。

萧衍进入建康，已过了两年光棍生活，骤然得到余妃、吴淑媛两位美人，朝拥暮偎，欢乐可想而知。不久，吴淑媛有孕，不便常侍枕席，余妃成为专宠，日夕相亲。多才多智的梁王萧衍也被色魔困扰，如醉如痴，沉迷于酒色。

范云洞悉缘由后，屡次求见。萧衍不好总是拒绝，偶尔也会见上一面。范云不好意思直说，只是拐弯抹角地劝萧衍戒色。萧衍虽然当面应允，行动上仍然还是老一套，待在宫里不出来，做他的快活神仙。

范云约请侍中、领军将军王茂一同入见萧衍。王茂是萧衍行军作战的左右手，萧衍今天的成就，王茂功不可没，因而萧衍对他格外优厚，对他的话也是言听计从。范云得到王茂这样的帮手，自然放心大胆地去进谏。两人也不待通报，进去之后，范云直截了当地劝萧衍说："从前汉高祖刘邦在山东时贪财好色，可是进关之后不亲近女色，连范增也敬畏他的远大志向，后来果然取得成功。如今，建康刚刚平定，海内正要望风归附，梁公却沉溺于女色，难道真的忍心让众人失望吗？"

王茂也下拜说道："范云说得极是，梁公一定要以天下为念，不应该把这样的女人留在身边。"

萧衍被二人缠住了，勉强回答说："那我就放她们出去吧！"

范云乘势建议说："梁王之前把二千多宫女分赏给了将士，王领军没领到一个，他为你出生入死，立下汗马功劳，你就忍心让他形单影只吗？"

萧衍笑着说："你想怎么样？"

范云道："请梁王在余妃、吴淑媛中挑一个赐给王领军。"

萧衍惊慌地说："不行，吴淑媛身怀有孕。"

"那就请把余妃赐给王领军吧！"范云说到这里，用眼神示意王茂。

王茂会意，立即叩首拜谢。

萧衍心里实在不愿意，转念又一想，大功即将告成，不能为了一个女人违忤了功臣，让他们心生怨恨，于是慷慨地对王茂说："那我就把余妃给你吧！"说罢请出余妃，让王茂将人带走。

余妃没想到会发生这样的事情，当即脸色大变，跪在萧衍面前，珠泪滚滚，不愿离去。

萧衍也是不忍，吩咐王茂要善待余妃，说罢掩面入内去了。

第二天，萧衍分别给范云、王茂赏赐了一百万钱。

改朝换代

湘东王萧宝晊向来喜爱好文学，萧衍对他有所忌惮。东昏侯死后，萧宝晊希望人心向着自己，坐等即位。等到王珍国把东昏侯的首级送给萧衍，萧衍任命萧宝晊为太常，萧宝晊觉得心中不安。萧衍诬陷萧宝晊谋反，将他杀了，并把他的弟弟江陵公萧宝览、汝南公萧宝宏一起杀掉。

邵陵王萧宝攸、晋熙王萧宝嵩、桂阳王萧宝贞，都是十一二岁的少年，也都受牵连而被杀。

庐陵王萧宝玄见兄弟们先后被杀，又惊又怕，竟被活活吓死。

萧衍想要杀害南齐诸王，但监管不是很严。鄱阳王萧宝夤感觉到了危险，在阉人颜文智与左右心腹的帮助下，偷偷在墙壁上挖开一个洞，逃出王府。萧宝夤穿着黑衣，腰系一千多钱，偷偷跑到江边。他穿着草鞋，徒步而行，两只脚都磨起了血泡。

天亮之后，守兵发现萧宝夤不见了，一路搜捕到江边。萧宝夤很聪明，没有渡江，装作钓鱼人，在江面上随波漂流了十多里，几乎与追兵在江中并舟而行。他经过一番乔装打扮，追兵对他没有产生怀疑，直到追兵离开，萧宝夤才渡江北逃。在百姓华文荣父子的帮助下，萧宝夤白天藏在山洞里，晚上骑着一头毛驴，一路逃到寿阳东城，投奔北魏。

明帝萧鸾的儿子，只剩下残废的晋安王萧宝义和萧宝融二人。

萧衍随即假意奉请江陵嗣主萧宝融入都为帝。萧宝融起程前往建康，并任命萧憺为荆州刺史，留守江陵。

江陵方面马首东瞻，建康这边却已攀龙附凤，满朝文武纷纷劝萧衍即位。沈约、范云等人又致书夏侯详，让他强迫嗣主萧宝融禅位。夏侯详见风使舵，乐得卖个人情，成为新朝的功臣。当萧宝融到达姑孰时，夏侯详便派使者进京，同范云、沈约商议禅位仪式。禅位诏书已由沈约拟好。颁布出来，宣德太后王氏的历史使命随之也结束，不能继续住在皇宫，只能搬出去。

中兴二年四月，宣德太后派尚书令王亮等人奉送皇帝印玺到梁王宫，奉请萧衍即位。

萧衍得到玉玺，踌躇满志，但不便突然受禅，免不了伴作谦恭地推辞一番。在文武百官再三恳请之下，这才择黄道吉日，在南郊祭告天地，登坛受百官朝贺，改中兴二年为梁天监元年（502年），颁诏大赦天下。

梁主萧衍废齐主萧宝融为巴陵王，令他暂居姑孰，皇后王氏废为巴陵王妃；宣德太后为齐文帝妃，迁住别宫。

追尊父亲萧顺之为文皇帝，庙号太祖，母亲张氏为献皇后；追谥已故王妃郗氏为德皇后，追封已故兄长太傅萧懿为长沙王，封弟弟萧融为桂阳王，又追封已故弟弟萧敷为永阳王，萧畅为衡阳王，予谥宣。封功臣夏侯详为县侯。

萧衍回宫以后，召来沈约、范云密商，想把南海改为巴陵国，把巴陵王萧宝融迁去居住。

范云还未来得及开口，沈约抢着说："不可，不能为了虚名而埋下祸根。"

萧衍点头表示同意，于是派亲信郑伯禽到姑孰，把生金给了巴陵王，让他吞金自杀。

巴陵王倒也干脆，说道："我死不须用金子，有醇酒就足够了。"

于是，郑伯禽就给他饮酒，喝得烂醉，然后将其弄死，死时年仅十五岁。

郑伯禽返回建康，向萧衍据实相报。萧衍对外宣称巴陵王暴亡，假惺惺地痛哭一场，追尊为齐和帝，安葬在恭安陵。

南齐王朝自太祖萧道成篡宋开国到和帝亡国，一共经历七位皇帝，仅存二十三年。它是在刘宋皇室内部激烈的相互残杀中建立起来的。萧道成也像刘裕那样掌握着朝政大权，最后废宋建齐，成就了一番帝业。他竭力想避免刘宋的悲剧在自己身上发生，但在他死后没多久，前朝末年的悲剧再次发生在南齐，一幕幕兄弟骨肉相残的惨剧又开始了。于是，萧齐建国没多久，也就走向了衰亡。

齐中兴二年（502年），萧衍废掉齐和帝萧宝融，建立梁朝。

明朝大儒王夫之在评价这段历史时，有很中肯的见解。他认为萧齐的悖逆远过曹操、司马氏和有功于国的刘裕，东昏侯萧宝卷的残虐也非郁林王（萧昭业）和苍梧王（刘昱）可比。"故萧衍虽篡，而罪轻于道成。自刘宋以来，一帝殂，一嗣子立，则必有权臣不旋踵而思废之。伺其失德，则暴扬之，以为夺之之名。"他又列举东昏侯萧宝卷的辅政六大臣以及前后的反叛诸将，指斥他们"不定策于顾命之日，不进谏于失德之始，翘首以待其颠覆，起而杀之"。其结论则是"君臣道亡，恬不知恤，相习以成风尚，至此极矣"。

第二十章
北魏入侵

萧衍的履历

萧衍出生于被称为"六朝金粉"的南京（建康），从小聪颖过人，喜欢读书，尤其在文学方面很有天赋。在齐永明年间，有一群文学之士围绕在竟陵王萧子良左右，形成一个文学群体，文学史上把他们称为"竟陵八友"。萧衍也是其中之一，因此他在文人中的影响很大。

萧衍与南齐的皇帝是同族，父亲萧顺之是齐高帝萧道成的族弟，他则是萧道成的族侄。所以他在政治上的成功，除了自己的努力，家族背景也起了很大作用。萧衍的父亲做过侍中、卫尉等高官。在实行科举制度之前，中国的官吏基本上是世袭加推荐两种形式。所以，家族的背景尤其重要。而且在南北朝时期，更注重门第观念，不是名家大族之人，想做官是很难的。萧衍就是依靠家族门第的背景走上仕途的。

齐武帝去世后，继任的萧昭业只知道吃喝玩乐，不理政务。几位老臣屡屡苦苦相劝，都被他嗤之以鼻。萧昭业的荒淫无度引起朝廷上下的强烈不满。掌权的大臣萧鸾眼见时机成熟，于是准备废立皇帝，达到自己掌握朝政大权的目的。而萧衍站在萧鸾这一边，为其出谋划策。三个月之后，隆昌元年（494

年），萧鸾进宫杀齐帝萧昭业，并假传太后命令，废萧昭业为郁林王，迎萧昭业的弟弟萧昭文即皇帝位。不久又害死萧昭文，自己做了皇帝，是为齐明帝。由于萧衍政治投机成功，被提拔为黄门侍郎，地位开始显赫起来。

此后，萧衍率兵力拒北魏入侵，贤首山一战打出了威名，进而升任太子中庶子。在北魏军再次南下，先后攻占了新野和南阳，前锋直逼雍州时，齐明帝萧鸾派萧衍领军增援雍州，此战后，齐明帝以萧衍为辅国将军，代理雍州刺史。萧衍有了自己的根据地，这成为他日后争夺齐政权的资本。

齐明帝萧鸾去世后，次子萧宝卷继位。萧宝卷治国无术，而且生性残忍，继位之后大杀宗室和大臣，导致始安王萧遥光、太尉陈显达及将军崔慧景先后起兵叛乱。虽然这几次叛乱都平定了，但南齐国势大衰，政治混乱，民怨沸腾。萧宝卷仍不思悔改，一如从前。此时，萧衍在雍州积蓄力量，等待时机推翻萧宝卷的统治。

萧衍的哥哥萧懿被萧宝卷杀害之后，萧衍立即召集部下商议废掉萧宝卷，得到部下的赞同，于是起兵沿长江顺流而下，直逼建康。

萧衍攻占建康后，拥立萧宝融为傀儡皇帝。同年，萧宝融封萧衍为梁王，升任大司马，掌管军国大事，还享有带剑上殿的特权，也不用向皇帝行大礼。至此，萧衍掌握到南齐的军政大权。并以宣德太后令，逼齐和帝萧宝融禅位，自己登基做了皇帝，国号梁。

政坛一股清风

萧齐灭亡，萧梁兴起，萧宝义后来被封为巴陵王，因残疾而得以寿终正寝。居住在宫外的宣德太后，也因是个庸碌的老妇，得享天年。

梁主萧衍称帝之后，大封勋戚。封弟弟同护军萧宏为临川王，领扬州刺史；南徐州刺史萧秀为安成王；雍州刺史萧伟为建安王；左卫将军萧恢为鄱阳王；荆州刺史萧憺为始兴王。

加封领军中军王茂为镇军将军，中书监王亮为尚书令，左长史王莹为中书监，吏部尚书沈约为尚书右仆射，侍中范云为尚书左仆射。册立皇子萧统为皇太子。

萧衍博学多通，文武兼备，尤善文学，如此高素质的皇帝，在中国历史上并不多见。萧衍登基之后，颁行的各项政策，让人有耳目一新的感觉。

萧衍诏令：在公车府谤木和肺石旁边，各放置一个盒子，凡布衣处士对朝政有什么建议，而官吏又没有谈到，可以投书谤木旁边的盒子里；功臣才士如果有什么冤情需要申诉，可以投书肺石旁边的盒子里。

生活中，萧衍的衣饰一概从简，饭食也以素菜为主。

朝政上，萧衍选贤任能，知人善用。高级官员都挑选廉洁公正之人。如提拔为建安内史的到溉、做晋安太守的刘峘，都以廉洁著称。萧衍还下诏，小县的县令如果有能力，就升到大县任县令，大县的县令若有能力，升任郡守。并任命山阴县令丘仲孚为长沙内史，武康县令何远为宣城太守，因此官吏们无不致力于廉政勤勉。如此种种，无异于给政坛吹进了一股清风，使得政吏清明不少。

南齐东昏侯的宠臣孙文明等人，虽然被赦免，仍然感到不安，于五月的一个晚上，率众叛乱。他们借运交芦苇火把之机，把兵器藏在柴中，乘机进入南、北掖门，放火烧了神虎门、总章观，闯入卫尉府，杀了卫尉张弘策。

前军司马吕僧珍当时正在殿内值班，以宿卫兵抵抗暴徒们进攻，眼看将要抵挡不住了，萧衍身穿戎服来到前殿，说道："反贼乘夜而来，是因为他们的人数少，天亮了就会逃跑。"于是命令击响五鼓，即东方青鼓、南方赤鼓、西方白鼓、北方黑鼓、中方黄鼓。鼓声一响，领军将军王茂、骁骑将军张惠绍知道天子有难，即刻带兵前来解救，贼盗们纷纷逃散，但没有一人逃脱，全都被搜捕归案，全部斩杀，一个不留。

平定乱党才几天，朝廷突然接到豫章太守郑伯伦的急报，说江州刺史陈伯之造反，率兵入侵豫章。

原来，陈伯之跟着萧衍进入建康后，萧衍恢复他江州刺史的官职。陈伯之目不识丁，阅批公文只是画圈，处理州府公事都是经过典签口头传达，所以予夺大权实际上完全掌握在典签手中。河南人褚緝住在建康，此人向来品行不端，仕途不得志。于是频繁拜访尚书范云，范云并不礼遇。褚緭很生气，就去江州投靠了陈伯之，得到陈伯之的重用。陈伯之又委任同乡朱龙符为参军。褚緭和朱龙符两人一起乘着陈伯之愚昧不明，肆意而为，恶行不断。

萧衍知道江州的情况后，让陈虎牙私下告诫陈伯之，又派人取代邓缮为别驾。陈伯之不执行萧衍的诏令。邓缮乘机鼓动陈伯之造反。陈伯之鬼迷心窍，竟然哭着对部将们说："我承受明帝厚恩，应誓死相报！"随之整军出击。

豫章太守郑伯伦一面整军防备，一面飞报朝廷，率兵讨伐陈伯之。

陈伯之正在攻打豫章，一攻一守，打得难解难分。恰好王茂领军赶到。陈伯之里外受敌，力不能支，于是败逃而去，抄小道渡过长江，与陈虎牙等人以及褚緭一起奔投北魏。

北魏入侵

北魏任城王元澄，刚受任为镇南大将军，他对投奔北魏的齐建安王萧宝夤以礼相待。萧宝夤哭求为故国复仇，元澄便护送他去了洛阳，让他自己当面向北魏宣武帝陈请。

恰在此时，梁朝江州刺史陈伯之率兵投降北魏，请求北魏出兵伐梁。元澄便将他与萧宝夤一同送往洛阳都城。

以前，齐和帝萧宝融在江陵即位时，北魏镇南将军元英曾上书宣武帝元恪，请求乘机南征，车骑大将军源怀极力附和，相继向元恪请命。元恪于是命任城王元澄为镇南大将军，领扬州刺史，让他率兵出征。元澄受命后正要出师，元恪却又改变了主意，吩咐元澄慎重，不要轻进，元澄只得按兵不动。

萧宝夤到洛阳后，在北魏朝廷阙门之下长跪不起，请求出兵讨伐梁朝，即使是天降大雨也不避躲。梁朝江州刺史陈伯之也请兵北魏出兵伐梁，称愿意在军前效力。

元恪再次下诏南征，任命萧宝夤为镇东将军，加封为齐王，都督东扬州等三州军事，并且给他一万士兵，令他驻守东城。又任命陈伯之为平南将军、江州刺史，驻守阳石。等到秋冬交季之时，大举讨伐梁朝。

萧宝夤感激得哭了一夜。第二天前往拜谢，元恪见萧宝夤形容憔悴，越发垂怜，便允许他招募勇士，扩充队伍。

萧宝夤叩拜辞行，沿途又招募了数千兵士，并屡次致书任城王元澄，请求他提请宣武帝尽快出兵。

任城王元澄上表宣武帝说："萧衍阻塞东关，想使巢湖泛滥，以便淹灌淮南各个城堡。吴、楚之地有水域之便，他们可以一边淹灌，一边掠夺，所以淮南的地盘将非我所有。寿阳离长江五百多里，民众惶惶不安，害怕水灾到来，如果乘机攻敌于不备，预先令各州备战，到秋天根据情况决定作战方案，即使天下不能统一，江西定无忧了。"

元恪于是调发冀、定、瀛、相、并、济六州两万士兵，令他们在淮南会合，加上寿阳原有三万兵力，都归任城王元澄统一指挥。萧宝夤和陈伯之两军也接受元澄的指挥。随后，元恪又令镇南将军元英负责征讨义阳，与任城王元澄同时举兵。

梁朝同州刺史蔡道恭得知北魏军队将要入侵，立即派骁骑将军杨由率领城外的三千多家居民去保卫贤首山。杨由在贤首山建立三重栅垒作为防守屏障。北魏镇南将军元英率兵包围了贤首山。杨由督促兵民且战且守，坚守十多天，兵民伤亡惨重。杨由用法过于严峻，激起民怨，土豪任马驹杀了杨由，投降了北魏。

任城王元澄命令统军党法宗、傅竖眼、王神念分别率兵攻打东关、大岘、淮陵、九山，高祖珍率三千骑兵为游动兵力，元澄率大军为后应。

魏军攻破关要、颍川、大岘三城，白塔、牵城、清溪三城的梁兵望风而逃。梁徐州刺史司马明素率兵三千去援救九山，徐州长史潘伯邻去援救淮陵，宁朔将军王燮去保焦城。

魏将党法宗等人长驱直入，锐不可当；一战拔焦城，王燮败溃；再战破九山，明素受擒；三战入淮陵，潘伯邻被杀，势如破竹，直趋阜陵。

南梁太守冯道根是一个颇有眼光的人，早在几个月前刚到阜陵上任时，便着手修筑城壕，并派出侦察兵四处巡哨，俨然一副大敌当前的样子。僚属们都讥笑他多事。冯道根却说："防御若怯，临战则勇，说的正是这个呀！"

谁知城防工事还没有完全修好，党法宗等两万多名魏军就兵临城下，城中兵民大惊失色。

冯道根命令大开城门，穿着宽绰的便服登上城门，派二百名精骑兵出城与魏兵交战，速战速回。

魏军败得有些莫名其妙，又见城上的冯道根神态悠闲，毫无惧色，以为城中设有埋伏，不敢攻城，只得缓缓撤退。

冯道根见状，亲率百名骑兵去袭击高祖珍，破敌获胜，并扬言要袭击魏军的粮道。党法宗等正担心粮草供应不上，听到这个消息，只好撤军。阜陵之危自解。冯道根也被晋升为豫州刺史。

第二年二月，任城王元澄又举兵攻打钟离。梁朝将军姜庆真乘北魏任城王元澄在外，袭击寿阳城，占据了寿阳城的外城。

北魏长史韦缵仓促之中不知如何才好。任城王太妃孟氏率兵登上女墙，先据守了要害之处，她勉励文武官员，安慰新投附来的寿阳兵民和旧有的将士。将士们都士气高昂。孟太妃冒着飞箭流矢，亲自巡察城防。萧宝夤领兵驰援寿阳，与州军合力奋战，从四更激战到夕阳西下，姜庆真败逃而去。韦缵因临阵失措而被免去官职。

孟太妃派人通报任城王元澄，让他安心进攻。

元澄随即把钟离团团围住，并擒获支援钟离的梁将张惠绍。随后淫雨连旬，淮水暴涨，军心不稳，任城王元澄只得引兵退回寿阳。梁军趁机追击数里，俘斩魏军四千余人。元澄因之而受罚，连降三级。

梁主萧衍要求与魏军交换战俘，得到元澄的同意，包括张惠绍在内的两方俘虏，各得以生还。

北魏镇南将军元英听说任城王元澄无功而返，异常愤慨，当即督兵猛攻义阳。义阳城中守兵不足五千，粮食仅够支持半年。北魏军队攻城甚急，昼夜不停，义阳刺史蔡道恭随机应变，抵抗魏军的进攻，相持一百多天，重创魏军，逼得魏军准备撤退。不料蔡道恭积劳成疾，一病不起，不久病故，临终前把守卫义阳的重任交给担任骁骑将军的堂弟蔡灵恩，嘱咐担任尚书郎的侄子蔡僧勰以及其他将佐，全力辅佐蔡灵恩守城。

北魏军队知道义阳城主将蔡道恭死了，立即对义阳城展开新一轮攻击，短兵相接，日夜不停。

梁主萧衍派平西将军曹景宗、后军将军王僧炳，分领步骑三万往救义阳。王僧炳率二万人先进，在凿岘遭到魏军阻截，损兵四千余人，大败而归。后进的曹景宗大惊，当即按兵不动。

萧衍又派宁朔将军马仙琕驰援义阳。马仙琕兵力精锐，不免有些骄意，率兵直逼魏将元英的军营。不料中了埋伏，被北魏老将傅永杀败，落荒而逃，还搭上一个儿子的性命。

马仙琕收拾残兵再战，结果是三战三败，大败而回。

蔡灵恩见援军不到，走投无路，只得打开城门投降北魏。梁境内的平靖、武阳、黄岘三关的守将，也纷纷弃关南逃。

魏主元恪封元英为中山王，老将傅永及其他将士也各有奖赏。

梁廷接连收到战败的消息，朝野惊慌。御史中丞任昉弹劾曹景宗拥兵不救，建议加以重惩。萧衍因曹景宗有拥戴之功，没有追究他的责任，但令在南义阳设置司州，令曹景宗移镇关南，另用卫尉郑绍叔为南义阳刺史。郑绍叔到义阳后，经过一番修整，又将南义阳建成一个重镇。

魏军也不敢进逼，只是占据义阳，在要地修建堡垒。不久，梁汉中太守夏侯道迁投降北魏。

宣武帝元恪任命夏侯道迁为平南将军、豫州刺史、丰县侯。又任命尚书邢峦为镇西将军、都督梁汉诸军事，并让他率兵前去赴任。

夏侯道迁接受平南将军一职，辞掉豫州刺史，并且要求封为公爵，宣武帝不准许。

邢峦到达汉中，对各城堡发起攻击，所向无敌，无坚不摧。白马守将尹天宝战死，景寿太守王景胤败逃。益州刺史邓元起观望不前，巴西太守庞景民被郡民严玄思杀死，投降了北魏。

萧衍一面派将军孔陵率兵西援，一面招诱仇池军将，让他叛魏归梁，联合夹击魏军。

仇池自杨文德归宋、杨难当降魏后，南北分治。杨文德的弟弟杨文度占据葭芦，自称武兴王，后来被北魏击毙。杨文度的弟弟杨文弘向北魏上表谢罪称藩，北魏朝廷任命杨文弘为南秦州刺史，封为武兴王，兼镇西将军西戎校尉。杨文弘传爵位给侄子杨后起，杨后起传给儿子杨集始，杨集始又传位给儿子杨绍先，几代人都臣服于北魏。

杨绍先年幼，军政事务全都委托给两位叔叔杨集起、杨集义处理。杨集起、杨集义听说汉中已成为北魏的属地，担心仇池也会沦陷，又经萧梁的招诱，两人便鼓动氐人推戴杨绍先为帝，然后出兵截击魏军的粮道。

北魏镇西将军邢峦拨兵杀退氐人。

梁朝冠军将军孔陵等人率兵两万镇守深杭，鲁方达镇守南安，任僧褒等人镇守石同，以便抵拒北魏。

邢峦又派统军王足率一成骑兵迎击梁将孔陵。王足率兵连战连捷，乘势攻入剑阁。孔陵等人只得退保梓潼。王足乘胜追击，打败梁军，攻城略地，将梁州十四郡，东西七百里，南北一千里，夺为北魏所有。益州大震。

起初，益州刺史邓元起因母亲年老而乞求回归故里，朝廷下诏征调他为右卫将军，另以西昌侯萧渊藻取代他益州刺史之职。

孔陵等兵败之后，朝廷又诏令邓元起代理都督征讨各军事，让他去援救汉中，此时晋寿已经沦陷了。

萧渊藻莅镇，见储禄、器械都被邓元起拿走，愤怒异常，当即前往邓元起军营，要求拨还一百匹良马。邓元起冷冷地说："你一个年少郎君，要马干什么呢？"

萧渊藻更加愤恨，借口为邓元起饯行，酒席间把邓元起灌得烂醉如泥，随之一刀送他上了西天。然后上奏朝廷，说邓元起谋反，所以杀了他。

萧衍心存疑虑，不相信这是真的，恰好邓元起的故吏罗研到建康替邓元起申冤，证实了他的怀疑。萧衍在处理这件杀人案时，顾及萧渊藻（萧懿之子）

是自己亲侄子的情分，只是对萧渊藻略加责备，贬为冠军将军；对于死者邓元起，赠征西将军，谥号为忠侯，并对家属加以抚恤。

李延寿评论这件事时说：邓元起勤勉于事，能体贴下属，能奉事朝廷，开辟疆土，功不可没，没有受到赏赐，却先陷祸遇难。萧渊藻仅仅被贬为冠军将军，所受的惩罚实在是太轻了，梁朝的政治、刑律，在这件事上出现很大失误，由此而开启了朝廷庇护亲族的弊端，所以不能长久立国。

萧渊藻年纪不满二十岁，颇有胆识，当时益州乱民焦僧护聚众闹事，萧渊藻乘轿巡视乱党的营垒，遭到叛民的乱箭群射。随从举着盾牌为萧渊藻挡箭，萧渊藻却命令随从把盾牌拿开，冲着叛民大声说："我知道你们都是良民，为何甘愿做贼呢？如果你们能射杀我，就请放箭，杀不了我，就立即投降！"

贼众一听，为之咋舌，又见射出的箭都从萧渊藻身边飞过，丝毫没有伤到他，怀疑萧渊藻有神人相助。萧渊藻从容退归，贼众连夜逃亡。萧渊藻随之发兵进剿，平定了叛民。萧衍封萧渊藻为信威将军。

北魏王足围攻涪城时，邢峦一再上表，请求大举入蜀，魏主元恪没有采纳邢峦的建议，任命王足为益州刺史，让他伺机进兵。

谁知几天之后，元恪又命梁州军司羊祉代王足为益州刺史，王足怏怏不乐。当时，元恪对官员的任命十分谨慎，对自己的亲属有排斥心理。王足担心自己遭到陷害，于是背叛北魏，投靠了萧梁。

邢峦失去一员骁将，叹息不已。但因身负镇守梁州的重任，无法分身，只好派军将李仲迁镇守巴西郡城。

李仲迁贪酒好色，上任后广采美女，饮酒作乐，将郡中公务全部交给属下办理，属下有事需要向他请示报告，找不到他的人影。甚至连邢峦有事，派人去找他，他也没空见使者一面。

邢峦恨得咬牙切齿，准备撤李仲迁的职。李仲迁害怕了，密谋反叛。不料巴西发生暴乱，李仲迁被杀，首级也被献给了萧梁。一座城池，得而复失，重新又回归萧梁。

邢峦又恨又悔，随后听说杨集义围攻阳平关，立即派建武将军傅竖眼领兵征讨。傅竖眼在关下大破氐族众人，又乘胜追逐败军，杀入仇池，俘获杨绍先，并将他押送洛阳。杨集起、杨集义向魏军投降。魏主改仇池为武兴镇，后来又改为东益州。这是梁天监五年（506年）的事情。

第二十一章
萧梁北伐

天监北伐

再说北魏这几年发生的事情。

宣武帝元恪即位后，改元景明（500年），因当时年仅十六岁，缺乏治政能力，于是授皇叔彭城王元勰为司徒，录尚书事。元勰一心只想归隐，上任不久，便辞官归家。太尉咸阳王元禧被晋升为太保司空，北海王元详被晋升为大将军，两位王爷都是元恪的叔父，得到元恪的倚重，执掌朝政。

元恪尊生母高贵人为太后，封舅舅高肇为平原公。高肇也得以进入朝廷决策高层。还有太尉于烈兼任领军，于烈的弟弟于劲的女儿被册立为皇后，因此，于烈、于劲两兄弟也一同参与朝政。几家贵戚共佐朝政，这不是一个好兆头，再加上宠臣茹皓、王仲兴、赵修、赵邕、寇猛等人插手干政，使得朝政更加杂乱不堪。

咸阳王元禧因权力被瓜分，心存不满，便想废掉元恪，自己当皇帝。可惜阴谋外泄，被北海王元详窥探到内情，报告了元恪，结果元禧惨遭诛杀。元恪还算仁慈，没有斩草除根杀，饶元禧的儿子不死，只是削夺了王籍，抄没家产。

元详因揭发元禧的阴谋有功，被晋封为太傅，兼任司徒。高肇随之也官居尚书令，茹皓为冠军将军。

茹皓的妻子是高肇的堂妹，妻子的姐姐是安定王元燮的妃子。元燮又是元详的叔父。元详经常出入于叔父元燮的家，见叔父的妃子容貌妖冶，不免心动，变着法子勾引她。元燮的妃子高氏被老牛吃了嫩草，虽然很受宠，却还是少了一些欢乐，见元详风姿秀美，而且与自己年纪相当，在他的勾引下，春心荡漾，情不自禁地向元详频飞媚眼，情到浓时，也不顾什么婶侄名分，做成苟且之事。

高氏是一个水性杨花的女人，除与元详有一腿外，又与茹皓勾搭成奸，枕席之间，将与元详的奸情泄露了，茹皓因见元详的权势正隆，也乐得依附他。

直阁将军刘胄、殿中将军常季贤和陈扫静等人，都是茹皓的党羽，一群人招权纳贿，无所不为。

高肇是高丽人，向来被元详、茹皓所轻视。宣武帝元恪因高肇是母舅，对他格外优待，遇事都要与他商量。高肇便有了与元详、茹皓争权夺势之念。高肇有一个侄女，貌美色娇，被选进宫中为贵嫔，十分得宠。高肇暗中嘱咐她向皇上吹枕头风，诬陷元详、茹皓。

元恪为色所迷，竟然听信了这些逸言，认为元详、茹皓有谋逆之心，于正始元年（504年）四月，指使中尉崔亮弹劾元详、茹皓、刘胄、常季贤、陈扫静五人，罪名是贪赃枉法，图谋不轨。茹皓等人随之被赐死，元详也被贬为庶民，囚禁在坟府寺。元详的母亲高太妃、妻子刘氏仍然居住在旧宅，允许每隔五天探望元详一次。

高太妃知道儿子在外面拈花惹草，把他狠揍了一顿，大骂道："你的妻妾这么多，还不够吗？为何要找高丽贱婢？"扭头责怪儿媳说，"女人都有妒忌之心，你怎么不妒忌呢？"说罢又把刘妃揍了一顿。不久，元详暴毙狱中。

元恪又起任彭城王元勰为太师。元勰辞不掉，只得就职。高肇此时已掌握朝政大权，他劝皇上派兵对各位王爷的宅第严加监视。元勰再三劝谏，元恪只是不听。从此，外戚掌权，宗室遭到冷落。

元恪大权在握，南征之事重新被提上议事日程，可惜大好时机已经丧失，且萧衍在建康站稳脚跟后，即将举兵北伐。

萧衍因失去梁州大片国土，无从泄恨，等到王足投降后，才知道北魏朝廷外戚、宠臣内外弄权，谗害勋旧，咸阳王元禧、北海王元详等人都已被杀。正是可乘之机，于是决定北伐。

梁朝不缺将领，韦睿、曹景定、王茂、马仙琕、冯道根、张惠均等都是能征惯战的将军，但萧衍在选拔北伐军总指挥时，并没有选这些人，而是选择了自己的六弟临川王萧宏，尚书右仆射柳惔为副。萧衍这次选帅，受到千古诟病。因为从后来的发展来看，萧宏是一个胆小鬼。

梁军北伐，兵分两路：大将王茂率西路军出襄阳攻北魏荆州（今河南邓州），直指魏都洛阳；萧宏担任东路军总指挥，尚书右仆射柳惔为副总指挥，率梁军主力攻略淮北。进攻洛阳只是牵制作战，主战场在淮北。梁将昌义之、张惠绍、萧晒分别率东路军先锋部队向两个方向挺进，一取寿阳，一取徐州；韦睿率一支军攻取合肥。

萧娘吕姥与韦虎

元恪得知梁军大举入侵，任命中山王元英为征南将军，都督扬、徐二州各军事，率十万大军抵抗梁军；又令镇西将军邢峦都督东讨各军事，并调发定、冀、瀛、相、并、肆六州约十余万人马接济元英。

北魏的军队还没有集聚拢，梁军已经先出击了。

江州刺史王茂率兵侵入北魏荆州，诱降北魏边境的游民以及蛮民，设立一个宛州，并派宛州刺史雷豹狼袭取北魏河南城。太子右卫率张惠绍等人入侵北魏徐州，攻占宿预城，抓获守将马成龙。北徐州刺史昌义之攻占了梁城。

梁军北伐，身为豫州刺史的韦睿派长史王超、部将冯道根等人率军攻打北魏小岘关。小岘也叫昭关，地势险要，是历阳到合肥的必经之路。梁军久攻不下，韦睿亲自到第一线视察，突见城门大开，数百名魏兵耀武扬威地冲出来。韦睿下令攻击，众将认为不妥，都说我们轻装而来，未做准备，要打仗也要回营穿上铠甲再打。

韦睿沉着脸说："等你们穿上铠甲，敌人早就撤回去了。小岘关大概有两三千敌兵，攻则不足，守则有余。他们敢出来炫耀，无非自恃骁勇。若能挫其威风，城池不攻自破。"

魏军出城的用意，无非是想乘梁军立足未稳，杀他一个下马威，可惜他们遇到的是韦睿。韦睿见众将面有难色，挥动手中统领军队的节杖，大声说："朝廷授我此杖，不是装饰品，你们跟我多年，难道不知军法吗？"

众将见主帅动怒，不敢犹豫，只得率领人马冲向敌阵，双方一场混战，魏军败入城中。梁军趁机大举攻城，一直持续到半夜，拿下小岘关，直抵合肥。

梁将胡景略攻打合肥有段时间了，毫无起色。韦睿观察合肥山川地形，发现魏军在合肥东西构筑了两座小城，与合肥城形成掎角之势，城防相当坚固，硬攻恐怕伤亡惨重。但韦睿却发现了合肥城防的弱点，离淝水太近。于是命士兵连夜修堤坝拦截淝水，水位一点点上升。虽然升得慢，但合肥城浸泡在水里，总有一天会被浸垮。梁军的战船也开始围着合肥城游弋，顺带攻占了两座小城。

魏将杨灵胤率兵五万增援合肥。众将害怕，催促韦睿向朝廷求援。韦睿笑着说："我军人多，敌人增援，敌军人多，我们增兵，什么时候是个头？打胜仗靠人多吗？兵贵用奇。再说，兵临城下，将至壕旁，求援兵来得及吗？敌人敢来，我们就敢打。"

梁军击败魏军的进攻，众将正沾沾自喜，结果却发现，敌人是佯攻，主力杀向大堤，斩杀护堤守军一千多人，很多魏兵持铁铲凿堤。众将大惊，提议撤军。韦睿大怒，呵斥道："岂有此理！军败将死，有进无退。"

韦睿率人赶往大堤，下了船，将帅旗插在堤下，以示与大堤共存亡。韦睿体质羸弱，不能骑马，每次出战，都是乘坐白板车，亲临战场激励将士。

平时与士卒同甘共苦，深得士兵的敬重，只要是他的命令，人人争相效命，所以韦军战无不胜。

众将士见韦睿舍命督战，谁人还敢退缩？于是奋勇上前，杀退魏兵，并乘胜追击，拿下合肥城。

前往援救合肥的魏将杨灵胤，听说韦睿军追击合肥的败兵，慌忙带五万大军撤退。韦睿率兵将败兵赶到东陵，这才返回合肥。然后他把豫州官府迁到合肥，以合肥城为豫州治所。

庐江太守裴邃也十分能干，连克北魏的羊石、霍邱二城，青、冀二州刺史桓和，又攻克北魏的胸山及固城。

梁廷屡次收到捷报，盈廷相庆。哪知胜负无常，得失无定，接着便是失败的消息陆续传来。

先是王茂在河南城被魏将杨大眼打败，一直被杨大眼追至汉水。

接着张惠绍北攻彭城，被魏将军奚康生击败，退守宿预城。

梁军节节败退。桓和保不住固城，张惠绍保不住宿预，梁军尽弃前功，纷纷回撤。

有诏令传来，让班师而返，众将担心魏军随后追击。韦睿似乎成竹在胸，让辎重部队先行，自己乘小车殿后，北魏军队慑于韦睿的威名，眼看着梁军缓缓而退，竟然不敢逼近，梁军安然而返。

当时，临川王萧宏还逗留在洛口，拥兵不前，听说北魏邢峦领兵渡过淮河，会同中山王元英攻打梁城，大为惊恐，召集众将商议撤兵。吕僧珍说："知难而退，也是行军要诀。"

萧宏立即应声道："我也认为应该这样。"

柳惔朗声说："自我军出征以来，连战连胜，并没有大的败迹，怎么能说难呢？"

裴邃认同柳惔的观点，附和说："这次出征，原本是奔着杀敌而来，又有什么难可避呢？"

马仙琕更是说："王爷怎么能灭自己的威风，甘愿兵败呢？陛下把全国将士都交给了王爷，王爷应该向前一尺死，不可退后一寸生！"

昌义之更是怒不可遏，气得胡须倒立，朝吕僧珍吐了一口痰，气愤地说："吕僧珍应当斩首。哪有百万之师出征，连敌人的影子都没有见，却要望风撤退的？这样的庸奴，还有什么脸面去见圣上呢？"

朱僧勇、胡辛生两人更是拔剑而起，大声说："要撤退的自己走，我们当前进决一死战。"

吕僧珍连忙向诸将谢罪说："王爷从昨天开始心神不定，无意于战，深深担心战事失利，所以想军队无损而返。"

萧宏见惹了众怒，只好按兵不动。

北魏人见萧宏按兵不动，派人送来妇女用的头巾和发饰。萧宏虽然羞惭，但始终畏缩不前。当时，魏人还编了一首歌谣：

> 不畏萧娘与吕姥，但畏合肥有韦虎。

"萧娘"指的是萧宏，"吕姥"指的是吕僧珍，"韦虎"则是指韦睿。

吕僧珍听到这首歌谣，十分惭愧，恳请萧宏派裴邃带兵攻取寿阳，让大部队停在洛口。萧宏固执不听，并下了一道死命令："凡是人马前行者，一律斩首！"

风雨洛口

北魏奚康生派杨大眼火速赶去见中山王元英，对他说："梁朝人自从攻克梁城以后，久久不再进军，其情形可以看得清楚，必定是害怕我们。大王若是进而占据洛水，他们一定会逃跑的。"

元英说："萧临川虽然愚呆，但他手下却有良将韦睿、裴邃等人，不可以轻敌。应该先观察一下形势，不要与他们交战。"

几天后的一天夜里，洛口突然天降暴雨，且还夹杂着狂风，梁军一片惊慌。临川王萧宏不但没有采取措施稳定军心，反而带着亲信骑马逃跑了。梁军将士四处找萧宏不见人影，群龙无首，顷刻之间，军队溃散，丢弃的盔甲兵器，水中和地上到处都是，老弱病残者被扔下无人管，死亡近五万人。一场狂风暴雨，击败了号称百万的梁军。

萧宏乘小船渡过长江，连夜逃到白石垒，拍打城门请求进城。

守城士兵问明身份后，报告给主将临汝侯萧渊猷（萧懿的三儿子、萧衍的侄子），萧渊猷登上城楼，对城下的萧宏说："百万雄师，一朝作鸟兽散，国家生死存亡未可预料啊！黑灯瞎火，如果有敌人混杂在队伍里，不是引狼入室吗？要进城也只能等到天亮以后再说。"

萧宏见不能进城，便向城上乞求食物。萧渊猷命人用绳子把食物从城上吊下去让萧宏吃了。

驻守梁城的昌义之听说洛口的梁军溃散，便与张惠绍领兵撤退了。

萧衍这次倾全国之兵大举北伐，器械精利，甲仗整齐，半年时间，只招降了一个反复无常的陈伯之，没过多久，陈伯之病死了。

宣武帝元恪得到捷报后兴奋不已，诏令中山王元英乘胜南下，长驱直入，直取建康。元英率主力追击梁军，攻克钟离西面的军事据点马头城后，下令将马头城储备的大批粮食全部运往淮北。众将大为诧异，皇帝下诏南征，王爷却在这里抢运粮食，是何道理？

建康的军事专家们也在分析原因，认为魏军运粮北归，意味着不再南下。

萧衍却说："胡虏用的是障眼法，一定要提防他们使诈。"于是命昌义之前往钟离城，抓紧时间修筑防御工事。

几天之后，魏军前队果然打到钟离城下，幸亏昌义之提前到达钟离，提前在防守上做了周密部署，临危不乱，在魏军的强大攻势之下，坚守城池，两军一攻一守，相持不下。

宣武帝元恪诏令邢峦领东路军渡淮与元英会合。邢峦上疏，说梁军野战不是魏军对手，守城却是高手，派重兵攻打钟离是失策。且钟离城地处天险，壕阔水深，易守难攻。即使攻克，钟离又远在淮南，没有粮食，拿什么去守。南征的将士从夏到秋连续两季作战，十分疲惫，虽有乘胜之勇，恐怕无可用之力。因此他建议："修复旧的寨堡，安抚各州，以便等待下一步行动，攻打江东的机会不愁找不到。"

元恪很生气，再次下诏，说让东路军渡淮配合元英作战，是既定作战计划，不容更改，催促邢峦迅速进军。

邢峦仍然坚持己见，继续上表说："中山王进军钟离，没有什么意义，如果想攻取江东，不如出其不意，直接奔袭广陵，或可建功。钟离北临淮河，水路交通便利，粮草充足。一旦梁军控制水路，魏军在淮南只有八十天的粮食储备。八十天攻打一座城池，从来没有听说过。而且魏军缺乏冬装，天冷了怎么办？如果陛下相信我的话，请恩赐我停止前进；如果认为我是胆小鬼，请把我的军队全部交付给中山王，我以一名士兵的身份，任他调遣。我多次率兵出征，知道什么仗可以打，什么仗不能打。既然我认为此行难成，何必强人所难呢？"

元恪不听，将邢峦调回京城，另派镇东将军萧宝夤与元英一同围攻钟离。事情果然不出邢峦所料，中山王元英与平东将军杨大眼的十万大军围攻钟离，几个月之后，不但没有动摇钟离城分毫，反而伤亡惨重。

火烧邵阳桥

钟离守将昌义之担心北魏再增援兵，向朝廷上表求援。

十一月初，梁武帝萧衍令右卫将军曹景宗督率各路军队二十万援救钟离，并让他暂时驻守道人洲，等各路军马汇集后一齐进发。曹景宗贪功心切，违反诏令独自进军，恰遇暴风骤起，许多人被刮到水中淹死，只得返回道人洲驻扎。

萧衍知道后，感叹说，曹景宗没有前进，这是天意啊！如果孤军深入，城堡不能及时修筑，必定会一败涂地。天意既然如此，魏军必败。

转眼已是梁天监六年（507 年），北魏中山王元英与平东将军杨大眼等数十万人马攻打钟离。钟离城北有淮水为阻，魏军在邵阳洲两岸架设桥梁，连通南北道路。元英占据南岸攻城，杨大眼占据北岸修城堡，确保粮道畅通。

钟离城中只有三千守兵，昌义之督率将士，随机应变地守卫。每天交战数十次，前后杀敌数以万计，魏军的尸体堆得与城墙一般高。

二月，元恪先后两次诏令元英班师，都被元英上表婉拒。于是派步兵校尉范绍去前线视察军情。范绍视察之后，见钟离城固若金汤，也劝元英撤兵。元英仍然不听。

南梁豫州刺史韦睿受命率兵援救钟离，接受曹景宗的指挥。部众有人害怕魏军势盛，很多人劝说韦睿缓行，韦睿却说："钟离城遭困已久，异常危急，我恨不得插上翅膀飞过去，怎么能缓行呢！魏军已是囊中之物，各位不必担忧。"

合肥至邵阳洲，韦睿仅用了十天时间便赶到了。

曹景宗生性好强，自恃军功，傲慢自负，满朝文武，高门望族，他谁都瞧不起。萧衍担心曹景宗与韦睿不能共处，提前给他写了一封信，大意是说，韦睿是你们家乡的望族，一定要多多尊重他。曹景宗见了韦睿，毫无嫌隙，和衷办理。萧衍得知其情，高兴地说："两个将领和好，军队一定能取胜。"

曹景宗与韦睿进驻邵阳洲，韦睿察看地形后，连夜在曹景宗营地前二十里之处挖掘长沟，把带枝杈的树木，竖立其中，截邵阳洲筑城，离北魏军队的城堡仅有百步之遥。冯道根有一手绝活，走马量地。马走一趟，根据马的步数，分配每人的工作量，一夜之间，一座坚固的大营拔地而起。

天亮以后，魏中山王元英出帐观望，发现一夜之间，营寨前百步之外，奇迹般地出现了一座梁营。他用杖击打着地面，感叹说："哪里来的神仙？"

元英毕竟久经沙场，知道这座大营对魏军的威胁，果断地说："这座大营必须毁掉，否则我的桥梁就完了。"于是命令杨大眼："不惜代价，攻下此营。"

杨大眼身先士卒，率一万铁甲骑兵杀向梁营。

韦睿指挥梁军结车为阵，万箭齐发。杨大眼率铁骑将车阵团团包围，发起冲锋。梁军车阵中二千强弩同时发射，穿透魏骑铁甲，杨大眼的右臂也中了数箭，只好退去。

曹景宗在后营观阵，不由得从心底发出赞叹："姜还是老的辣啊！"赶忙派人从淮河潜水，把圣旨送进钟离城，城中知道援军到了，士气大振。

第二天早晨，元英亲自率部来战，韦睿乘坐没有加漆的木车，手执白角如意指挥军队作战，一日交战数次，元英没有占到半点便宜，被迫撤退。

韦睿的大营关系到邵阳桥的安危，元英不会就此罢手。当天夜晚，魏军连夜出动，对韦睿的大营展开新一轮攻击。漫天的箭雨从天而降，守城的梁兵乱作一团。韦睿登上城墙，大声呵斥，这才稳住混乱的局面。韦睿的儿子韦黯请父亲下城避箭，韦睿负手站立，不为所动。指挥官的镇定，稳定了军心。

"不畏萧娘与吕姥，但畏合肥的韦虎"，在这首短歌中，鲜卑人的狂野在"韦虎"面前荡然无存。

春汛来了，淮水暴涨。梁军对邵阳桥发起了攻击。曹景宗攻北桥，韦睿攻南桥。冯道根、裴邃、李文钊率军乘坐楼船借助水势，攻打邵阳洲上的魏军，浸泡在水里的魏军几乎没有还手之力，全军覆没。

随之，满载枯草、浇上了膏油的小船借助水势，驶向大桥。火借风势，风助火威，点燃了魏军架在河上的大桥，烈焰冲天，敢死之士奋勇出击，拨栅砍桥。倏忽之间，桥和栅栏被湍急的洪水冲走，不见踪影。

冯道根等人亲自搏战，士兵奋勇争先，呼喊声震天动地，个个一以当百，锐不可当，北魏军队大崩溃了。

元英见大桥已毁，部队溃散，知道大势已去，弃城望西退走。淮河北岸的杨大眼也放火烧了营盘，向北撤退。四十余座魏营土崩瓦解，将士弃甲投水，死者十余万。

韦睿派人报告昌义之，昌义之悲喜交加，激动得连话都说不上来，重复地说："得以再生，得以再生！"

各路军队追击魏军到水边，元英单骑进入梁城，淮水百余里范围内，尸横遍野。梁军杀敌十余万，生擒五万余，收缴的物资粮食以及各种器械堆积如山，牛马驴骡不可胜计。

第二十二章
北魏内乱

谁说武将不赋诗

自从南北对峙以来，钟离之战是南朝最大的一次胜利。

昌义之大开城门，迎接钟离大战的两位功臣，他一手拉着曹景宗，一手拉着韦睿，一同来到钟离衙门，取出二十万钱设一个赌局——掷樗蒲，一局定输赢。

昌义之大方，只有从鬼门关爬出来的人，才知道钱是身外之物。

曹景宗先掷，掷得"雉"，甭提多高兴，八九不离十，赢定了。韦睿随手掷出一个堂彩的"庐"，五枚子全黑。不等众人惊呼，韦睿手指极快地翻过一枚骰子，于是变成了"塞"，口中说道："怪事呀！"

曹景宗毫不客气地拿走了二十万钱。将帅们各自回帐，争着向朝廷告捷，只有韦睿独居其后。萧衍看着一封又一封钟离大捷的战报，喜形于色，唯独没有看到韦睿的报捷书。直到第二天，韦睿的奏章才送到。

曹景宗凯旋，萧衍宴请群臣。当时左仆射范云已病逝，萧衍任命徐勉为尚书左丞，周捨为右卫将军，令二人一同参政。左仆射沈约一直想参政，萧衍虽然看重他的才华，却始终不肯重用他。但在这次庆功宴上，萧衍让大家联名赋诗，夸赞战绩，让沈约负责分配诗韵。

曹景宗也擅长赋诗，没有分到诗韵，大为不满，站起来大大咧咧地说："我要作诗！"

萧衍笑着说："坐下，坐下。你多才多艺，人才英拔，何必在乎一首诗呢？"

曹景宗不肯坐下，坚持要赋诗。搞得沈约有些难堪。诗韵发得差不多了，简单容易的都照顾性地分发给了文学水平稍差的人，只剩得"竞、病"二字，这两个字是险韵，沈约是留给自己的，他是大诗人，险韵难不倒他。

萧衍笑着问："你真的要赋诗？"

"陛下看我像开玩笑吗？"

"只有'竞、病'二字，能行吗？"

曹景宗一言不发，拿来纸笔，一挥而就，并大声朗读：

> 去时儿女悲，归来笳鼓竞。
>
> 借问路旁人，何如霍去病！

"谁说武将不赋诗！"萧衍拍手称赞道，"曹将军文武双全，可以与陈思王曹植媲美了！"

曹景宗叩首道谢。酒宴散后，萧衍回宫，立即颁诏，晋封曹景宗为领军将军，加封竟陵公；韦睿为右卫将军，加封永昌侯；昌义之为征虏将军，移督青、冀二州军事，兼领刺史。

第二年，曹景宗出任江州刺史，病死在上任的路上，萧衍追封他为征北将军。同年，尚书右仆射夏侯详也谢世了。

贤王冤死

北魏中山王元英以及镇东将军萧宝寅兵败逃回梁城。朝臣们上表弹劾，说败军之将，应处以极刑。

元恪只是削夺了二人的官爵，将他们贬为平民。并将杨大眼流放到营州，同时任命中护军李崇为征南将军、扬州刺史。

李崇深沉宽厚，深得将士的尊崇，镇守寿阳，远近畏服，所以魏军虽然在钟离吃了败仗，淮右却安定如常。

元恪在朝宠幸高肇，在后宫为高贵嫔所迷惑，故而疏远宗室，将军国大事交给宠臣办理，彭城王元勰名义上是太师，实际上有职无权。元勰的兄长广陵王元羽在朝中担任司空，却又不争气，好酒贪色，竟然与僚属冯俊兴的老婆通奸，被冯俊兴给杀了。

高阳王元雍（元羽的弟弟）继任司空，不久晋升为太尉。可元雍也是一个庸碌之人，一无所长。广陵王元嘉是太武帝拓跋焘的孙子，同样是绣花枕头一个，空据司空之位，什么事也干不了。即使是元恪的四个弟弟，如京兆王元愉、清河王元怿、广平王元怀、汝南王元悦等人，也都因为资历太浅，没能参政，所以北朝的政令，几乎全部出自高氏之手。

元恪与皇后于氏相处甚好，自从有了高贵嫔后，渐渐冷落了于皇后。正始四年（507年），于皇后突然暴毙。宫禁内外明知皇后死得不明不白，高贵嫔脱离不了干系，只是慑于高氏的淫威，谁也不敢多言。

元恪早已移情别恋，心里只有高氏，对于皇后的死也不怎么悲伤，更没有怀疑有人从中捣鬼，只是按皇后的丧礼办理了后事。

于皇后有个儿子名叫元昌，年仅两岁。于皇后去世后的次年三月，小皇子元昌患病，御医王显对小皇子的病视而不见，任由他啼哭。两天后，小皇子一命呜呼。有人认为，王显秉承高肇之意，故意为之，但谁也没有证据，谁也不敢说这事儿。

元恪只有一个皇子，突然夭逝，悲痛之状胜于皇后之死百倍。但在高贵嫔的劝慰下，逐渐境过情迁，将于皇后母子的死丢在脑后，甚至连御医王显的失职也没有追究。

于皇后的祖父于烈镇守恒州，父亲于劲虽然在京中做官，究竟孤掌难鸣，加之没有掌握足够的证据，始终不敢揭发高氏的阴谋。高氏因而得以逍遥法外，为所欲为。

几个月之后，高贵嫔被册封为皇后。太师彭城王元勰再三上书谏阻，无奈元恪已堕入迷途，任何忠言都逆耳。元勰不但没有劝得元恪回心转意，反而得罪了高氏，被高氏视为眼中钉。

高肇越发肆意妄为，权倾朝野，对先朝的制度说改就改，对功勋之臣想打压就打压，以致怨声载道，群臣宗室敢怒不敢言。度支尚书元匡倒是一个不怕死的角色，决心要仗义执言，但他也知道这样做会带来什么样的后果，于是先给自己做了一副棺材，准备带棺材上殿阐述高肇的罪恶，然后向皇上死谏。

高肇知道这个消息，指使御史中尉王显（原御医）弹劾元匡，有关部门判处元匡死刑。元恪诏令恕免元匡不死，降为光禄大夫。

朝中贵戚嚣张跋扈，京外却传来皇弟京兆王元愉在信都称帝改元的消息。元愉声称高肇谋逆，宣武帝被杀，所以不得不自立为帝，进京讨伐叛逆。

高肇虽然专横，但终究不敢谋反，元愉的话，只是一个托词。他为何要无中生有呢？

原来元恪以前对兄弟十分友善，曾让他们随意进出宫殿，甚至同榻而眠。弟弟元愉从护军将军升任为中书监，得以参与朝政，这也是常事。元恪为他娶于皇后的妹妹做王妃，元愉并不喜欢相貌平平的于氏，另纳杨氏为妾。杨氏能歌善媚，深得元愉的宠爱。元愉因杨氏出身卑微，特意让她拜中郎将李恃显为养父，改姓李。不久，李氏生下儿子宝月。于皇后把李氏召入宫中，用棒打她。元愉骄奢贪纵，所做的大多是不法之事。元恪召元愉进宫中询问调查，打了他五十大棍，并将他贬为冀州刺史。

元愉上任之后，越想越恨，又没有地方发泄，便想趁机发难。于是假称获得清河王元怿密报，说"高肇弑君叛逆"，随之在城南筑坛祭天，自称为帝，改年号为建平，立李氏为皇后。然后胁迫潘僧固一同起事。

潘僧固是彭城王元勰的舅舅。因为此层关系，竟然将一代贤王牵连进去，让他平白无故地做了枉死鬼。

高肇利用这个机会，恳请元恪派尚书李平督军讨伐元愉，又诬陷元勰与元愉合谋，应严惩元勰。元恪在处理这件事情上，还算稍明事理，只是派李平讨伐逆贼，将彭城王元勰的事暂且搁置一旁。

高肇不死心，唆使朝中一班狐朋狗党联合诬陷元勰，再加上高皇后背后煽风点火，元恪竟相信了高肇的诬陷，决定除掉元勰。

第二天，元恪派中使召彭城王元勰及高阳王元雍、广阳王元嘉、清河王元怿、广平王元怀、高肇进宫赴宴。元勰的王妃李氏刚刚生产，他想多陪陪妻子，推辞不去赴宴，中使一再催促，只好与李氏诀别，进宫赴宴。一行人登车而行，进入东掖门，在过小桥时，拉车的牛突然停步不前，无论怎么赶打，就是不动步，中使要回去交差，只好解去缆绳，让人把车拉进宫门。

宴会在宫中举行，一直喝到黄昏，全都喝醉了，元恪令他们各就方便之处休息。不一会儿，卫军元珍带领武士拿着毒酒闯进元勰的房间，要他喝下毒酒。元勰说："我犯了什么罪？让我见陛下，也好死个明白！"

元珍说："你不能见圣上！"

元勰厉声说："陛下圣明，不会无缘无故地杀我。一定是有人诬陷。你把诬告我的人请来，我要与他当面对质！"

元珍不作声，只是用眼神向身边的武士示意。武士当即上前，用刀背向元勰的脸上打去。元勰大声呼喊："冤枉啊，老天爷！我如此忠心反而被杀！"

武士又打，元勰只好喝下毒酒。然而，不等毒性发作，武士竟一刀杀了元勰。

第二天，元恪命人用褥子裹了元勰尸体，装到车上送回府第，声称彭城王因酒醉而死。李妃放声大哭，高声喊道："高肇冤枉杀人，伤天害理，老天爷有灵，你怎么能得到好死呢？"

元恪在东堂为元勰举哀，赠官和葬礼莫不优厚加倍。朝廷中大小官员，无不丧气叹息，行路男女都流着眼泪说："都是高肇这个小人，冤杀了我们的贤王。"从此朝廷内外，对高肇更加憎恨。

李平领军进攻信都，元愉率兵出城抵御，屡战屡败，只得闭门静守。李平将信都团团包围，连日攻打，闹得城中军民昼夜不安，人心渐渐离散。再加上定州刺史安乐王元诠发檄文辟谣，称魏主无恙，不要轻信叛王的谎言。

河北各州没有人再相信元愉了。元愉见人心已散，带着爱妾、爱子及左右数十骑从后门出逃，结果一个不漏，全都被李平擒获。

高肇请求将元愉就地处斩。元恪不允，传令将元愉押回洛阳，责之以家法。李平于是派人送元愉回洛阳，一行人走到野王时，高肇派人送来密令：逼迫元愉自杀。

元愉毫不犹豫地接过毒酒，一饮而尽，临死前说道："就算陛下赦免我的死罪，我也没脸见他。"随之又与李氏永诀，悲不自胜，不一会儿便气绝身亡，年仅二十一岁。

李氏与四个儿子到达洛阳，元恪赦免了四个小孩，打算将李氏处以极刑。中书令崔光劝谏说："李氏身怀有孕，杀了她，就是一尸两命，要杀也要等她生下腹中的孩子后再杀。"

元恪允准。论功行赏，加李平散骑常侍，令他立即还朝。

李平率军进入信都时，军纪甚严，对百姓秋毫无犯，回京后没有什么东西孝敬王显、高肇。高肇对此十分恼怒，便和王显一起上奏弹劾李平，李平竟从功臣变成了罪臣。

欲罢不能

梁天监七年（508年），北魏郢州司马彭珍等人背叛北魏向萧梁投降，并带领梁兵偷袭义阳，平靖、武阳、武胜三关主将侯登也献城投降了梁军。

北魏悬瓠军将白早生杀死豫州刺史司马悦，自称为平北将军，并向梁朝司州刺史马仙琕求救。

当时，南梁荆州刺史安成王萧秀为都督，马仙琕把情况写在简上送给萧秀，请求他前去帮忙。萧秀手下的参佐们认为这事要上报朝廷批准后方可行事，萧秀说："白早生火烧眉毛，等待朝廷批准虽是旧制，但并非应急之策。"于是派兵前去救援白早生。萧衍也诏令马仙琕去援救白早生，并任命白早生为司州刺史。

马仙琕率兵进驻楚王城，派副将齐苟儿带兵两千人马救援悬瓠。

北魏宣武帝元恪又起用中山王元英，令他都督南征各军事，统率步、骑兵三万出汝南前去援救；任命尚书邢峦兼任豫州刺史，率兵讨伐白早生。出征前，元恪问邢峦，白早生是逃跑还是顽守？何时可以平定？

邢峦分析说，白早生没有深谋大智，由于司马悦暴虐残忍，犯了众怒，白早生乘势作乱，百姓迫于他的淫威，不得已而顺从。即使梁军入城，但是水路不通，粮运跟不上，也会为我所擒。白早生得梁朝援助，利令智昏，必定死守。并表示年内一定能把白早生的首级送到京师。

元恪十分高兴，命令邢峦先出发，让中山王元英随后出发。

邢峦在出征之前，先派中书舍人董绍去招降白早生。白早生竟然将董绍押送到建康。邢峦大怒，立即率八百骑兵，快速赶路，五天就到了鲍口。

白早生派大将胡孝智率兵七千在离城二百里的地方迎战邢峦。邢峦奋勇出击，大败敌手，乘胜长驱直入，直抵悬瓠。白早生亲自迎战，也被邢峦打败。邢峦率兵乘势渡过汝水，将悬瓠城团团围住。

北魏宿豫守将严仲贤见邻境都在打仗，正准备戒严，不料参军成景隽突然出手，杀了严仲贤，献城投降梁朝。于是北魏的郢、豫二州全境，从悬瓠以南直到安陆全部丧失，只有义阳一城还在坚守。

中山王元英担心兵力不够，请求增兵支援。元恪派安东将军杨椿率四万大军攻打宿豫，并命元英协助邢峦攻打悬瓠。

悬瓠城危在旦夕，白早生还想死守，不料梁将齐苟儿等人打开城门出降，斩了白早生及其党羽几十人。

元英接着率兵援救义阳，到了义阳后，得知梁兵已去，便想乘势收复平靖、武阳、武胜三关，随之分兵三路夺关。梁将李元履、马仙琕相继败走。

萧衍指派南郡太守韦睿率兵援救马仙琕。韦睿到达安陆，听说三关失守，把城墙加高到两丈多，又挖了大壕沟，起造高楼。有人讥笑韦睿这是显示怯懦，韦睿说："做将领当有胆怯的时候，不可以一味地逞勇猛。"

中山王元英急追马仙琕，要报复邵阳之耻，听说韦睿到了，心生畏惧，率兵撤退了。萧衍也下诏罢兵。

萧衍因连年用兵，劳民损财，国力衰弱，有意休兵不战，特意释放北魏中书舍人董绍回国，并对他说："两国战争，连年不息，以致生民涂炭，民怨四起。今释放你回国，是想与魏修好，请你回去后向魏主转达我的意思。如果罢战息兵，我愿把宿预还给你们，你们也应该把汉中还给我朝。"

董绍回到洛阳，向元恪转达了梁武帝萧衍的意思。元恪却不从，南北仍然处于战急状态。此后，南梁与北魏虽然没有爆发全面战争，小打小敲却也常常发生。

天监十年（511年），琅邪土豪王万寿纠众杀官，占据朐山，密召魏兵。

北魏徐州刺史卢昶，派部将傅文骥前往支援。青、冀二州刺史张稷与马仙琕军合力，将傅文骥逼进朐山，大破卢昶军。

张稷曾参与谋杀齐主萧宝卷的行动，也算是萧梁的开国功臣。萧衍起初封他为左卫将军。张稷自以为功高赏薄，心生不满，萧衍每次宴请群臣，张稷总是闷闷辞谢。萧衍看透了他的心思，封他为安国将军，兼任青、冀二州刺史。张稷仍不满足，上任后，懒于治理州郡，守备越来越松弛，逐渐失去民心，惹起民怨。

郁州人徐道角招集亡命及许多怨民，夜袭郁州，杀死张稷，并将首级送给北魏。元恪派兵前往郁州受降。幸得南梁北兖州刺史康绚早行一步，率兵赶到郁州，捕杀乱党，平定叛乱。魏兵见状，只得收兵返回。

萧衍本来对张稷不满，又见郁州叛乱因张稷而起，于是索性将已死的张稷的官爵追讨回来。后来，萧衍与沈约谈起张稷的事情，还觉得愤愤不平。沈约回答说："这事情已经过去了，陛下就不必再追究了。"

萧衍听了沈约的话，突然想起沈约与张稷是亲家，他是在袒护张稷，生气地说："你说出这样的话，是忠臣吗？"说完，转身入内去了。

沈约突然遭到诘责，不觉惊慌，连萧衍什么时候走入内室都不知道，一个人坐在那里发呆。直到内监令他退出去，他才迷迷糊糊地回家。结果还没有走到床前，就昏倒在地。家人连忙将他扶到床上，请医服药，疼痛才稍微缓解。到了半夜，沈约忽然大叫："哎哟！不好了！不好了！舌头被割去了！"

第二十三章
太后听政

善待文人

沈约夜晚睡在床上，迷迷糊糊地觉得有人将他的舌头割走了，疼痛难忍，拼命呼救。家人把他唤醒后，觉得舌头还有余痛，细想起来，原来是梦。梦中见到齐和帝萧宝融手提一把长剑进来，把他的舌头从舌根处切走。沈约越想越害怕，忙叫家人找来巫师为他解梦。巫师不等他说完，便说是齐和帝的鬼魂在作祟。沈约又请巫师作法，自己也每天祈祷，并焚烧忏悔文说："内禅之事，全是梁主萧衍一人所为，与我无关啊！"

沈约万万没有想到，他的忏悔文被萧衍派来的御医徐奘看到了，问明原因，才知道沈约是在做梦。御医回到宫中，向萧衍据实奏报。

萧衍大怒，立即派中使去诘责沈约说："禅让诏书是你起草的，你怎么都推到朕的头上？"

沈约更加惶恐，既担心当政的萧衍怪罪下来，又害怕九泉之下的齐和帝萧宝融找自己算账。成天提心吊胆，担惊受怕，没过多久，便到地下找齐和帝萧宝融赔罪去了，享年七十三岁。

梁武帝萧衍还算有情，仍赐沈约厚葬。朝议恳请赐沈约谥为文，萧衍则改成一个"隐"字。

沈约以文名传世，著作颇丰，如一百一十卷《晋书》，一百卷《宋书》，二十卷《齐纪》，三十卷《宋文章志》，一百卷文集。又制成四声谱，自称穷神人妙。萧衍不以为奇，问参政周舍说："什么叫四声？"

周舍以"天子圣哲"四字为例，向萧衍讲解"平、上、去、入"的四声。

萧衍淡淡地回答说："这有什么奇特的呀？"随即将韵谱搁置一旁，没有使用。后来，韵谱流传到民间，却被推为奇作。

当时与沈约齐名的还有江淹、任昉等人。

江淹，字文通，萧齐时曾担任秘书监一职，萧衍起兵，他微服前往投靠，后来晋升为金紫光禄大夫，封为醴陵侯。天监四年，江淹逝世，萧衍赐他谥曰宪。江淹年少好学，曾梦到有一位神人交给他一支五色笔，从那时起他便精通文辞。晚年，江淹又梦到那位神人把笔收回去了，从此，他再也写不出一句妙言。时人感叹他江郎才尽，"江郎才尽"的典故，便出自于此。江淹平生著作百余篇，及齐史十志，并传后世。

任昉，字彦升，他的文章总是一气呵成，辞藻华丽。据传说他的母亲裴氏一天午睡时，梦见有一面四角悬着铃铛的彩旗从天而降，其中有一只铃铛落入怀中。裴氏惊醒后，发现自己有了身孕，生下来的孩子就是任昉。萧齐末年，任昉官居司徒右长史。萧梁初，萧衍封任昉为骠骑记室参军，不久又晋封为吏部郎中。天监六年，任昉出任宁朔将军，兼任新安太守。任昉担任太守时，清正廉洁，经常拄着拐杖在辖区内巡察，为百姓排忧解难。任昉去世以后，百姓怀德不忘，在城南为他建立一座祠堂。每年春节前后，百姓们都会去祭奠他。萧衍得知任昉去世的消息，追封任昉为太常卿，予谥曰敬。任昉留有杂传二百四十七卷，地记二百五十二卷，文章三十三卷传诵士林，长久不衰。

此外还有前侍中谢朏，也是萧梁时期的文学家，萧齐时期弃官归隐，屡召不至。萧梁初年，萧衍先后召他为侍中、左光禄大夫、中书监、司徒、卫将军，都遭到他的拒绝。著有文章书籍，也广为流传。

政变

北魏宣武帝元恪宠信高贵嫔，将她册立为皇后。高皇后是一个妒妇，不准元恪接近后宫任何一位嫔御。元恪仅有一子一女，儿子早早夭折。元恪继位多年，还没有子嗣，皇位无人继承，不免心里焦急。

司徒胡国珍有一个女儿，容色殊丽，秀外慧中。传说胡氏出生的时候，家里红光四绕，胡国珍吃惊不小，召江湖术士赵胡询问祸福，赵胡回答说："此女后必大贵，当为天地母。"

元恪对胡氏出生之事略有耳闻，特地将她召进宫。高皇后见胡充华纤丽动人，心生嫉妒。怎奈胡充华巧言令色，一颦一笑十分娇媚，竟让这位貌美性妒的高皇后觉得她楚楚可怜，另眼相看。元恪乘机与胡充华演了一出鸾凤缘，天子多情，美人有幸，竟然暗结珠胎。

以前六宫嫔御只要怀孕，都虔诚祈祷上天，愿生公主，不愿生儿子。胡充华却慷慨激昂地说："国家原先立下的'儿子立为储君，母亲必须赐死'的规定太苛刻，不近人情；但我却不怕一死，宁可给皇家留下一条血脉，也不愿贪生而贻误宗嗣！"

胡充华怀孕后，和她亲密的姐姐都劝她堕胎，理由是儿子当上太子，不等他坐上龙位，你先死了，何苦呢？

胡充华志气浩然，幽静夜色之中焚香祈祷上天说："保佑我怀的是个男孩，他就是太子，子生母死，我也愿意！"

不久，胡充华果然生下一个男孩，孩子出生后，胡氏开心，元恪兴奋，高皇后嫉妒，嫔妃们幸灾乐祸，和胡氏亲近的姐妹紧张。整个后宫被一层神秘的气氛笼罩，压得让人喘不过气来。

元恪兴奋之余保持着高度警惕，前几个男孩死得不明不白，望子心切的他如果再不采取措施，那就是白痴了。他给孩子取名元诩，亲自挑选乳母，亲自挑选侍卫，把小婴儿单独养在一座宫里。这座宫就是禁地，除了皇帝本人，谁也不准去，无论是皇后、嫔妃，包括孩子的生母胡氏，一律严禁进入。

　　为了褒奖胡氏生儿子的功劳，胡氏升一级，晋位充华嫔。这也是胡充华之名的由来。

　　过了三年，元诩已经三岁，元恪册立元诩为太子，并开了不杀其母的先例。下诏改永平五年为延昌元年。加封尚书令高肇为司徒，清河王元怿为司空，广平王元怀为骠骑大将军。

　　高皇后与高肇心中不服，劝宣武帝元恪遵循旧制。元恪始终不依，反而进胡充华为贵嫔。高后更加愤恨，想对胡贵嫔下毒手。

　　胡贵嫔得知后，向中给事刘腾求救。刘腾转告左庶子侯刚，侯刚又转告侍中、领军将军于忠。于忠是领军于烈的儿子，他正愁没机会为暴毙的于皇后报仇，当即向太子少傅崔光讨请对策。傅崔光附在于忠耳边说了数语，于忠大喜，立即照办。

　　两天之后，元恪下了一道对内的诏书，将胡贵嫔迁到别宫，并派亲军严加守卫，轻易不放任何人进去。如此一来，高皇后想下毒手也找不到机会，胡贵嫔得安居无忧。

　　清河王元怿害怕重蹈彭城王元勰的覆辙，对高肇常有戒心。一天傍晚，他与高肇陪宣武帝元恪喝酒，借着醉意对高肇说："陛下还有几个兄弟？为何要将他们全部铲除呢？从前王莽借渭阳的势力篡夺汉室江山，如今高大人是不是也要效仿王莽呀？"

　　高肇听罢不禁惊愕，扫兴离席。不久，恰逢大旱，高肇擅自审讯囚徒，宽赦了许多死囚。

　　元怿对元恪说："臣听说，为人君不能将治理国家的重任放手他人。不然，就是对上天的亵渎，会遭到上天的惩罚！这就是自古以来天尊地卑、君臣有别的原因。如今司徒高肇身为臣子，竟敢越权擅自审讯囚犯，再这样下去，离天灾也就不远了！"元恪只是微笑，什么也没有说。

　　第二年，北魏恒、肆二州发生地震，死伤不少人。元恪担心这是上天给他的警告，于是更加提防高氏。

　　延昌三年（514年）冬季，南朝益州两位将领叛逃北魏，劝请元恪伐蜀，愿为向导。元恪心动了，任命高肇为大将军，命他率十万大军攻打益州。

侍中游肇劝谏说："国家连年出现水旱之灾，国力困乏，不宜出兵。而且西蜀地势险要，易守难攻，陛下怎可轻易兴师呢？如果一开始就不谨慎决策，到时后悔就来不及了啊！"元恪只是不听。

转眼已是岁末，过了残冬，便是延昌四年（515年）正月。高肇率十万大军浩浩荡荡杀奔西蜀，出发不到三个月，元恪便一病不起，在式乾殿病故。由于病情来得突然，死得太快，元恪竟然来不及安排辅政大臣。

侍中中书监崔光、侍中领军将军于忠、詹事王显、中庶子侯刚等人从东宫迎接太子元诩来显阳殿，让他连夜继位。

王显是高氏的心腹，想拖延时间，对众人说："太子明天即位也不迟啊！"

崔光反驳说："皇位一刻也不能空置，更别说等到明天了。"

王显又说："太子即位，必须先报告中宫皇后。"

崔光大声说："皇上驾崩，太子继位，这是国家常典，哪用得着中宫来下命令！"

于是，崔光等人请求太子停止哭泣，站在东面；于忠和黄门侍郎元昭搀扶太子面向西，哭了十多声后停止了哭泣。崔光代理太尉的职务，捧着策书献上印玺和绶带，太子跪着接受了，穿上礼服，走上太极殿，即皇帝位。

崔光等人和夜间值勤的官员站立在庭中，向北叩头高呼万岁。

高皇后想杀掉胡贵嫔，中给事刘腾把这件事告诉了侯刚，侯刚又告诉给于忠。于忠来找他的智囊崔光。崔光黑着脸说："胡贵嫔不能死，要派人保护起来，高皇后不难对付，但必须除掉手握重权的高肇。只要我们安定朝局，高肇就没有胆量谋反。"于是将胡贵嫔搬到别的住所，派兵严加守卫，胡贵嫔感激在心。

太后听政

第二天，宫中传出诏书，大赦天下，召回西讨、东防的各军；尊谥先帝元恪为宣武皇帝，庙号世宗；皇后高氏为皇太后，胡贵嫔为皇太妃。

于忠和门下省的官员们商议，由于国君年幼，不能亲自执政，建议要让太保高阳王元雍住进西柏堂处理政务，并且任命任城王元澄为尚书令，总管大小官员，上报皇后，请她当即用手书授职。

王显一向受宣武帝的宠信，凭借权势滥施淫威，被众人忌恨，他担心任城王元澄容纳不下他，就和中常侍孙伏连等人密谋停止门下省的奏议，伪造皇后的命令，任命高肇为尚书事，任命王显和渤海公高猛等人共同为侍中。

权力斗争到了白热化阶段，最后军队出场。于忠下令禁卫军抓捕王显，理由是为大行皇帝治病不用心，导致皇上驾崩。被捕的王显大呼小叫，侍卫用刀环击碎了王显的肋骨，第二天，王显暴死狱中。

朝廷很快就批准了门下省的奏议，百官各安其职，听命于二位王爷。朝廷内外对此均无异议。

高肇西行至函谷关时，所乘车的轮轴突然断裂，觉得不是一个好兆头，心里很不安。正在这时，突然接到新国君召他回京的诏书，更是心慌，担心朝中有变，对自己不利，急得日夜哭泣，越来越瘦弱憔悴，匆匆忙忙率军回到洛阳，家人来迎接他都不见，穿着丧服，连夜跑到太极殿，痛哭尽哀。

高阳王元雍与于忠秘密商议，打算除掉高肇，于是命邢豹等十多人埋伏在中书省，等到高肇哭完后，于忠托词有事商议，把高肇引进中书省。

高肇刚走进中书省的大门，于忠大一声："卫士何在？"

邢豹等人应声而出，把高肇按倒在地，高肇正要呼喊，邢豹立即卡住他的喉咙，不让他出声。随后，高肇的双手被卫士反扭，动弹不得。邢豹再一用力，高肇的眼珠爆出，舌头伸出来了。

随之，朝廷下令公布高肇的罪恶，说他畏罪自尽，剥夺了他的官爵，仅以士大夫的礼节安葬他。到了黄昏，从侧门把他的尸体运送到高家。

高肇伏诛，高太后焦虑不安。胡太妃乘机报怨，同于忠等人密商，勒令高太后出家为尼，迁居瑶光寺，非大节庆，不得进宫。从此，于忠专揽朝政，权倾一时。

　　尚书裴植、仆射郭祚二人恨于忠专横，偷偷劝高阳王元雍贬黜于忠。元雍还没有采取行动，于忠已先发制人，诬陷裴植、郭祚，勒令二人自尽。于忠还想杀掉高阳王元雍，由于崔光的力阻才作罢。高阳王元雍当然也不能留在朝中，被免职回家闲居。

　　不久，胡太妃被尊为皇太后，居崇训宫，而有功于胡氏的于忠也晋升为尚书令，崔光为车骑大将军，刘腾为太仆，侯刚为侍中。

　　胡太后的父亲胡国珍被封为安定公，兼任侍中。当时，太后的妹妹胡氏嫁给江阳王元继的儿子元乂为妻。江阳王元继是道武帝拓跋珪的曾孙，胡太后晋封他为太保，封他的儿子元乂为通直散骑侍郎，他的儿媳为新平君，兼任女侍中。

　　于忠、崔光等人又奏请胡太后临政，胡太后慨然应允，垂帘称制。继冯太后之后，又一个女人登上北朝的历史舞台。胡太后称朕，文武百官上书称陛下，北魏进入长达十年之久的胡太后治政时期。

　　胡太后聪明过人，自幼饱读诗书，且还擅长骑射，临朝听政之后，亲自裁决内外政事，随手批示；她的骑射之技艺也不让须眉。因此能稳住满朝文武，指挥如意，游刃有余。

　　胡太后把门下侍官叫到崇训宫，问道："于忠在朝廷中为百官之首，声望如何？"

　　众人都说于忠不称职。胡太后表示赞同，随之封于忠为征北大将军，命他出任冀州刺史。

　　于忠离京后，高阳王元雍上书自责说："臣初入柏堂时，见圣上诏书旨令由门下省做主，臣子做主，国君执行，深知不该却又不能禁止。于忠独揽朝权，随意生杀予夺，我不敢违抗。于忠想杀我，幸亏崔光坚持不允。我本想把于忠逐出京城，心愿未了却反被于忠所陷。臣空食俸禄，辜负了圣上恩惠，请将我免职回家，交由司寇处置吧！"

　　因为于忠保护过自己，胡太后没有追究于忠的罪责。于是安抚元雍，任命他为太师，兼任司州牧。不久，又加封清河王元怿为太傅，兼任太尉；广平王元怀为太保，兼任司徒；任城王元澄为司空，兼任骠骑大将军。

任城王元澄为了迎合胡太后，奏请胡太后的父亲参政，胡太后当然允准。

没过多久，群臣上表时竟然称胡太后为陛下，胡太后竟然也自称朕。十二月，是祭奠宗庙的时候，胡太后因为皇帝年龄尚幼，不能亲理朝政，便想代替他进行祭祀之事。礼官多方议论后认为不可以。胡太后以这事询问侍中崔光，崔光引用汉朝和熹邓太后祭宗庙的旧事，认为可以，太后非常高兴，于是代行祭祀的事务。

胡太后喜欢出宫游玩，游玩途中，她经常耐心听取吏民的冤屈，能即时处理的当场拍板，一时难以裁决的交给官员办理。州郡推荐孝廉秀才以及官吏，胡太后都要亲自去朝堂监考，亲自阅卷，评定甲乙。

第二年，北魏改元熙平（梁天监十五年）。侍中侯刚杀了羽林军，论罪当处，应被革职除籍。胡太后记念侯刚的前功，只是轻微责罚以示惩戒。侯刚仍然和以前一样参政，有时还跟随太后游幸宗戚、勋旧各家，经常宴饮到半夜才回宫。侍中崔光援经据典，说太后不能随便出游。

胡太后游兴大发，随心所欲，哪里肯听崔光的话。历朝妇女多半信佛，胡太后从小深受姑母影响，自然也不例外。她特意命人在崇训宫旁建造一座永宁寺，又在伊阙口建造一座石窟寺。两寺都极其华丽。永宁寺尤其辉煌，内设九层浮屠，高九十丈，浮屠上柱，复高十丈，四面悬着铃铎。每当夜静，铃铎为风所激，清音泠泠，声闻十里。此外佛殿僧房，尽是珠玉锦绣，炫饰而成，真个五光十色，骇人心目。凡京内外僧尼仕女，都可以入寺瞻仰，络绎而来的人不下十万。扬州刺史李崇一再上表，恳请胡太后将建造费裁减一半，用来修缮明堂太学，但奏章如同泥牛入海，毫无回音。

熙平三年，有人献上一只异龟，胡太后把它当作神奇之物，并将熙平三年改为神龟元年，颁诏大赦，大宴群臣。

不久，传来征北大将军灵寿公于忠的死讯，众人都觉得十分快意，胡太后却下令厚葬，并赐他谥号武敬。

又过了几天，胡太后的父亲司徒安定公胡国珍去世。胡太后为父亲举行葬礼，格外隆重，追赠父亲为相国太师，加号太上秦公，并迎来母亲皇甫氏灵柩，同墓合葬，称为太上秦孝穆君。

谏议大夫张普惠据理力争，竭力奏谏，说"太上"这个称号不能随便用在臣民身上。朝臣中很多人说张普惠不识时务，从旁讥笑，普惠却应机辨析，驳得朝臣哑口无言。

胡太后对上谏的张普惠说："朕之所为，孝子之志，卿这所陈，忠臣之道。现在王公大臣都同意了，你就不要再发表议论了。"

这时候，虽然胡太后崇尚佛法，小皇帝又好游猎玩乐，但母子俩对臣下的进谏还是听得进去的。尤其像张普惠这样的谏臣，经常上表议论时政得失，太后和小皇帝常常把他请到宣光殿，当面听取他的意见，对于王公亲戚犯法，也很少宽贷。

胡太后亲近宦官刘腾，他虽然大字不识一个，但善于揣摩人主之意，奸谋多端，太后更念他当时对自己的保护，把他升至侍中的高官。刘腾广收贿赂，助人升官。此时，胡太后大权独揽，做事开始无所顾忌。

几个月后出现月食。天文官称是天显异相，需一贵人之死以应之。胡太后马上想到了自己的对手高太后，于是派人趁黑夜摸进瑶光寺，毒杀了当尼姑的高太后，随即称高太后得病暴毙，然后为她草草办理了丧事。满朝文武百官毫无异议。

从此以后，胡太后做事越发无所顾忌。

第二十四章
错误的决策

拍脑袋决策

清河王元怿风流倜傥，在孝文帝众多儿子当中长相最为俊秀，胡太后对他仰慕已久，只是内外有别，没有机会向他表达爱慕之情。胡太后听政后，情况发生了变化，她不但有大把的机会，而且还能随心所欲地创造机会，办法就是将朝中的要职授给元怿，无论大事小事，都找元怿商量，这都是工作交往。除此之外，胡太后有时还亲自到元怿家里赴夜宴，太后要来家里来做客，元怿想推辞也不可能。而胡太后醉翁之意不在酒，她是借夜宴之机，向元怿眉目传情，肆意挑逗。元怿还算有些定力，不愿与嫂子发生奸情，总是虚与周旋，不曾有染。

胡太后欲火中烧，当然不甘心，一天傍晚，干脆托词有事商量，将元怿召进寝宫。元怿硬着头皮去了。

胡太后见到元怿，并不谈政事，开口闭口只谈床上的兵法。元怿知道中计，但却无法脱身，无奈之下，只得与胡太后云雨一番。有了第一次，不愁第二次，自此以后，元怿出入宫闱，已成习惯。

要想人不知，除非己莫为。不久，元怿与胡太后叔嫂之间的暧昧之事，在京城传得沸沸扬扬。只因元怿很有才华，又礼贤下士，辅政后朝政大有起色，毁不掩誉，一时之间，竟也没有人说他的不是。俗话说，色字头上一把刀，日长时久，总不免为人所乘，翩翩佳公子，恐怕跳不出一个可悲的下场。暂放下这件事，先说萧梁与北魏两国间发生的事情。这便是胡太后听政时期，南梁与北魏发生的一场争夺淮堰的战争。

梁天监十二年（513年），北魏寿阳城久雨成灾，房屋都被水淹没，寿阳守将李崇端坐城头，宁愿淹死也不肯离开寿阳半步。

寿阳的洪水退去之后，北魏降将王足到了建康，他劝说梁武帝萧衍在淮河上游修建一个堰塘，堵塞淮河，水淹寿阳。王足只是说出自己的想法，作为投降异国献上的礼物。

钟离大战，梁军虽然一举挫败魏军南下的企图，但却无法拿下北魏的重镇寿阳，基于守江必守淮的战略思想，萧衍对于北魏钉在淮南的这颗钉子如鲠在喉，强攻、智取，无所不用其极，全都被寿阳守将李崇一一化解。

萧衍认为王足所献之策是一个金点子，为之倾注了全部的热情。当即派材官将军祖暅、水工陈承伯前往寿阳实地考察。祖暅是著名科学家祖冲之的儿子。两位专家去寿阳实地考察后，回来向萧衍报告："淮水中沙土松软，流动不坚实，工程无法进行。"

萧衍的成功在于自信，失败也在于自信。派专家前往考察，却又不听专家提出的意见。他拍脑袋做出决策，在淮河修筑堰塘。于是下令征调徐州、扬州两地的民众，每二十户中征五丁，前往寿阳筑堰拦水，并命令太子右卫率康绚都督淮上各军事，负责守护筑堰工程。筑堰的劳役和兵士共达二十万人之多。堰塘南起浮山，北抵巉石，依岸筑土，在淮水中流合龙。因南起浮山，故称之为浮山堰。

从天监十三年（514年）初冬开始，到次年初夏，堰塘草草告成。四月，淮河水势暴涨，汹涌澎湃，辛苦筑成的堤堰，难挡滚滚而下的洪水，顷刻之间崩坍。

浮山堰的崩溃，验证了两位专家的预言：淮河沙土松软，打不牢地基。

萧衍仍无悔意，却把堤坝崩溃的责任归咎于天神。因为有人说，淮河中有蛟龙作怪，筑起的堤坝挡住了蛟龙的去路，一怒之下，蛟龙摧毁了大坝。

蛟龙畏铁，龙头有铁件硬吗？萧衍下令集天下之铁器数千万斤，运到筑坝工地，沉进河底，用以镇蛟龙之邪。然后命人砍伐木材，并将木材交错捆绑成井字形，把大石头填进去，在上面加上土，沉进河底，截流筑坝。如此一来，淮河两岸一百里内范围内的树木、石头，无论大小，全都被用光了。挑夫的肩膀都磨烂了，夏天里疾病成疫，死尸随处可见，苍蝇蚊虫聚集不散。转眼又是寒冬，淮水、泗水全都冰冻，朔风凛冽，劳工的手脚都冻僵了。由于天寒、劳累、饥饿，修筑浮山堰的兵民十死七八，算得上是一场浩劫。

大坝崩塌

南梁在淮河上筑坝，吓坏了北魏胡太后，她连忙任命杨大眼为平南将军，率各军屯驻荆山，争夺浮山堰。萧衍先发制人，派左游击将军赵祖悦袭击北魏的硖石，进逼寿阳。

北魏朝廷任命定州刺史崔亮为镇南将军，命他攻打硖石。又任命萧宝夤为镇东将军，向浮山堰进军。

梁将赵祖悦听说崔亮率军杀到城下，忙出城迎战，结果大败而归。

崔亮攻打硖石城没能攻下来，就和李崇约定水陆并进。约定的时间到了，不见李崇的身影，崔亮独力难支，硖石城久攻不下。

胡太后得知将领不和，硖石城久攻不下，任命吏部尚书李平为使持节、镇军大将军，率步、骑兵两千人赶到寿阳，负责指挥各部队，对于抗命不遵者，准令军法从事。

李平到达寿阳后，督令李崇立即发兵援助崔亮，同时又催促萧宝夤进攻淮堰。

梁左卫将军昌义之奉命领兵解救浮山，行军途中接到护淮军使康绚击败萧宝夤的捷报，于是改变行军路线，联合直阁将军王神念逆流而上，驰援硖石。

魏将崔亮派将军崔延伯驻守下蔡，崔延伯和副将伊瓮生沿淮河两岸扎营。崔延伯把车轮的外周去掉，把轮辐削尖，每两辆车对接在一起，用软竹作为索，连接起来，十多辆车并在一起，横在水里作为桥梁，两头设置大辘轳，使桥可以随意出没，不易被烧毁。这样既能切断赵祖悦的逃路，又能阻止战船通行。

昌义之、王神念无法前进，只得暂时驻扎在梁城。

李平亲自来到硖石督战，攻克硖石外城。南梁将军赵祖悦出城投降，被李平杀掉，部下全都被俘。李平趁势攻打浮山堰。

崔亮因之前李崇不肯出兵相助，心生不满，又因李平是李崇的堂弟，更是愤恨，几天之后，违抗李平的指挥，借口患病，请求撤军，且不等李氏兄弟同意，带着部队返回洛阳。

李平上书建议判处崔亮死刑，胡太后心存袒护，说她日理万机，不希望轻易开杀戒。李平很无奈，索性全部撤军。

北魏朝廷论功封赏，晋封李崇为骠骑将军，李平为尚书右仆射，崔亮为殿中尚书。

当时萧宝夤还驻扎在淮河坝上，萧衍亲自写信招降萧宝夤，答应把他的家人送到北方，让他攻打彭城。萧宝夤将萧衍的来书上报北魏朝廷，胡太后下诏嘉奖萧宝夤，令他镇守边防。杨大眼驻守荆山，暂时也按兵不动。

战事一停，萧衍得以专心修筑堰塘。到天监十五年（516年）四月，浮山堰终于竣工了。堤坝长九里，下广一百四十丈，上广四十五丈，高二十丈，杂种杞柳，每隔几米设置一座营垒。

有人向康绚献策说："淮水是四大河之一，不能长久地阻塞，如果在堰塘的东面凿开一条水渠，将淮水分流一部分，就能缓解堰塘的压力，大坝才能不被冲毁。"

康绚觉得有理，大坝是人工建造，不是自然山峰，水越积越多，大坝的压力越来越大，没有泄洪道，大坝总有一天会被压垮。开泄洪道不是一项小工程，康绚打起了小算盘，他让人在外面放风，说梁朝人不怕攻城野战，就怕开渠放水。

萧宝夤居然中计了，派人在堰塘的北面开凿出一条泄洪渠道，分流堰塘里的蓄水。泄洪渠道的水一泄而下，沿淮河方圆数百里顿成泽国。李崇率军驻守在硖石，搭起浮桥，又在八公山东南筑魏昌城，作为寿阳城的屏障。

浮山堰泄洪之后，寿阳城附近的居民都迁移到附近的山坡上，水非常清澈，向下俯视，淹在水中的房屋、祖坟看得一清二楚，百姓怨声四起。李崇带人四处抚慰，将仇恨转嫁到南梁身上，大众竟然誓死守境，没有丝毫叛心。

淮河坝从徐州境内建起，徐州刺史张豹子原以为朝廷一定会让他负责这个工程，没想到朝廷派康绚来监工，自己还得听从康绚的指挥。张豹子非常恼怒，于是诬告康绚和北魏勾通。萧衍虽然不相信，由于堰塘工程竣工，还是召回康绚，让张豹子管理淮堰。由于对淮堰工程不熟悉，对淮堰的巡视不怎么重视，大坝受蓄水的重压，已经有所松动，他却一无所知。

当初，胡太后因寿阳城被水淹过一次，担心淮河堰的修建会造成危害，特意任命任城王元澄为上将军，令他督管南讨各军事。大军即将从徐州出兵南下，攻打淮河堰。尚书右仆射李平说："用了不多长时间，淮河堰一定会崩塌，何必要动用兵力呢？"胡太后于是令任城王暂时屯兵，静待秋汛。

转眼到了秋天，淮河水暴涨，大坝在洪水的重压之下，轰然崩塌，声如雷鸣，震动三百余里。堰塘四周营垒的士兵、淮河沿岸村庄的百姓，十万之众全都被淹没在洪水之中，连尸体都找不到。萧衍为他的错误决策付出了惨重代价。

胡太后听说淮河堰冲毁，大喜过望，当即重赏了李平，并令任城王元澄停止进兵。

徇情枉法

萧衍见耗费巨资修筑的淮河堰毁于一旦，而且还搭上数十万人的性命，不免懊恼惆怅。自怨自艾之余，开始迷信起了佛教。他在诏书中认为宗庙中祭祀用牲畜，对鬼神有妨害。下令改用蔬菜水果作为祭品，朝野视为奇闻。朝廷内外议论纷纷，认为宗庙中不用牲畜，就等于不再祭祀。朝中高级官员们商议用干肉代替牲畜。萧衍又下诏制止。朝官们又商议替代之物，拟用大饼取代肉干，其余的都用蔬菜水果。

临川王萧宏自从洛口逃回来，萧衍不但没有惩罚他，还加封他为司徒，仍为扬州刺史。萧宏是一个贪酒好色之徒，府中有侍女数百人，极尽绮丽，小妾吴氏是一个国色天香的大美人，宠冠后庭。吴氏的弟弟吴法寿是一个罪犯，杀人之后躲藏在萧宏府内。萧衍得到消息，命令萧宏交出吴法寿，当天就把吴法寿依法治罪。

南司奏请免去萧宏官职，萧衍在奏折上批示："怜爱萧宏是兄弟私情，免除萧宏官职是帝王法律，批准南司的奏请。"于是下诏，免除临川王萧宏司徒、骠骑大将军、扬州刺史之职。

不久，萧衍又恢复了萧宏的司徒之职，萧宏照样淫侈如故。

天监十七年，萧衍临幸光宅寺遇刺，刺客被当场抓获，经过审问，刺客声称受萧宏指使。萧衍立即召见萧宏，哭着对他说："我的人品才能胜过你百倍，但是处在皇位上还感到力不从心，你能做什么？我不是不能像汉文帝诛杀淮南王刘长那样把你杀掉，而是可怜你愚蠢啊！"

萧宏叩头说没有这事。萧衍再次动了恻隐之心，只罢免萧宏的官职，勒令他回府。

萧宏奢侈无度，暴敛无厌。府上有库房近百间，平时的防范非常严密。有人怀疑里面是兵器，秘密上报萧衍。

萧衍把兄弟友爱看得很重，心里很不高兴。有一天，萧衍送给萧宏的爱妾江氏丰盛的酒菜，并亲自去他家喝酒。酒至半酣，萧衍提出要到后堂走一走，也不等萧宏同意，起身坐上轿子直接去了后堂。

萧宏害怕萧衍看到他的财物，脸色十分惊恐。萧衍心中更加怀疑，把三十多间库房全都检查一遍，发现里面装满了金银财宝以及布、绢、丝、绵、漆、蜜、麻、蜡等杂货。萧宏胆怯地看着萧衍，十分紧张。

萧衍不怒反喜，温和地说："阿六，你的小日子过得真可以啊！"说罢再次返回厅堂，继续喝酒，一直喝到深夜才回宫。从此兄弟俩重归于好，萧衍又任命萧宏以中军将军的官号兼司徒。

司马光在评价这件事时说：萧宏作为将领则覆没三军，作为臣子则有大逆不道之嫌，梁武帝饶恕他的死罪是可以的，但是几十天里，又重新让他位列王公，这从兄弟的恩情讲非常诚厚，可是帝王的法度又在哪里呢？

萧衍的次子豫章王萧综仿效晋王萧褒的《钱神论》，戏作《钱愚论》讥讽萧宏，萧衍立即下令销毁这本书，但书已流传出去了。萧宏因此又羞又悔，稍稍有所收敛，但没过多久，又故态复发，做出一桩逆伦的大事。这也是萧衍姑息养奸，为私忘公，一误再误所致。

第二十五章
太后遭禁

恨石崇不见我

北魏胡太后临朝听政五年，奢淫无度，一掷万金，毫不吝惜，赏赐左右，不可胜计。她命人在宫外修筑寺塔，派使者宋云和僧人惠生前往西域求取佛经。宋云与僧人慧生一行西行约四千里，走过赤巅，出北魏边境再向西行走，到达乾罗国，历时三年，带回一百七十部大乘佛经。胡太后将这些佛经和僧徒供奉在佛寺。

有人说北魏帝国佛教"自佛法入中国，塔庙之盛，未之有也"。此时的北魏已成浮屠之国，为了逃避兵役、劳役，平民入沙门为僧者越来越多，从事生产劳动、服兵役的人越来越少。

佛教的盛行，引起北魏精英阶层的不安，司空任城王元澄上书说："从前孝文帝迁都时，规定城内只允许设置僧、尼寺庙各一座，其余的都放在城外。这是因为僧人和世人不同，想让他们清静地居住在尘世之外。正始三年时，沙门统领惠深，开始违反从前的禁令，从那以后诏令便不得实行，偷偷谒拜的人越来越多。都城里面，寺庙超过五百座，将近三分之一的民房被侵占，以至寺庙与屠房、酒肆等污秽之地混杂在一块。从前代北有过法秀谋反，冀州有过大乘叛乱。太和、景明年间的规定，不只是为了使僧、俗分开，同时也为了防微杜渐，以免再出现僧人之乱。从前佛徒立寺传教，大多依山傍林而居，现在的僧人们却恋着城市，这正是由于他们被利欲诱惑、不能约束自己的结果。这是释氏的糟粕，佛祖的败类，为佛教戒律所不容，国家制度所难许。我认为凡是都城里没修好、可以搬迁的寺庙，应该都迁到城外去，不足五十个僧人的寺庙，统一合并到大寺庙，外地各州也按此办理。"

李砀更是斥责佛教为"鬼教"，长此以往，家家户户做和尚，两代下来一个人，就要绝种了。

胡太后连说有理，可也只是说说而已，并没有什么行动。佛教领袖们向胡太后状告李砀诽谤佛教，胡太后也只是罚李砀一两金子，算是对他的惩罚。

胡太后当政时期，由于多年社会安定、经济发展，周围各国朝贡不断，南北贸易也很发达，因此国库中的财物堆积如山。有一次，胡太后突发奇想，对上百名王公贵族及嫔妃们说："今天你们跟我到库房去，尽力拿绢，能拿多少，就拿多少，拿了归己。"说完，带着大家去了库房。

库房里堆满了布绢，当时的布绢不仅可以做衣服，还可以充当货币，有这样的好机会，大家都想多背一些回家。

李崇和章武王元融由于背得太多，压趴在地，一人扭了腰，一人崴了脚。胡太后又气又笑，让卫士把两人赶出仓库，一匹也不给他们。当时有一个笑话流传到民间，"陈留章武，伤腰折股，贪人败类，秽我明主"。

侍中崔光只拿了两匹绢，胡太后问："你为何拿这么少？"

崔光说："臣只有两只手，所以只取两匹绢。"

许多抢着多背的人听到了崔光的话，惭愧地低下头去。

当时宗室和大臣们不仅生活豪华奢侈，而且还相互攀比。高阳王元雍是洛阳城数一数二的豪富，府上的花园和皇宫的花园相差无几，家中有仆人六千，歌女五百，外出时的仪仗卫队几乎堵塞了道路，回家后歌舞宴饮通宵达旦，吃的全是山珍海味，一顿饭花费上万钱。

尚书李崇虽然腰缠万贯，但为人却很吝啬，常对人酸溜溜地说："高阳王一顿饭，可抵我千日饭钱啊！"

河间王元琛也是巨富，他想与元雍斗富，就用白银做马槽，黄金做马锁环，窗户上装饰着玉凤衔铃，金龙吐旆。宴请各位王爷时，酒器全是用中原从未见过的水晶、玛瑙、赤玉制作的。

有一次，元琛别出心裁地请各位王爷参观自家的库房，展现在各位王爷面前的金钱宝物、绫罗绸缎不计其数，灿烂辉煌，耀人眼目。元琛扬扬得意地对身边那位背绢布崴了脚的章武王元融说："不恨我不见石崇，恨石崇不见我。"意思是他比西晋的大富豪石崇还富有。

元融一向以财富自负，见到元琛的财富，才知道人外有人，天外有天，回家后唉声叹气。京兆王元继劝说道："你的财富比河间王少不了多少，为何羞愧嫉妒如此呢？"

元融长长叹了一口气说："开始我认为只有高阳王比我富有，没想到还有一个河间王啊！"

元继调侃地说："你这是袁术在淮南，不知世间还有刘备呀！"

天地间所出财产，地方上交的赋税本来有限，不可能凭空冒出来，达官贵人虽然有祖宗积蓄、朝廷赏赐，却也为数有限，哪里经得起如此斗富挥霍？要想争奢斗靡，免不了贪赃纳贿，剥削吏民。一班下僚蝇营狗苟，恨不得指日高升，荣膺爵禄，所以仕途越发混杂，官品日渐低下。

北魏神龟二年（519年）二月，朝廷发生了一件惊天动地的大事，虽然不像农民起义的烽火那样令人心惊肉跳，但事件背后隐藏的意义深远，北魏帝国的长堤出现了一道致命的裂痕。

高欢的嗅觉

北魏孝文帝迁都洛阳后，重新起用门阀制度，门阀制度重文轻武。北魏帝国的核心力量，原拓跋鲜卑部落联盟中随孝文帝南迁的禁军军官没有列入高门士族，受到大鲜卑贵族和汉族大地主的排挤，认为他们是武人，"代来寒人"，失去了升官晋级的机会，从过去的"进仕路泰"到如今的"进仕路难"。

这些父祖追随拓跋珪、拓跋焘、拓跋弘南下中原、北击柔然、平定北方，拼死奋战的军官子孙，强烈的不满情绪集体爆发。

事情的起因是北魏征西将军张彝的儿子张仲瑀上书，请奏修订选官制度以限制武将，不让他们在朝中列入士大夫的清品，即九品中的上品。不能列入清品，就是不能做大官。

张仲瑀的奏章一上，京师一片哗然。北魏帝国以武功起家，孝文帝重订门阀制度的时候，尚且不敢以法律的形式排挤武人。张仲瑀何许人也？竟敢冒天下之大不韪。张仲瑀乃征西将军张彝之子，张彝是冀州大中正，清河士族，三朝元老，少年时代便出入朝堂，昂首阔步，无所顾忌，连冯太后也要让他三分。

自孝文帝汉化改革以来，鲜卑人内部出现分裂，形成两大利益集团，即南迁洛阳的大鲜卑贵族和留在平城一带的鲜卑人。说到底，仍然是两大文明之间的冲突，洛阳的大鲜卑贵族已经成为封建大地主，代北的鲜卑贵族仍然是游牧部落首领。洛阳的鲜卑人说汉话，代北的鲜卑人照旧说鲜卑话。

北地的鲜卑人发动过几次武装叛乱，都被孝武帝镇压下去了，势力逐渐走向衰落。而今，洛阳的鲜卑贵族认为到了把鲜卑武人彻底排挤出朝廷的时候，他们和汉人豪门联手，选中性格狂傲的张彝父子做马前卒。

一石激起千重浪，勇武的鲜卑军人怎么可能忍受这种不公平的屈辱呢？更何况他们身后还有漠南部落首领和贵族的支持。

于是乎，议论和抗议之声随处可闻，这些人在大街上张榜，约定集合时间，要去屠灭张家。张彝父子平静自如，不把这件事放在心上。为什么呢？因为这件事由胡太后和朝廷决定，他们觉得一帮子武人翻不起大浪。

这一天，羽林军、虎贲军将近一千人，一同来到尚书省叫骂，寻找张仲瑀的哥哥左民郎中张始均，没有找到，就用瓦片、石块砸尚书省的大门。尚书省的官吏们害怕，没人敢阻挡他们。于是这些人又引燃了路边的蒿草，手拿石头、木棍冲进张家，将张彝拖出来痛打一顿，烧毁了他家的房子。张始均跳墙逃跑，但又返回来向贼兵求饶，请求饶他父亲不死，贼兵将他痛打一顿，然后将他投到火里活活烧死了。张仲瑀受伤逃脱了，张彝被打得只剩一口气，两天之后便死了。

造反！朝野上下一片震惊，胡太后下令抓捕闹事者。结果，只抓了闹事的羽林、虎贲中的八个首恶分子，判斩首，其余的人不予追究。随之又颁布大赦令安抚他们，并规定武官可以按资入选。

一起性质极端恶劣的集众闹事行动，竟然只杀了八个替死鬼，便草草收场，而杀官闹事的军官们的要求却得到了满足，武力威胁竟然得逞，朝廷的威严何在？有识之士都感到，北魏将要发生动乱了。

洛阳的这场暴乱，被一个从怀朔镇到洛阳送信函的小邮差看得一清二楚，小邮差名叫高欢，他亲眼见识了洛阳的这场暴乱，目睹了张彝的惨状。

高欢回到怀朔后，突然变成了一个散财童子，一边散家财，一边广结宾朋。亲戚朋友们非常不理解，高欢你这是怎么了？家里的钱多得没地方放了吗？什么意思呀？

高欢回答说："我到洛阳看到一件事，禁军将士们火烧大臣张彝住宅，朝廷害怕发生兵变，竟然不管不问，皇城脚下如此无法无天，天下事可想而知，私产能守得住吗？"

高欢是渤海蓚县（今河北省景县）人，字贺六浑。高欢的曾祖高湖在后燕郡为官，后来投奔北魏。祖父高谧在北魏官至御史，因坐罪被流放到怀朔镇，从此，高氏几代人都生活在北魏的北疆。高欢在平城当兵的时候，有一个富户人家的女儿娄氏见高欢状貌魁梧，气度不凡，愿意嫁给他为妻。高欢这才有钱买马，报效镇将，谋得一个邮差的差事。

从这件事上，高欢看出了北魏帝国危机重重，官僚主义、腐败、缺乏进取心，最重要的是帝国内部的矛盾不可调和。

高欢久居塞外，妻家是鲜卑贵族，自己在军队里当差，知道塞外的鲜卑人需要什么。朝廷从不考虑改善六镇的生活，任由洛阳大贵族疯狂敛财，地区差别越来越大，北方鲜卑人生活在最底层。

当有人开始激烈反抗，朝廷很快就妥协了，这样的朝廷何以立威？北方的鲜卑人迟早要造反，腐败的朝廷无力镇压，国家必将大乱。

最先看到机会的人，才能处在生命的最高点。高欢立下大志，要澄清天下。做大事需要钱，需要人才。钱，高欢似乎不缺；人才，却要靠寻找、挖掘。散家财，广交朋友，高欢在沿着一条正确的路线走。后来，他成为北齐始祖，这是后话。

幽禁胡太后

北魏崔亮执掌吏部，因官吏多不胜选，奏请创立新的选官制度。规定应选者不论贤愚，只以待选时间长短为依据，时间长者优先录用。这个办法虽然在一定程度上杜绝了那些侥幸进来的人，但贤能之人却因此受到抑制，庸人反而得到高升，并非选拔人才的良策。

崔亮的外甥司空谘议刘景安给崔亮写信劝阻，洛阳令薛琡两次上书辩谬，都没有改变这个决定。北魏选拔任用官员不得当，从崔亮开始。

北魏侍中、领军将军元义在门下省，又兼管禁卫兵，恃宠骄傲，穷奢极欲。清河王元怿常常按法律制裁他，元义因此对元怿怀恨在心。

宦官刘腾恃功怙宠，由太仆晋升为侍中，兼任右光禄大夫，逐渐干预朝政，卖官鬻爵。胡太后不但不加以制止，反而提拔他为卫将军。吏部为了讨好刘腾，奏请任命刘腾的弟弟为郡守。无论才能或资历，刘腾的弟弟都不够格，清河王元怿将吏部的奏折压下来，不上奏。刘腾对元怿也很怨愤。

元义与刘腾两人本来就臭味相投，常凑到一起，密谋报复元怿。

龙骧府长史宋维，由元怿推荐为通直郎。宋维做事草率，没有什么作为，常遭到元怿的训斥。元义趁机拉拢宋维，让他诬告元怿谋反。

胡太后与元怿通奸，自然要袒护情郎，再加上确实没有什么证据，所以谋反一案，元怿无罪。宋维则被打入监牢。

元义随即进宫，对胡太后说："如果杀了宋维，以后真有了谋反，谁还敢举告呢？"

胡太后觉得有理，便将宋维贬为昌平郡太守。

元义与刘腾见胡太后宠信元怿，决定用釜底抽薪之计，除掉元怿。两人唆使负责给皇上做饭的主厨胡定诬陷元怿，说元怿重金贿赂他，让他毒死皇上，许诺事成之后，还有重赏。

孝明帝元诩只有十一岁，没有明辨是非的能力，当即令元义诛杀元怿。

这年是北魏神龟三年，刚入新秋，元义奉请魏主元诩驾临显阳殿，刘腾关闭永巷门，以阻挡胡太后前来。又假传胡太后的圣旨，召元怿进宫。元怿到了含章殿，元义阻住他的去路，不让他去见胡太后。元怿大声训斥："你想造反吗？"

元义也怒气冲冲地说："我不敢造反，特地来抓要造反的人！"

元怿还想抗争，已被侍卫逼进含章东省，监禁起来。

刘腾立即假传胡太后的命令，宣召群臣，说元怿大逆不道，应立即处死。群臣都畏惧元义、刘腾，没人敢有异议，只有仆射游肇出言谏阻，说元怿不可能谋反，拒绝签名。

元义、刘腾不管这些，直接进宫禀报小皇上，说大臣们都同意诛杀元怿。

元诩没有主见，只是含糊许可。元义、刘腾当天晚上便把元怿处死了。接着又诈称胡太后诏旨，还政于皇帝。同时将胡太后幽禁在北宫。

北宫的宫门白天黑夜都是紧闭的，内外隔断，太监刘腾亲自掌管钥匙，胡太后与朝内外断绝了一切联系，甚至连小皇帝元诩想见亲妈都没有机会。

饥寒交迫的胡太后，忍不住哭叹道："养虎为患，才导致今天的下场啊！"

当时任城王元澄已病故，元义与太师高阳王元雍等人一同辅政，改元正光，小皇帝称元义为姨父，并将政事交给他处理。高阳王元雍等人只能随声附和，不敢违逆。游肇愤愤而终。朝野人士听说元怿被杀，都唉声叹气，甚至有数百胡人因元怿之死，在自己的脸上划上刀痕。北魏政权处于风雨飘摇之中。

第二十六章
六镇起兵

魏主探母

　　北魏相州刺史元熙，是中山王元英的长子。元英攻克平靖、武阳、武胜三关后病故，长子元熙承袭爵位。元熙十分好学，很有文才，只是有些心浮气躁。元英生前本想立元熙的弟弟元略为世子，元略不愿意。元熙的妻子是于忠的女儿，元熙凭借于忠的威权，升任相州刺史。元熙与清河王元怿有很好的关系，常有书信来往。

　　元熙上任时，正是初秋。先是狂风骤雨，酿成奇寒，数名随从和十几匹驴马都被冻死了。不久，庭院中忽然生出蛆虫。一天晚上，元熙正睡得迷糊，突然听到有人对他说："清河王就要死了，他去世三天后，你也免不了一死。如果不相信，你可以去他家看看。"元熙恍惚相随，来到清河王的家门口，果然看到四周的围墙都已坍塌。正惊叹之时，被一声鸡鸣之声惊醒，原来是一场噩梦。

　　元熙回忆梦境，有一种不祥的预感，于是向亲戚朋友谈起梦境。大家都劝解他，说梦并非现实，不必当真。听到元怿被冤杀，元熙不禁怒从中来，在邺城起兵，并上书孝明帝元诩，要求杀掉元义、刘腾。

黄门侍郎元略、司徒祭酒元纂得知哥哥在邺城起事，从洛阳跑到邺城，协助哥哥举兵。

长史柳元章假意依从，暗中却唆使部众闯进州府，杀掉元熙身边的侍卫，拿下元熙、元纂二人，将他们囚禁在高楼上，随之派人向朝廷报捷。

元义立即派尚书左丞卢同带着诏书前往邺城，监斩元熙、元纂及元熙的儿子们。

元熙临死前给老朋友写信说："我和弟弟蒙受太后知遇之恩，哥哥镇守大州，弟弟在宫内服务，太后对我们恩同慈母。现在皇太后被废北宫，清河王惨遭杀害，圣上年幼，任人摆布。圣上如此，臣下何安？故起兵伸张正义。因智力浅短，不但贼人未除，反而身陷囹圄，上对朝廷有愧，下对知己无颜。起兵出于忠义，不得不这么做，肝脑涂地，毫无二话！希望众多友人遵守道德标准，为国家保持名节。"

元熙的首级被送到洛阳，他的亲戚朋友都不敢去看，只有从前的骁骑将军刁整替他收尸。

元熙的弟弟元略侥幸逃脱，投靠了南梁。梁武帝萧衍封元略为中山王，任命他为宣城太守。

孝明帝元诩要求谒见母亲，元义同意了。元诩于是带着文武百官，前往西林园朝见胡太后。在元义的安排下，元诩与母亲以及群臣欢宴。酒酣之时，武臣起舞助兴。右卫将军奚康生表演力士舞，每次回旋、转身的时候，两眼总是看着胡太后，举手、投足、瞪眼、点头，做捕杀的姿势。

奚康生借舞剑之机，频频向胡太后示意。胡太后窥透他的用心，心中暗喜，只是众目睽睽之下，不敢有任何表示。

奚康生与元义是亲戚，奚康生的儿子奚难当是侍中侯刚的女婿，侯刚的儿子是元义的妹夫，所以元义囚禁胡太后，奚康生也曾参与其中。奚康生与元义同朝为官，看不惯元义趾高气扬的样子，屡次当着朝臣的面出言顶撞，二人的关系逐渐不和，互生嫌隙。

到了傍晚，胡太后要求元诩留宿北宫。侯刚在一旁说："陛下已朝见完毕，他的嫔妃在南宫，没必要留宿在这里！"

奚康生说："陛下是太后的亲儿子，太后有命，还用问别人吗？"

众大臣们都不敢说话。胡太后趁势站起来，扶着元诩的手，径直下堂去了。奚康生大声呼喊，高唱万岁！

进入北宫宣光殿后，胡太后带着元诩坐上宝座，左右侍臣站立两旁。奚康生借着酒劲，正想传诏说奉太后之命诛杀元义。没想到元义早有提防，他指使军士闯进殿，把奚康生抓走了。两边的侍卫当即哗乱，胡太后见状也十分慌张。光禄勋贾粲从容地走进殿，对太后说："侍臣们惶恐不安，请陛下亲自出殿抚慰。"

胡太后信以为真，起身刚走下殿，贾粲便扶着元诩下座了，等到胡太后回头观看，元诩已被贾粲带往显阳殿去了。胡太后自知中计，在殿中徘徊。

这时，贾粲又进来了，一起来的还有刘腾。胡太后重新被请回北宫，然后关闭所有的宫门，并像以前一样挂上重锁。

奚康生被押到门下省，当夜受审，第二天便押往市曹斩首。他的儿子奚难当被判流放安州，后来也被暗杀了。

刘腾升任司空后，公然收受贿赂，不论公事私事，只看送财物多少行事，水陆交通之利，山川物产，他都要伸手，对六镇也是敲诈勒索，每年收受贿赂数以百亿。朝中过半大臣都看他的脸色行事，寡廉鲜耻的下吏，则拜倒在他的门下，抢着做他的干儿子。刘腾自此权焰熏天，远近侧目。

不久，车骑大将军崔光晋升司徒，元义的父亲江阳王元继被封为京兆王。不久，元义因贪财，竟然发动了对柔然的战争。

贪婪惹祸患

柔然国从前曾被北魏逼入漠北，后来又屡次入侵北魏边境，但都被北魏的兵将击退。宣武帝元恪正始元年（504年），柔然库者可汗派兵入侵北魏的沃野及怀朔镇。北魏派车骑大将军源怀在北疆修筑了九座城池，驻兵防守。柔然人这才不敢入侵。

库者可汗死后，他的儿子佗汗可汗继位。佗汗可汗屡次向北魏求和，北魏都没有答应。不久，佗汗可汗被高车所杀，他的儿子伏跋可汗继立。伏跋可汗骁勇强悍，又有武略，他击毙高车酋长弥俄突，为父亲报仇，逐渐扫灭叛国，转弱为强。

当初，柔然国的佗汗可汗娶了伏名敦的妻子候吕陵氏，生下伏跋可汗以及阿那瓌等六个儿子。伏跋成为柔然可汗以后，为女巫地万所迷，称地万为圣女，娶为正妻。在地万的唆使下，伏跋竟然杀了自己的儿子祖惠。候吕陵氏伺机绞死了女巫地万，然后和大臣一同杀掉伏跋，立他的弟弟阿那瓌为可汗。

刚过了十天，阿那瓌的族兄示发举兵袭击阿那瓌，阿那瓌战败，投奔北魏。

北魏迎纳阿那瓌，并封他为朔方公、蠕蠕王。阿那瓌请求北魏派军助他返国复仇，北魏君商议了好长时间，没有做出决定。阿那瓌报仇心切，便以金百斤贿赂当政的元义。

元义是一个见钱办事的人，收到阿那瓌的钱，自然要帮他办事，于是允许阿那瓌回国。调发一万五千人马，命怀朔镇将杨钧为将领，送阿那瓌回国。

尚书左丞张普惠上书劝阻说："蠕蠕一直是我国边境的祸患，如果趁机夺取蠕蠕，招抚阿那瓌，使他成为我朝臣民，应当把他留在京都，加以约束，绝对不能送他回国，留下后患啊！"

元义全然不睬，只是催促杨钧迅速部署，立即北行。

阿那瓌在西堂辞行，孝明帝元诩下令赐给他军器、衣被、杂物、粮畜，样样都很优厚，命令侍中崔光等人在外城为他饯行送别。

阿那瓌逃到南方的时候，他的堂兄婆罗门率领几万人讨伐示发，并一举打败示发。示发兵败后，投奔地豆干国，地豆干人杀了他，柔然人推举婆罗门做了可汗。

杨钧率军进入柔然境地，担心柔然出兵相拒，于是上书朝廷，请求援助。

北魏朝廷派牒云具仁出使柔然国，让婆罗门迎接阿那瑰回国。

牒云具仁来到柔然国，婆罗门非常傲慢，但在牒云具仁的劝说下，不得不低头，派大臣丘升头等人率二千人随牒云具仁一同去迎接阿那瑰。

牒云具仁高兴地回到怀朔镇，报告了这个好消息，不料阿那瑰又害怕起来，不敢前进，情愿返洛阳。

不久，高车王弥俄突的弟弟伊匐从嚈哒国搬来救兵，袭击柔然，打败婆罗门。婆罗门带领十个部落来到凉州，向北魏投降。

柔然国无主，国人这才愿意迎奉阿那瑰，阿那瑰又请求回国。

孝明帝元诩把此事交给大臣们讨论。凉州刺史袁翻向魏主献策说："现在柔然有两个君主，不如同时招降二人，然后将柔然分为东西两部，由他们分而守之。这样一来，魏国的边境就会安宁许多。"

北魏朝廷经过讨论后，让阿那瑰据守怀朔北方，地名为吐若奚泉；婆罗门据守凉州北境，就是西海故郡。

没想到婆罗门心怀异志，才一年便投靠了嚈哒。

北魏派平西府长史费穆率兵讨伐婆罗门，柔然人逃跑了。费穆对众将领说："戎狄的本性是见敌就跑，乘虚又来，如果不吓破他们的胆子，恐怕最后会被他们折腾得疲于奔命。"于是，他挑选精锐骑兵埋伏在山谷中，另派瘦弱的步兵在外扎营，柔然人果然来了，费穆率军猛烈进攻，打得柔然人一败涂地。婆罗门被梁州军队抓获，送到洛阳。后来，婆罗门饿死在狱中。

阿那瑰向北魏要粟种，北魏朝廷送去了一万石粟种。谁知第二年收成不好，阿那瑰率兵突袭北魏边境，请求赈粮。

北魏朝廷派尚书右丞元孚前去安抚，阿那瑰竟然拘禁了北魏使者，然后率部南侵，一路抢劫到平城附近。

北魏朝廷于是派尚书李崇等人大举北征，阿那瑰这才害怕了，释放了元孚，驱赶民众北逃。李崇追了三千里，没有追上阿那瑰，只得中途折返。

这都是元义贪赂纵奸，酿成兵祸，使得北魏反被夷狄所制，带来无穷的后祸。

六镇起兵

元义囚禁胡太后以后，经常到元诩的寝宫执勤，百般献媚，元诩因此开始宠信他。元义开始掌管朝政时，也刻意伪装自己，待人接物，显得谦逊殷勤，对时事得失也显得很关心；得势以后，便露出了本来面目，傲慢无礼，嗜酒好色，聚敛钱财，处事随心所欲，视法纪为儿戏。他的父亲京兆王元继更加贪婪放肆，大肆接受贿赂和礼品，操纵有关部门，没有人敢抗拒。风气所及，以至连郡县的小官吏也不能公正任命，牧、守、令、长等各级官吏，全都是贪污受贿的人。百姓贫困窘迫，人人都想造反。

原先魏都平城周围的六镇，即武川、抚冥、怀朔、怀荒、柔玄、御夷，都在长城以北，设重兵把守，耗资巨大。孝文帝迁都洛阳以后，对六镇不管不问，守边将士逐渐有了怨言。

尚书令李崇奉命出击阿那瓌，长史魏兰根对李崇说："大人回京后，请代为向陛下建议，将长城以北的六镇改为州郡，这样有利于管理地广人稀的北疆；而且不要只厚待国内的士兵，对驻守边疆的兵将也要有所优待。文武兼用，恩威并施，这样朝廷就没有北顾之忧了。"

李崇回京后，根据魏兰根的建议，上了一份奏折，无奈朝中权贵只识金钱，不顾后虑，将李崇的奏章搁置不提。一个非常好的治国之策，被奸佞扼杀了。

不久，沃野镇的平民破六韩拔陵聚众造反，杀了镇将，改年号为真王，各镇汉族和夷族百姓纷纷响应，破六韩拔陵带兵向南进发，派偏将卫可孤包围了武川镇，又攻打怀朔镇。怀朔镇将杨钧弃城南逃，临淮王元彧率兵救援，大败而归。

孝明帝元诩得到消息，急忙召集群臣商议。吏部尚书元修义建议，派重臣督军抵御叛寇。元诩欲任用李崇，李崇以年老为借口婉拒。元诩不许，坚持任命李崇为北讨大都督，并令抚军将军崔暹、镇军将军广阳王元渊等人接受李崇的调遣。各路兵马陆续北行。

当时西北一带，寇盗蜂起，纷纷响应破六韩拔陵。

秦州刺史李彦为人暴虐，他的部下趁机将他杀了，推立党人莫折大提为秦王。南秦州民众也刺杀丁州刺史，以示响应。不久，莫折大提病死，他的儿子莫折念生居然称帝，自号天建元年。

元诩任命雍州刺史元志为征西都督，令他出兵讨伐莫折念生。莫折念生的弟弟莫折天生率众迎战，元志连战连败，最后连岐州也失守了。元志刚战死岐州，李崇也败走云中。不久，东、西部同时传来叛变的消息，众叛将纷纷归附破六韩拔陵。

元诩这才想起李崇以前提出的建议，于是下诏将六镇改为州郡，任命黄门侍郎郦道元为大使，前往六镇抚慰兵民。哪知六镇都背叛了北魏，郦道元只得中途折返回洛阳。

不久，南秀容人乞伏莫于又起兵造反，一个名叫尔朱荣的酋长挺身而出，率众平定叛乱。尔朱荣平定叛乱之后，向北魏称臣，详细报告了平贼的事情。元诩封尔朱荣为博陵郡公。

尔朱荣的高祖尔朱羽健，最初被封于秀容川，尔朱荣的父亲尔朱新善于畜牧，他养的牛羊马驼漫山遍野。刚巧北魏在北疆用兵，尔朱新便向朝廷献上自己放牧的马匹助战。叛乱平定之后，朝廷封尔朱新为公爵。尔朱荣这才有了大展宏图的机会，随后他广交豪杰，练兵储械，等待时机。

梁武帝萧衍听说北魏发生内乱，想趁机一统中原。当时萧梁良将只有韦睿、裴邃二人，韦睿于普通元年（520年）病逝，裴邃尚在。萧衍于是任命裴邃为信武将军，兼任豫州刺史，令他出兵北伐。

裴邃率轻骑杀到寿阳外城。

北魏扬州刺史长孙稚奋力抵御，一日九战，两军旗鼓相当。后来，裴邃因没有后援，只得暂时撤退。随后又攻取北魏的建陵、曲木以及狄城、甓城、司吾城。

徐州刺史成景攻克雎陵，将军彭宝孙攻克琅邪，曹世宗攻克曲阳、秦墟，李国兴也连拔三关。

北魏徐州刺史元法僧派儿子元景仲向梁军投降。

梁武帝萧衍随即任命原北魏降将元略为大都督，命他与将军陈庆之等率兵接应元法僧，却被北魏安乐王元鉴击败。

元法僧趁元鉴打了胜仗懈怠的时候，出其不意地杀过去，打了一个大胜仗。萧衍于是授元法僧为司空，封为始安郡公。又命西昌侯萧渊藻及豫章王萧综等陆续进军援助裴邃。

裴邃攻下新蔡郡，又进攻克郑城、汝颍一带。

北魏河间王元琛及寿阳守将长孙稚，率五万部众前来截击，却陷入了裴邃暗设的埋伏，成为瓮中之鳖。幸亏元琛及时赶来援应，长孙稚才得以杀出重围，逃回寿阳，但五万人马已伤亡了一两万。

裴邃自此威名大振，正要乘胜荡平淮甸，进军河洛，偏偏天不假年，竟然一病不起，病故于军中。

裴邃的丧礼比韦睿更为隆重。韦睿死后被封为侍中，赐谥号严；裴邃也被封为侍中，并封为侯爵，赐谥号烈。

淮、淝军民感激裴邃的厚德，痛哭流涕。

第二十七章
滴血认亲

再逞淫威

北魏尚书元修义奉命讨伐莫折念生，中途染上风寒，不能统军作战。元诩便令萧宝夤代任，并任命崔延伯为岐州刺史，兼任西道都督，令他与萧宝夤一同出屯马嵬。莫折念生的弟弟莫折天生正准备在黑水扎营，崔延伯突然率军杀来，莫折念生猝不及防，大败而逃，被逼进小陇山。岐州、雍州及陇东之乱相继平定。

北魏京兆王元继被任命为大都督，正准备出京督统西道各军之时，岐州、雍州的捷报传来，元诩立即诏令各路兵马班师。

当时宦官刘腾、司徒崔光都已病死。胡太后以及北魏孝明帝元诩身边的监视稍微有所松缓。元义也觉得宽心不少，于是便沉浸于酒色，时常出外游玩，流连忘返，无暇顾及宫廷之事。

胡太后洞察一切，转忧为喜，乘元义外出的时候，把元诩和群臣召进来，对他们说："元义不让我们母子相见，隔绝我们母子往来，却又留着我，有什么用呢？还是让我削发为尼，度此余生吧！"说着说着，眼泪哗哗地就流下来了。

元诩与群臣磕头流泪，苦苦哀求，胡太后言语表情却更加严厉，执意要出家做尼姑，不肯改变主意。

为了劝慰胡太后，群臣恳请皇上陪胡太后歇一晚。于是，元诩当天晚上便住在嘉福殿，并一连住了几天，同胡太后密谋要贬黜元义。然而，元诩深匿形迹，没有行动，胡太后也做出特别愤恨的样子。元诩便把胡太后想常来显阳殿见自己的话告诉元义，流着泪对元义讲了胡太后想出家为尼的事情，表现出担忧害怕的样子，一天之内讲了四次。元义毫无所疑，反倒劝说元诩顺从胡太后之意。如此一来，胡太后数次住宿在显阳殿，两宫之间不再有什么禁限了。

胡太后年近四十，风韵犹存，哪里肯出家为尼，断绝六欲呢？放出这样的风声，无非是想迷惑元义，让他放松对自己的监管。元义中计了，不再像以前那样对胡太后戒备森严，胡太后偶尔还可以出殿行走，有时甚至携元诩一起出游，也无人阻碍。

元义曾推荐元法僧出任徐州刺史，谁知元法僧背叛北魏，投降了萧梁。胡太后数次在元义面前提到此事，弄得元义颇为惭愧。

丞相高阳王元雍的官职虽然在元义之上，但对元义却很畏惧。一天，胡太后与元诩出宫游玩，元雍趁机邀请他们来家做客，设宴款待，日落之时，元诩与胡太后随元雍进入内室，过了许久才出来。

几天之后，元雍随元诩朝见胡太后，启奏说：“元义父子权位太重，让人很不放心啊！”

胡太后于是召来元义，对元义说：“你如果忠于朝廷，没有反心的话，为何不辞去军职，担任别的官职继续辅政呢？”

元义听了太后的话特别害怕，摘下帽子请求解除自己的军职。

两宫当即允准，任命元义为骠骑大将军，兼任尚书令，改任侯刚为领军将军。

元义见是同党接替自己的职务，没有怀疑太后的动机，丝毫没有觉察到一张巨网正悄悄地向他的头顶罩过来。

元诩立胡太后的侄女胡氏为皇后，却不怎么喜欢她，不久，又另纳一名潘氏女子为充华。这女子有倾城倾国的容貌，深得元诩欢心。宦官张景俊向来与元义不和，便经常对潘充华说元义要加害她。潘充华便向元诩哭诉说："元义不仅仅要害我，还将对陛下使坏，陛下要多加小心，不要中了奸人的圈套啊！"元诩自此也视元义为眼中钉，恨不得马上除掉他。

元义被解除军职后，胡太后担心元义的党羽势力强大，不能立即制约，便让侯刚代替元义担任领军，以便暂时稳住这些人。很快又让侯刚出任冀州刺史，侯刚还没有上任，又被降为征虏将军，病死在家中。

胡太后想杀贾粲，考虑到元义的党徒众多，担心惊动朝廷内外，于是让贾粲出任济州刺史，不久，又派人追上杀了他，他的家产、人口全部没收入官府。除掉侯刚和贾粲，断了元义的左膀右臂。

正光六年（525年）四月初，元诩借元义出宫住宿之机，解除了他的职务。第二天早晨，元义要进宫，被守卫挡在宫门外。

胡太后再次临朝听政，下诏将元义贬为庶民，并追削刘腾的官爵。

清河国郎中令韩子熙上书朝廷，恳请为清河王元怿申冤，诛死元义，将刘腾掘坟鞭尸。胡太后随即允准，并将刘腾的养子也杀了，查抄全部家产。

早先之时，黄门侍郎元顺因刚直不阿逆犯了元义，被贬出朝廷，担任齐州刺史。胡太后召他回来，任命为侍中。元顺是任城王元澄的儿子，他见元义没死，不免有些忧虑。

一次，元顺入内殿向胡太后禀报朝事，元义的妻子正好坐在太后身边。元顺指着元义的妻子说："太后怎么能为了自己的妹妹，置百姓的怨愤于不顾呢？"

胡太后哑口无言，元义的妻子却潸然泪下。元顺随之拜辞而出。

以前，咸阳王元禧因谋逆被杀，他的儿子大多投降萧梁。其中有一个儿子叫元树，被梁武帝萧衍封为邺王。元树致信北魏大臣，揭发元义的罪状。胡太后由于妹妹求情，还是不忍心杀元义。至此，胡太后对侍臣说："刘腾、元义曾向我索要免死铁券，幸亏没有给他们。"

舍人韩子熙接口说："元义等人的罪恶，不是一枚免死铁券就能赦免的，况且太后也没有给他，明知他罪大恶极，为何不杀掉他呢？"

胡太后怅然失意，没有说话。

不久，有人揭发元义，说他与弟弟元瓜引诱六镇投降的百姓，准备在定州起事。胡太后仍然迟疑不决。

群臣恳请诛杀元义，元诩也说要杀元义，胡太后才听了众人的意见，令元义和弟弟元瓜在家中自尽。元义的父亲京兆王元继被罢黜回家，不久病死了。

元义的妻子居家守丧，寂寞寡欢。元义的弟弟元罗没有坐罪，竟然天天勾引嫂子，没过多久，二人便情同伉俪。

滴血认亲

胡太后再次临朝听政，改元孝昌，重新回到放纵无度的旧态。

胡太后复出后，立即任命她的旧相好、前参军郑俨为中书舍人，兼尚食典御，昼夜住在宫中，节假日回家，胡太后都要派宦官跟着他，郑俨见妻子，只能说一些家事，不能在家留宿。

原中书舍人徐纥是元怿厚待之人，胡太后召任他为中书舍人，成为胡太后的又一个男宠。

胡太后还经常浓妆艳抹，带着男宠出外游乐。元顺当面劝谏说："《礼》中规定，妇人丈夫去世后，自称未亡人，头上不戴珠玉之饰，衣服不加色彩花样。陛下母仪天下，年近四十，修饰打扮得太过分了，何以为后世做出榜样呢？"

胡太后面露愧色，回到宫中，立即召来元顺，斥责道："我把你从千里之外征召回来，难道就是为了让你当众羞辱我吗？"

"陛下！"元顺说，"你为何不害怕天下人讥笑，却为我的一句话而感到羞耻呢？"

胡太后无法反驳，只得一笑作罢，但心中不免生怨。

正在这时，萧梁的豫章王萧综自徐州来洛阳投降。胡太后大喜，嘱令孝明帝元诩优礼相待。于是，元诩任命萧综为侍中，封为丹阳王。

当初，梁武帝收纳东昏侯的宠姬吴淑媛，七个月后生下萧综，许多人都怀疑萧综是东昏侯的儿子。吴淑媛失宠后，她把这个秘密告诉萧综。萧综半信半疑，想到民间有滴血认亲的说法，便带着心腹在夜里挖开东昏侯的坟墓，开棺取骨，割指滴血，结果血渗进东昏侯的骨头里，他又用其他人的血试了试，却没有谁的渗进去。他坚信自己是东昏侯的儿子，便起了异心，一心伺机起事。

萧综多次请求调到边关任职，萧衍不批准。后来，北魏元法僧投降了萧梁，元略、陈庆之前去接应元法僧，大败而归，萧衍这才令萧综出京督率各军，镇守彭城，并负责徐州府事。同时，召元法僧进京任职。

北魏临淮王元彧率兵两万攻打彭城。梁武帝萧衍担心萧综不善战，命令他带兵回京。萧综害怕南归之后不能再北来，竟然连夜投靠了元彧。

彭城失去了主帅，军队彻底崩溃。魏军进入彭城，掳走长史江革等人，令他们随萧综前往洛阳。萧综到洛阳，得到北魏的封赏，随即他为东昏侯守孝，穿了三年孝服，改名萧赞。

梁武帝得到消息，大为惊骇，准了群臣的奏请，革去萧综的爵位，并将他从皇族名册中除名，改他的儿子萧直姓悖氏，令吴淑媛自尽。

不久，北魏把江革等人送回萧梁，要求交换元略。萧衍答应北魏的要求，两国相互进行了交换。

元略回国后，北魏朝廷为他的父亲平反，恢复他父亲中山王的爵位，并封他为侍中，赐东平王的爵位，任命为尚书令。

萧衍亲自召见江革，向他询问萧综背叛的细节，江革据实陈奏。萧衍觉得萧综为生父守孝，算得上是孝子，于是下诏恢复萧综在皇族名册中的名字，追赐吴淑媛谥号敬，封萧综的儿子萧直为永新侯。

色胆包天

有一件暧昧的事情，说起来让人觉得有点可笑。萧衍的女儿中，临安、安吉、长城三位公主素有文才，唯独永兴公主顽皮荒淫，不但与叔父临川王萧宏通奸，而且还和萧宏密谋，欲刺杀自己的父亲，让萧宏当皇帝，她当皇后。后来事情败露，萧衍伤心欲绝，把永兴公主撵出京城。永兴公主觉得没脸面对父亲，不久暴毙。临川王萧宏忧惧成疾，最后也病死了。

萧宏在生病期间，萧衍前往探视过他七次，萧宏死后，萧衍又追封萧宏为侍中、大将军、扬州牧，赐谥靖。有这样狂傲的弟弟和大逆不道的女儿，萧衍不但千方百计地替他们掩饰，甚至还特别优待他们。

北魏的日子也不平静，乱成了一锅粥。莫折天生虽然败逃，西北的敕勒酋长胡琛却自称高平王，派部将万俟丑奴侵犯北魏的泾州。萧宝夤、崔延伯移师支援，萧宝夤被狡猾的万俟丑奴逼入安定。崔延伯中箭身亡。贼势日益强盛，北魏大震。

当时，北魏的李崇病故，广阳王元渊进兵五原。统军贺拔度拔父子在北魏西部的铁勒与破六韩拔陵的得力部将卫可孤大战。贺拔度拔战死，他的三个儿子贺拔胜、贺拔允、贺拔岳跑到五原投奔广阳王元渊。元渊见他们骁勇，引为得力部将。

恰在此时，破六韩拔陵又率兵前来，把五原城团团围住。贺拔胜带着自己招募的两百壮士杀出东门，歼敌百余人，击退破六韩拔陵。

元渊乘胜进军，收复怀朔州（即怀朔镇）。穷途末路的破六韩拔陵逃到沃野，最后被柔然主阿那瓌杀掉。北魏朝廷派中书舍人冯隽前往犒赏柔然军。阿那瓌送走冯隽后，自称头兵可汗，盘踞塞外，拥众称雄。

沃野之乱平定，北魏去一祸首，还有莫折念生、胡琛两路叛军未灭，不得不分头征剿。没想到两路贼寇未灭，又冒出两路贼寇来：一路是柔玄镇乱民杜洛周在上谷起兵造反，改元真王；一路是五原的降民鲜于修礼在定州起兵造反，改元鲁兴。北魏的形势更加混乱。

警报雪片似的飞往洛阳。孝明帝任命幽州刺史常景为行台征虏将军，令他与幽州都督元谭讨伐杜洛周；任命扬州刺史长孙稚为骠骑将军，令他与河间王元琛讨伐鲜于修礼。交战数月，元谭直到起用了于荣，军务才有起色。河间王元琛与长孙稚不和，以致魏军在滹沱河战败。元诩罢免了两人的官职，改用广阳王元渊为大都督，令章武王元融及将军裴衍做副手，攻打鲜于修礼。

元渊是太武帝拓跋焘的曾孙，与城阳王元徽是堂兄弟，元徽的妻子于氏与元渊通奸。元徽管不住妻子，只有更加仇恨元渊。元渊出征以后，元徽趁机对胡太后说："元渊居心叵测，不可不防！"

胡太后给章武王元融去了一道密诏，要他提防元渊。没想到元融却把太后的密诏拿给元渊看了。元渊当即上奏为自己辩护，并弹劾元徽。说元徽作恶多端，谗害功臣，恳请太后将元徽调出京城，这样自己才能安心作战。胡太后搁置不理。

当时，元徽担任尚书令，与中书舍人郑俨等人朋比为奸，表面上一副柔和、严谨的模样，心里却非常嫉妒他人，在赏罚方面随心所欲，北魏的朝政因此而更加混乱。

元渊听说朝廷仍然重用元徽，心里更加不安，行军时遇到的大事小事，他都不敢做出决定，行军也是走走停停，速度很慢。

恰巧强盗首领元洪业斩了鲜于修礼，请求投降北魏。强盗同伙葛荣又杀了元洪业，自任头领，并率部众赶往瀛州。

魏廷催促元渊迅速进军，元渊派章武王元融率兵攻打葛荣，结果元融兵败战死。元渊外畏贼势，内忧谗言，更是进退彷徨，暗自感伤不已。

城阳王元徽乘机落井下石，先是弹劾，后是暗杀，逼得元渊逃入博陵郡界，落入葛荣的游骑之手，身首异处。

元诩任命杨津为北道都督，令他率兵抵挡葛荣。并因朔方扰乱，特授博陵郡公尔朱荣为安北将军，令他都督恒、朔二州军事。

尔朱荣经过肆州时，刺史尉庆宾紧闭城门，将尔朱荣拒之城外。尔朱荣盛怒之下，率众登城，捉拿了尉庆宾，并擅自任命叔父尔朱羽生为刺史。后来，尔朱荣的势力越来越强大，逐渐不受北魏的控制。

第二十八章

萧宝夤称尊

内忧外患之下的北魏

尔朱荣在肆州得了贺拔胜兄弟后，拍着贺拔胜的肩膀，高兴地说："得到你们兄弟俩，不愁天下不能平定了！"随即授贺拔胜为别将。行军中遇到的事情，无论大事小事，朱尔荣都会找贺拔胜商量。贺拔胜等人也乐得为他效力。北魏乱势纷纷，元诩忙得焦头烂额，担心兵将不足，便想依靠尔朱荣平定北方，根本没考虑到尔朱荣的野心。

北魏内忧不断，给外敌以可乘之机。梁豫州刺史夏侯亶趁淮水暴涨之机，进兵寿阳。

北魏扬州刺史李宪等不到援军，只好向萧梁投降。萧衍称寿阳为豫州，将合肥改为南豫州，并令夏侯亶管辖二州。

此后不久，梁将湛僧智、司州刺史夏侯夔又攻克广陵。梁廷下令，湛僧智镇守广陵，夏侯夔镇守安阳。接着，梁将陈庆之与曹仲宗又攻克北魏涡阳，并击败增援涡阳的魏军。

刘宋时期，淮北被北魏占据，萧齐末年，北魏军又占据了淮南。如今，萧梁趁北魏内乱，一连攻克两淮城镇。

北魏突然间失去大片国土，却又无力夺回，再加上北方的乱事一天急过一天，可以说是寇贼遍地，烽火连天。

杜洛周侵略蓟南，转趋范阳，被北魏行台将军常景击败。然而，常景的得力战将只有一个于荣，于荣忽然病故后，常景随即失势。幽州民众甘心从乱，打开城门迎进杜洛周，幽州沦陷。

葛荣以瀛州为根据地，向南进军，攻克殷州、冀州。

西道行台大都督萧宝夤出兵数年，只知道添兵添饷，却始终没有做出一点成绩。莫折念生与胡琛不和，两贼自相残杀。莫折念生屡战屡败，于是便向萧宝夤行贿，想投降北魏。当萧宝夤派行台左丞崔士和去收复秦州时，莫折念生却又反悔了，杀死崔士和，秦州再次沦陷。

萧宝夤自泾阳出兵，准备亲自讨伐莫折念生，谁知交战失利，竟然被莫折念生打败，只得收集散兵一万多人，逃到逍遥园。

东秦州刺史潘义渊献出城投降了贼寇。莫折念生进逼岐州，岐州城里的人抓住刺史魏兰根策应莫折念生。幽州刺史毕祖晖战败身亡，行台辛深弃城逃跑。北海王元颢的军队也战败，整个关中一片混乱。

雍州刺史杨椿急忙募兵七千余人，奋力抵御，才得以保全雍州。孝明帝元诩加封杨椿为侍中，任命他为行台统帅，指挥关中各位将领。

莫折念生派弟弟莫折天生进攻雍州，在萧宝夤的协助下，杨椿军大破贼兵，杀敌数千余人，莫折天生战死，雍州之围自解。

莫折念生刚要进逼潼关，听说弟弟战死，慌忙弃关往西逃窜而去。

萧宝夤称尊

孝明帝元诩因萧宝夤战败，将他革职，贬为庶民，又下诏准备西征。得到潼关的捷报，又要北讨葛荣。诏书中说得很夸张，其实都是纸上谈兵，因为将士们沙场征战，洛阳城却是纸醉金迷。一边是元诩与潘嫔等肉战，一边是胡太后纵情淫荡，宫闱之内，通宵狎亵，笑语连天。一切军事行动，都交给城阳王元徽及两三个嬖臣处置。真实情况是贼势未灭，朝中却无将可调，稍能打仗的雍州行台杨椿又上书抱病，恳请朝廷派人去接替自己。魏廷无将可派，只得重新起用萧宝夤，让他负责淮、泾等四州的军事，兼任雍州刺史。

杨椿卸任还乡，他的儿子杨昱即将前往洛阳，特意嘱咐儿子转奏两宫，说萧宝夤有能力胜任雍州刺史，但此人心怀不轨，有背叛朝廷的迹象，朝廷应该谨慎挑选萧宝夤的副手，这样才能束缚他的野心。

杨昱奉父命到洛阳，向元诩与胡太后转陈了父亲的话，此时的两宫已是晨昏颠倒，神志迷离，哪里听得进杨昱的话。

果然，没过多长时间，便传来雍州行台萧宝夤杀死关右大使郦道元，起兵谋反的消息。

原来，萧宝夤西讨莫折念生战败受惩之后，已经很是不满，虽然又被朝廷起用，终究还是心有余悸。莫折念生回到秦州，被州民杜粲纠众杀死，杜粲随即派人向萧宝夤请降。南秦州城民辛琛也派人向萧宝夤乞降。萧宝夤忙向朝廷报捷。元诩随之恢复萧宝夤齐王的爵位，仍封他为尚书令。

中尉郦道元向来以严苛著称，办事从来就是公事公办，哪怕是有权有势的皇亲贵戚，也不例外。司州牧汝南王元悦宠幸的小吏丘念，玩弄权术，为非作歹。郦道元依法将丘念收捕下狱，准备处以重刑。元悦向胡太后求情，胡太后欲赦免丘念。郦道元料到其中的奥妙，不等朝廷诏书发下来，便先下手为强，下令杀了丘念，并弹劾元悦，说他姑息养奸。胡太后没有理会。

元悦恨透了郦道元，随之恳请胡太后将郦道元调任关右大使。关右是萧宝夤的势力范围，如果朝廷派兵去前往镇压，一定会激怒萧宝夤。元悦使的是借刀杀人之计。朝廷没有人识破其中的玄机，立即派郦道元西行。

果然，萧宝夤得知消息，认为郦道元是来收拾自己的，特别害怕。长安的轻薄子弟乘机劝萧宝夤起兵。萧宝夤就起兵一事询问柳楷。

柳楷说："大王是齐明帝之子，天下归心，如果起兵谋事，正合众望。况且民谣说'鸾生十卵九卵破，一卵不破关中祸'，大王你该治关中，有什么怀疑的呢！"

萧宝夤不再犹豫了，决定背叛北魏。郦道元到了阴盘驿，萧宝夤先派部将郭子恢在郦道元的必经之路设下埋伏,可惜曾为《水经》作注的中国著名地理学家郦道元,就这样惨死于兵变之中。

郦道元死后,萧宝夤向朝廷上奏,说郦道元被秦地的鲜卑人杀害,又上表替自己申辩,说杨椿父子陷害自己。

魏廷责令萧宝夤捉拿凶手,萧宝夤就是凶手,怎么捉呢?这件事当然就不了了之,元悦的借刀杀人之计,阴谋得逞。

行台郎中苏湛卧病在家,萧宝夤让苏湛的表弟姜俭前往游说,苏湛不等姜俭说完,就放声大哭。姜俭问这是何意。苏湛回答说:"我家有一百多口人,即将满门抄斩,怎么能不哭呢?"说完,又哭了好久,这才对姜俭说,"你替我转告齐王,他在穷途末路之时投奔北魏,没有北魏,他能有今天的荣宠吗?做人不能忘恩负义,即使北魏朝廷再腐败,在百姓心中仍然还有声望。齐王的威信和惠德还没有广布于民,便想率领一群羸弱的士兵守关问鼎,怎么可能成功呢?我不想蹚这浑水,还请齐王允许我回家,让我自生自灭吧!"

萧宝夤知道苏湛不能为己所用,也不勉强,允许苏湛回乡。

长史毛遐与弟弟毛鸿宾率领氐、羌部落的民众在马祗栅抵抗萧宝夤,萧宝夤派大将军卢祖迁攻打他们,结果卢祖迁反被毛遐杀了。

萧宝夤自称齐帝,改年号为隆绪,设置百官,穿着帝王服在南郊祭天,行即位仪式。在场的伪官吏还来不及呼万岁,就传来了卢祖迁战败身亡的消息。

萧宝夤神色大变,来不及整理队伍,匆匆回城。立即派部将侯终德率兵攻打毛遐兄弟,并派重兵据守潼关。

正平的百姓薛凤贤、薛修义等人也在河东聚集众人,占据盐池,围攻蒲坂,响应萧宝夤。

北魏朝廷任命尚书仆射长孙稚为行台统帅,率兵讨伐萧宝夤。又派都督宗正珍孙去讨伐薛凤贤、薛修义。

长孙稚率兵来到恒农,听说萧宝夤正在围攻冯翊,便与部将商议,想援救冯翊。行台左丞杨侃说:"贼众占据潼关,守备防御已经稳固,不如北攻蒲坂，再渡过黄河向西，直捣叛贼老巢，萧宝夤必回军自保。"

长孙稚惊喜地问："围魏救赵？"

"对！"杨侃说，"就是潼关守军，也会惊慌退走。周围的城池之围自解，长安城也会为我所得。如果此计可行，请让我打头阵。"

"计策是很好，但薛修义屯兵河东，薛凤贤又占据安邑，听说宗正珍孙也被阻挡在虞坂。"长孙稚问道，"我军还能冒险行进吗？"

"宗正珍孙一介武夫，不懂行军打仗，二薛也都是乌合之众，只能欺吓宗正珍孙，吓不了别人。"

长孙稚于是派大儿子长孙子彦与杨侃率骑兵从恒农北渡黄河，进据石壁。杨侃让队伍停下来，等待后续的步兵，顺便看一看民心所向。他让那些前来送投降名单的人各自回村，对他们说："我军点燃三堆烽火，你们立即举火相应，如果这样做了，我发誓不会侵犯你们，那些不举火相应的人，便是贼军的同党，不但要杀掉他们，还要没收他们的财产。"

村民听了这话，立即奔走相告，等到官军点燃烽火，他们全都举火相应，顷刻之间，火光连绵数百里。

薛修义等人屯兵河东，突然见到望不到尽头的烽火，不知来了多少敌人，吓得仓皇而逃。随之与薛凤贤一起请求投降。潼关的守兵一看形势不妙，果然纷纷撤走，杨侃立即飞报长孙稚。

长孙稚见潼关空虚，率军进入潼关，与杨侃在河东会师。

杨侃率兵长驱直入，击败萧宝夤的部将郭子恢。而奉命攻打毛遐的侯终德竟然与毛遐等人串通，反过来攻打萧宝夤。

萧宝夤出城迎战，士兵却毫无斗志，未战先溃。萧宝夤知道大势已去，急忙回城，带着妻儿从后门逃走，投奔万俟丑奴去了。

万俟丑奴是胡琛的部将，胡琛被破六韩拔陵的党羽费律击毙，万俟丑奴召集残众占据高平，歼灭了破六韩拔陵的余党。

萧宝夤前来投奔，万俟丑奴封他为太傅，自称天子，忙着设置官属。刚巧波斯国向北魏敬献狮子，被万俟丑奴截留，当作吉祥物，称这年为神兽元年。

尔朱荣兴师

胡太后再次临朝听政以来，奸臣擅权，政事紊乱，纲纪松弛，恩威不立，边界一天天缩小。此时的孝明帝元诩已渐渐长大，见识也与日俱增。胡太后自知自己未守妇道，担心左右将自己的丑事泄露给儿子元诩知道，凡是元诩宠信的人，她都要变着法子整他们，或者放外任，或者干脆除掉，并想方设法不让元诩知晓外间事务和朝政。

散骑常侍谷士恢和元诩过往甚密。胡太后便想将他调出京城，出任外州刺史。谷士恢不想离京，胡太后便找人诬陷谷士恢有罪，把谷士恢杀了。还有一个密多道人，通晓胡语，元诩常把他带在身边。胡太后暗中派人在城南把密多道人给暗杀了。然后诈称被盗贼所杀，并悬赏捉拿杀手。元诩眼睁睁地看着自己的宠臣受死，非常愤恨，母子之间从此有了隔阂。

当时，葛荣、杜洛周二贼互相吞噬，杜洛周被葛荣击毙，其余党羽纷纷投降葛荣。葛荣的凶焰越来越盛，南趋邺城。

安国将军尔朱荣因葛荣南逼，上奏朝廷，要求允许自己率兵东援相州。以胡太后为首的朝廷没有答复。接着，他又上表要求派兵守滏口，以防山东贼西逃，朝廷仍然不许。等到尔朱荣的女儿迎进宫，册封为嫔，元诩才封尔朱荣为骠骑将军，督管并、肆、汾、广、恒、云六州军事，不久，又晋升他为右光禄大夫。

怀朔镇有一个名叫高欢的函使，刚开始与段荣、尉景、蔡隽先等人投靠杜洛周，本想图谋杜洛周，取而代之，结果没成功，后来又投奔尔朱荣。尔朱荣见高欢身形瘦弱，神色憔悴，觉得他很平庸，将他安置在帐下做自己的随从。一次，高欢随尔朱荣来到马厩，马厩中有一匹烈马，不喜欢生人靠近，凡有生人靠近它，又踢又蹬。尔朱荣令高欢给这匹马剪毛。高欢直接拿着剪刀走过去，慢慢地剪，那匹马竟然很驯服。修剪完后，高欢对尔朱荣说："制服恶人的办法也是如此。"

尔朱荣很惊奇，当即把高欢请到内室，屏退左右，向他征询对当前局势的看法。高欢说："现在皇上软弱，太后淫乱，奸佞小人专权，朝政紊乱。凭你的雄才大略，应该伺机起事，成就一番霸业。"

尔朱荣很高兴。从此，高欢便经常参与尔朱荣的军事谋划。

并州刺史元天穆，是元孤的五世孙，跟尔朱荣关系很密切，当尔朱荣表示想进京城时，他非常赞成，帐下都督贺拔岳也在一旁怂恿。

于是，尔朱荣广招兵马，集草屯粮，向北守卫马邑城，向东占据井陉。紧锣密鼓地筹划进京一事。恰好孝明帝元诩派人送来一份密诏，令尔朱荣进京除掉胡太后的情夫——中书舍人郑俨、徐纥。于是，尔朱荣有了率兵进京的借口，立即整军出发，令高欢为前锋。

走到上党，又传来一道密诏，令尔朱荣不必入京。尔朱荣不禁踌躇起来，高欢当即对他说："大人现在骑虎难下，有进无退，为何还要想那么多呢？"尔朱荣于是决定继续前进。

第二天，从洛阳传来一道哀诏，说魏主暴毙，已经立嗣子为皇帝。过了几天，又传来胡太后的诏令，说嗣子不是皇儿，而是一名公主，所以太后决定扶持临洮王元宝晖的后代元钊做皇帝。这种迷离恍惚的诏书，惹恼了朱尔荣，当即上奏表示反对。

孝明帝元诩才十九岁，平时身体也不错，为何突然暴毙呢？原来，郑俨、徐纥二人见尔朱荣兵进洛阳，担心灾祸会降临到自己头上，暗中与胡太后商议，打算毒死皇上。元诩可是胡太后的亲儿子啊！她居然就同意了。于是设计毒杀了元诩，册立伪皇子为帝。先前，潘嫔生下一名公主，太后假称为皇子，改元武泰。

元诩死后，潘妃声明自己生的是公主，胡太后只得改立临洮王的世子。从前京兆王元愉因谋逆而被夺去爵位，胡太后却追封他为临洮王，令他的儿子元宝月袭爵。元钊是元宝月的儿子，年仅三岁。胡太后想达到亲政的目的，所以才立元钊为傀儡皇帝。

由于尔朱荣势力强大，胡太后也有所畏惧，急忙追赐已故魏主元诩为孝明皇帝，庙号肃宗，并为元诩办了一个隆重的丧礼。然后派尔朱荣的堂弟尔朱世隆去安慰尔朱荣，劝他率兵回去。

第二十九章
拥立新帝

太后魂断黄河

尔朱荣的堂弟尔朱世隆，当时任直宦，胡太后派他到晋阳慰问安抚尔朱荣。尔朱荣看了诏书后，对尔朱世隆说："这件事我不便依你，你也不用回朝廷了。"

尔朱世隆却说："现在朝廷怀疑兄长有反叛之意，所以才派我来送诏书，如果我留下来，反而会让朝廷的猜疑坐实，如此一来，朝廷就会提防兄长，这可不是个好计策啊！"

尔朱荣觉得让尔朱世隆言之有理，随即让他返回洛阳。

尔朱世隆离开后，尔朱荣便与元天穆商议，两人都认为彭城王元勰的儿子长乐王元子攸最适合继承皇位。尔朱荣当即派侄子尔朱天光赶往洛阳去见元子攸。在尔朱世隆的帮助下，尔朱天光拜见了元子攸，说明来意。元子攸非常兴奋，满口答应后，立即返回晋阳。

事情的进展虽然很顺利，尔朱荣反而又犹豫起来。从前北魏册立皇后时，首先要铸造铜像，如果铜像铸成，那名女子才能册立为皇后，否则被视为不祥，立即取消册立资格。尔朱荣于是援例卜吉，也为皇室的子孙们铸造铜像，以此占卜谁能做皇帝，结果只有长乐王元子攸的铜像铸成了。尔朱荣这才从晋阳起兵。

尔朱荣在晋阳起兵南下，尔朱世隆得到消息后，逃出京城，北上与尔朱荣在上党相会。

胡太后听说尔朱荣起兵，立即召王公大臣进宫，商议对策。由于宗室大臣平时都不满胡太后的所作所为，都不愿给她出谋献策，于是都沉默不语。只有胡太后的亲信徐纥说："尔朱荣只是一个小小的胡人，怎么敢向朝廷宣战？只派留京的官兵出城迎战，就够他喝一壶了。现在我们只要扼守险要，以逸待劳，尔朱荣远道而来，人马疲惫，不出几个月，一定能够打败他。"

胡太后于是任命黄门侍郎李神轨为大都督，率兵迎击尔朱荣；又派郑季明、郑先护率兵驻守河桥，武卫将军费穆屯兵小平津。

就在胡太后派兵北上的时候，尔朱荣已经南下到达河内，并秘密派人到洛阳迎接长乐王元子攸。四月，元子攸与其兄彭城王元劭、其弟霸城公元子正一行，偷偷从黄河南岸一个叫高渚的渡口过河，来到尔朱荣军营。尔朱荣率众列队迎接，众将士高呼万岁，随之，尔朱荣拥元子攸为帝，史称北魏孝庄帝。

元子攸随之任命兄长元劭为无上王，弟弟元子正为始平王；又封尔朱荣为侍中、都督中外各军事、领军将军、太原王；当即传诏远近，令附近的官吏归顺。

守河桥的郑先护平时与元子攸关系密切，听说他即皇帝位，当即与郑季明一起开城迎接尔朱荣，费穆也向元子攸称臣。李神轨赶赴河桥，听说河阳失守，丢下军队，逃回老家去了。尔朱荣兵不血刃，直抵京城。

徐纥得到消息，料知大势已去，也顾不了胡太后，带着家眷连夜逃往兖州去了。郑俨也逃到乡下去了。胡太后失去两位宠臣，黔驴技穷，没有办法，只好尽召孝明帝的后宫，让她们全部出家，自己也落发为尼，以为这样就可以免罪。

尔朱荣率兵进城，一面召集百官出城迎接孝庄帝车驾，一面派骑兵进宫，把胡太后及幼主元钊押送到河阴。

在河阴，胡太后向尔朱荣百般哀求。昔日连见天颜机会极少的秀容酋长，居然牛气冲天，拂袖而起，下令将胡太后和三岁的小皇帝元钊扔到黄河淹死了。

河阴之变

费穆暗中劝尔朱荣说："大人的兵马不过一万，却长驱直入，兵不血刃地进入洛阳，但是，大人既没有大胜之威，朝臣暗中也不服。如果有一天他们摸清我们的虚实，一定会作乱。大人如果不大肆铲除异己，把朝中官员换成自己的人，我担心大人哪一天北行，恐怕还未走过太行山，洛阳就变天了。"

费穆的话，正中下怀，尔朱荣于是对另一个亲信慕容绍宗说："洛阳人口众多，骄侈成习，我想趁文武百官迎拜新皇帝之时，杀掉他们，你认为如何？"

慕容绍宗是个明白人，他劝尔朱荣说："胡太后荒淫失德，纵容奸佞弄权，导致朝政混乱，所以你才兴师问罪，肃清宫廷。如果不分忠奸，无故杀戮，恐怕会让天下人大失所望，这可是自取灭亡之道啊！还请大人三思。"

尔朱荣根本就听不进这些话，仍然独断专行，请孝庄帝率百官沿河西行至孟津，然后又说要祭天，把百官引到行宫西北，规定不准请假。

当百官在指定的地点集合好后，尔朱荣命令骑兵将现场团团包围，指责百官说："现在天下大乱，先孝明帝暴崩，都是由于朝臣贪虐，不能很好地辅佐皇帝所致，你们这些人个个该杀。"说罢，纵兵大杀。上至丞相元雍、司空元钦、义阳王元略，下到一般朝臣，死者达两千多人，史称"河阴之变"。

有一百多名朝廷官员后到，尔朱荣又让骑兵包围了他们，对他们下令说："如果谁能作一篇元氏禅让皇位于尔朱氏的文告，就可以免死。"

侍御史赵元则第一个站出来响应，尔朱荣便让赵元则起草禅让文告。然后又命令士兵们高呼："元氏既灭，尔朱氏兴。"士兵们一齐山呼万岁。

尔朱荣又派数十人持刀来到行宫，当时的孝庄帝元子攸正与兄弟元劭、元子正一起往帐外走，想看看外面发生了什么事情。几个士兵上前拦住元子攸，声称防卫，将他拥入帐中。其余的人把两位王爷砍成几段。听到两个兄弟的惨叫声，元子攸问是怎么回事，士兵不答，逼着他走到河桥，软禁在帐篷之中。

元子攸悲愤交加，没想到刚做了几天皇帝，亲兄弟就横死眼前。他派人告诉尔朱荣说："帝王更替，盛衰无常。今四方瓦解，将军奋袂而起，所向无敌，此乃天意，非人力所能及！我本相投，志在全生，岂敢觊觎帝位，将军见逼，以至如此。若天命有归，将军可自正尊号；若谦让不居，请为北魏社稷着想，择贤者辅之吧！"

尔朱荣听了这话，又与部众商议，都督高欢劝尔朱荣早日称帝，将军贺拔岳却劝他说："将军之所以发起义师，就是想铲除奸臣，荡平逆贼。现在逆贼未平，你却想自立为帝，我想这样做，不仅请不来福运，还可能招惹祸端，引火烧身。"

尔朱荣忐忑不安，于是派人为自己铸造铜像。北魏王朝以及北方胡人，凡做重大决策时，常常铸铜像以卜吉凶，谁知铸了四次，一次也没有成功。尔朱荣又让功曹参军刘灵助占卜，结果刘灵助也说不吉利。

尔朱荣沉思良久，问刘灵助："如果我不行，元天穆怎么样？"

刘灵助说："元天穆也不吉利，只有长乐王元子攸的卦象大吉。"

尔朱荣向来信任刘灵助，听了他的话，不由害怕起来，不吃不睡，只是在室内徘徊，还一边自言自语地说："尔朱荣，你怎么就铸成如此大错呢？看来只能自杀以向朝廷赔罪。"

贺拔岳劝尔朱荣杀掉高欢。尔朱荣被他这一激，便真的打算杀掉高欢，最后经身边的人劝阻，尔朱荣才作罢。

半夜四更时分，尔朱荣独自骑马出营，到河阳拜见元子攸，叩头请罪。元子攸扶起尔朱荣，免不了抚慰几句。尔朱荣立即在前面带路，把元子攸引进营中。

尔朱荣率领的胡人骑兵因杀朝廷大臣太多，都不敢进入洛阳城，便想将国都迁到北方。尔朱荣犹疑了很长时间，武卫将军泛礼坚决反对迁都。尔朱荣才打消迁都的念头。于是安排仪式，簇拥元子攸进入洛阳城，下诏大赦，改元建义。

洛阳城的官吏已死大半，侥幸活下来的少数闲散官吏也都逃之夭夭，躲藏起来不敢露面。偌大的洛阳城，既没有士兵守城门，也没有官吏上班，只有散骑常侍山伟一人前来拜见新皇帝，接受赦免。

尔朱荣也觉得很凄凉，于是请求皇上追封那些死去的大臣，稍微弥补一下自己的罪责。

元子攸当然同意，先封父亲彭城王元勰为文穆皇帝，母亲李氏为文穆皇后，将父母的灵牌迁到太庙，号为肃祖；随后尊皇兄元劭为孝宣皇帝，皇嫂李氏为文恭皇后；并找出藏匿在民间的侄子元韶，让他承袭彭城王的爵位。其他人如皇伯父高阳王元雍，皇弟始平王元子正等，都追赐他们谥号。接着又采取了一些招抚旧臣、安抚百姓的措施，京城这才安定下来。旧臣也陆续回朝任职。尔朱荣的部下有拥护之功，分别都得到奖赏。

尔朱荣的将士仍然害怕遭到报复，都劝尔朱荣迁都。尔朱荣又心动了，再次向元子攸提起迁都之事。元子攸唯唯，众人诺诺，唯有都官尚书元谌坚决反对。尔朱荣怒斥道："迁都关你屁事，这么固执！难道不知道河阴之事吗？"

元谌朗声说："天下事天下人论之，为何用河阴之事吓唬我元谌？我是皇家宗室，位居尚书之位，生既无益，死又何损。就算今天肝脑涂地，也无所惧。"

尔朱荣大怒，拔剑欲杀元谌，多亏他的堂弟尔朱世隆一旁苦劝，元谌才保住了一条命。当时在场的人个个震悚，元谌自己却神色自若。

几天以后，尔朱荣与元子攸登高远眺，见宫阙壮丽，树木成行，感叹地说："为臣我先前愚昧啊，皇城如此之盛，我还要迁都，现在总算明白元谌为何坚决反对迁都了。"从此，尔朱荣再也不提迁都之事了。

不久，郑俨、徐纥、李神轨的消息陆续传来。原来，魏主元子攸行文各地，要求地方官加大对郑俨、徐纥、李神轨三人的搜捕力度。郑俨逃回家乡，与堂兄荥阳太守仲明一起起兵，后来被部下杀死。徐纥逃往山东泰山郡投靠太守羊侃，听说朝廷下令严加搜捕，便与羊侃投奔了萧梁。李神轨则下落不明，大概死在逃亡途中了吧。

汝南王元悦，临淮王元彧，北海王元颢之前避难投奔南方。元彧听说魏主元子攸正在四处寻找宗室成员，于是上书梁廷，请求放他回国。萧衍不便强留，只得放行。元彧回到洛阳，元子攸任命他为尚书令，兼任大司马。

五月，尔朱荣又被加封为北道大行台。尔朱荣亲自到明光殿参见孝庄帝元子攸，为在河桥残杀百官之事向皇帝谢罪，发誓决不会对朝廷有二心。元子攸起身抚慰，表示不怀疑尔朱荣有二心。尔朱荣非常高兴，便要来酒喝，结果喝得烂醉如泥。

元子攸看着这位残杀自己兄弟的权臣，想趁机杀掉他。左右大臣苦苦相劝，说周围侍卫全是尔朱荣的党羽。元子攸这才作罢。让人用床将尔朱荣抬到中常侍省的房间休息。尔朱荣半夜酒醒，心中非常害怕，从此再也不敢在皇宫里留宿。

不久，魏主元子攸打算册立皇后，尔朱荣想将自己的女儿改嫁给元子攸。但是，尔朱荣的女儿曾是孝明帝元诩的妃嫔，而元诩是元子攸的侄子，怎么能将侄媳妇娶来做妻子呢？元子攸不便依从尔朱荣的意思，却又不敢违逆。

黄门侍郎祖莹劝说道："从前晋文公在秦国避难之时，弟媳怀嬴侍候他；有时会违背经典但却合乎道理的事情，陛下何必疑虑呢！"

元子攸不得已，答应了这门亲事。祖莹立即向尔朱荣报喜。尔朱荣大喜，自此他又成了皇帝的老丈人。

尔朱荣举止轻佻，喜欢骑马射箭，朝见元子攸，别的什么也不做，只是以骑马为戏。每次在西林园设宴比赛射箭时，总要请皇后女儿出来观看，并且将王公妃嫔、公主都召集到同一大厅。看到皇帝射中箭靶，便狂舞乱叫，文武百官也跟着起舞，妃嫔公主们也不得不举臂欢呼。北魏王朝汉化已久，大家从心里厌恶尔朱荣这套胡人的把戏，但他们都是线中木偶，只能任人摆布，不敢有任何反抗。酒酣耳热之时，尔朱荣又盘腿坐在地上，放声高唱家乡的胡歌。傍晚宴会结束之后，又与左右手拉着手，唱着回波乐离开皇宫。

尔朱荣本性残暴，喜怒无常，刀槊弓箭不离手。有一次，他看见两个和尚共骑一匹马，大怒，派人揪下两人，命令他们用光头互相撞击，撞到精疲力竭时，让人拉着两人的头相撞，直到死了为止。

尔朱荣控制了孝庄帝元子攸后，觉得还是自己的晋阳安全，准备带兵返回晋阳。临行前，他把亲信死党元天穆等人安排在洛阳，占据要职，朝廷的大官及要害部门，全部换成自己熟悉的人。元子攸对此无可奈何，只好听之任之。

尔朱荣平叛

不久，葛荣率领百万叛军围攻邺城。

元子攸打算御驾亲征，令大都督上党王元天穆率八万人马为前驱，大将军太原王尔朱荣率十万人马为左军，司徒杨椿带领十万人马为右军，司空穆绍率领八万人马做后应。

尔朱荣收到诏书，立即率七千精兵兼程疾进，令侯景领兵为前锋，东出滏口。

葛荣横行河北，所到之处大肆残杀掠夺，听说尔朱荣仅七千人马，而且是孤军独进，狂傲地对部众说："尔朱荣很好对付，各位每人准备一根绳子，到时只管捆人就是了。"随之列成数十里长阵，静待尔朱荣军。

尔朱荣打仗绝对是高手，双方近距离作战，考虑到刀不如棒好使，便命令士兵每人带一根短棒，以便近击。又考虑到士兵下马斩首会影响追敌，下令不以斩首多少为计功标准，只要获胜就行。

尔朱荣率军秘密行进到山谷，随即将骑兵分成若干小队，每队数百人，令各小队故意扬起尘土，摇旗呐喊，混淆叛军的视听。随即亲自率骁骑绕到葛荣的身后，打算前后夹击。

葛荣打仗只管前，不顾后，猛然间好像听到千军万马杀到的声音，没想到等了半天，连个敌人的影子都没有。正准备稍作休息，突然又是喊声四起，尘土飞扬。于是又等了一会，还是不见敌军到来。葛荣被搞得惊疑不定，过了一会儿，忽然大笑道："这分明是疑兵之计，他们毫无实力，便想先扰我军心，然后给予致命一击。我等不要中了他的奸计。"随之吩咐大家静坐以养精蓄锐，部众随之各自散去，准备小憩一会儿。

正在这时，阵前阵后，突然呼哨声迭起，无数铁骑冲入阵内，乱砍乱劈。葛荣仓促上马，只顾督众向前，抵御眼前的骑兵。没想到尔朱荣从背后杀来，手起刀落，将葛荣砍落马下，一声呼叫，几名健卒一跃而上，将葛荣捆住。叛军见首领被擒，全部缴械投降。

尔朱荣考虑到这么多人投降，担心马上俘虏他们会引起他们的反抗，于是下令葛荣的军队就地遣散，大家各回各家，各找各妈。等到这些散兵游勇走出百里之外，聚不起团来，尔朱荣才派兵分路押解，按他们意愿加以安置。冀、定、沧、瀛、殷五州自此肃清。

尔朱荣遣散贼众后，仍有几个小头目无家可归，便将他们留在军中效力，其中有一个名叫宇文泰的少年，长得虎背熊腰，相貌不凡，尔朱荣提拔他为军将。

葛荣被押送到洛阳后，斩首示众。

孝庄帝元子攸加封尔朱荣为大丞相，都督河北畿外军事，并将他的几个儿子都封为王侯。随后撤回元天穆各军，晋升司徒杨椿为太保，城阳王元徽为司徒。

第三十章
天子除奸臣

骚动的洛阳

北方乱成了一锅粥，南方也没有闲着。当时，萧梁将军曹义宗历经三年时间攻克的北魏荆州，结果又被北魏中军将军费穆收复，连曹义宗也被俘虏了。

梁武帝萧衍听说曹义宗被俘，当然不会善罢甘休，随之想出一个以敌攻敌的计策，封原先投奔萧梁的北海王元颢为魏王，令将军陈庆之率军协助元颢。

北魏大都督元天穆正出兵河间，讨伐伺机作乱的伪汉王邢杲。邢杲曾是幽州主簿，国乱当前，他却想趁乱为王，随即召集河北流民，占据北海，侵扰青州。元天穆奉命东征，又传来萧梁入侵的消息。孝庄帝元子攸让他见机行事。

元天穆召集众将商议。除了行台尚书薛琡主张先消灭元颢，再伐邢杲外，大多数人主张先讨伐邢杲。元天穆于是决定先灭邢杲，再讨伐元颢，于是率军东进。

陈庆之乘北魏空虚之际，率军先克荥城，直逼梁国（地名）。北魏大将丘大千拥兵七万，分别修筑九城抵抗陈庆之。陈庆之率兵攻打，连拔三城，丘大千不敌，缴械投降。元颢登坛祷告，在睢阳城南登基即位，改年号为"孝基"。

北魏济阴王元晖业率羽林军两万驻扎考城，陈庆之率军攻克考城，生擒元晖业。

元天穆在济南击败邢杲后。急忙驱军急进，赶到荥阳城下，立足未稳，陈庆之突然率军杀来，元天穆军大败，元天穆落荒而逃。陈庆之乘胜追击，攻克虎牢关。虎牢关一失守，洛阳大震。

孝庄帝元子攸见元颢即将率军杀到，带领几名侍卫，慌忙逃离洛阳，投奔晋阳寻求尔朱荣的保护。元子攸出走，京城顿时大乱。临淮王元彧，安丰王元延明倡议奉迎元颢为帝。随之封府库，准备仪仗队，率领百官迎接元颢进入洛阳。

元颢入居洛阳后宫，改元建武，照例颁诏大赦，任命陈庆之为侍中，兼任车骑大将军。随后杀了投降的费穆，招降各州郡。

元颢进入洛阳时，遭遇暴风，走到阊阖门，坐骑突然惊跳起来，不肯入城，侍从牵着缰绳，几个人驱赶，元颢才得以入城。元颢觉得这是不祥之兆，颇有戒心，刚进城时，禁止官兵烧杀掠夺，京城还算安定。一个多月以后，元颢渐渐骄怠起来，纵容宠臣恣意妄为，自己也天天纵酒享乐，不再体恤兵民。那些从南朝跟随他来洛阳的兵将，在城中横行街市，欺凌百姓，惹得民怨四起，朝野失望。

恒农人杨昙华私下对人说："元颢坐不稳皇位，不出两个月，必定滚蛋。"

高道穆的哥哥高子儒逃出洛阳城，追随孝庄帝元子攸，元子攸问起洛阳的情况，高子儒说："元颢败在旦夕，陛下不用担心！"元子攸这才稍稍安心。

元颢自铚县出发，转战千里进入洛阳，共取三十二城，大小四十七战，无不获胜，这都是陈庆之的功劳。

想不到元颢是一个忘恩负义、过河拆桥的小人，夺取政权之后，暗生二心，私下与临淮王元彧、安丰王元延明密谋，想要背叛萧梁。由于混乱局面尚未平定，还需借助陈庆之的兵力，表面上很团结，实际上已经同床异梦，言语之间多有猜忌。陈庆之对此也有警觉，暗中也有防备，于是对元颢说："我军远道而来，侥幸得胜，很多人不服。一旦北方的官民知道我军虚实，突然发难，怎么办？我们应立即回萧梁，请求增兵支持。"

元颢没有明确答复，转而找元延明商议。元延明说："陈庆之兵不过数千，就已经很难对付，如果让他回去搬兵，他又怎么会为我所用呢？大权一旦失去，做事就要看别人的脸色，如此一来，元氏宗室恐怕就此覆亡了。"

元颢于是给梁武帝送去一份奏疏，说道："黄河两岸已经荡平，只剩一个尔朱荣负隅顽抗，臣与陈庆之自能擒获他。陛下不用再添兵了。"

梁武帝萧衍无意吞并北魏国，战略意图已然实现，于是诏令正在进军的各部队都停在边境上，不再前进。

陈庆之带来的梁军不足一万，而洛阳的魏军不下十万。陈庆之的副将马佛念私下对陈庆之说："将军威扬河洛，声震中原，功高势强，极有可能遭到猜疑，随时有生命危险，不如趁北魏朝廷没有防备的时候，杀掉元颢，占据洛阳，这是千载难逢的机会！"

陈庆之受命帮助元颢，没有萧衍的命令，他绝不会杀元颢，但留在洛阳确实有危险，于是奏请元颢，要求去彭城。陈庆之挂名徐州刺史，要求合情合理。元颢见陈庆之想开溜，坚决不同意，拿萧衍压他："皇上让你我守洛阳，你丢下我去彭城，只考虑自身的荣华富贵，你辜负了皇上，我也吃罪不起。"提到萧衍，陈庆之就无话可说了。

随后传来急报，说尔朱荣自晋阳发兵，已与元天穆会合，正护送元子攸回洛阳，前锋已到河上。

陈庆之急忙去见元颢，元颢令他驻守北中城，自己则据守南岸，抵御尔朱荣军。陈庆之率兵迎战三天十一战，杀伤很多敌人。

尔朱荣改变战术，令车骑大将军尔朱兆和大都督贺拔胜率军扎木筏，从马渚西边的硖石夜渡黄河，袭击了元颢的儿子领军将军元冠受的部队，活捉元冠受。安丰王元延明的士兵得知消息，纷纷溃逃。元颢也率数百名骑兵向南逃走。陈庆之突然失去了倚靠，只得率数千步、骑兵向东逃归。

尔朱荣亲自率军追击陈庆之，当时正赶上嵩高河发大水，陈庆之的部众淹死无数。陈庆之于是剃光头发、胡须，打扮成一个和尚，从小路逃出汝阴，回到建康。

陈庆之从北魏回到梁朝后，转变了对北方人的看法，有人觉得奇怪，问他为何有如此转变。陈庆之说："过去，我以为长江以北地区都是戎狄之乡，到了洛阳之后，才知道礼仪人物都在中原地区，非江东所能及，我们有什么理由轻视北方人呢？"

北海王元颢逃到临颍，随从骑兵各自逃散，元颢也被临颍县一个名叫江丰的小吏诱杀了，首级送到了洛阳。

此时，元子攸已抵达北邙。中军大都督杨津肃清宫禁，洒扫宫庭院落，封闭府库，至北邙迎请孝庄帝元子攸，涕泣谢罪。元子攸将他安慰一番，住进华林园，随之大赦天下。加封大丞相尔朱荣为天柱大将军，尔朱兆为车骑大将军，元天穆为太宰。随同北来的将士以及随驾文武百官都加官晋爵。

临淮王元彧进宫谢罪，元子攸降旨既往不咎。安丰王元延明自觉无颜面对元子攸，带着妻子儿女投奔萧梁，不久病死在江南。

权臣震主

尔朱荣在洛阳只待了几天，又返回晋阳，派都督贺拔胜出镇中山，又令统军侯渊讨伐葛荣的余党韩楼。第二年，尔朱荣的侄子骠骑将军尔朱天光与左都督贺拔岳、右都督侯莫陈悦率兵讨伐关中的万俟丑奴，大获全胜，万俟丑奴、萧宝夤被押送到洛阳。孝庄帝元子攸先把他们绑在阊阖门外，示众三天，然后逼令萧宝夤自尽，将万俟丑奴斩首。

宇文泰曾随军讨伐元颢有功，元子攸封他为宁都子。这一次宇文泰又随贺拔岳入关讨平万俟丑奴，元子攸当即封他为征西将军。宇文泰平定关陇的时候，采取许多办法安抚那里的百姓，百姓对他感恩戴德，纷纷说："如果能早遇到宇文君，我们又怎么会跟着贼人作乱呢？"

尔朱荣接连平定叛乱，勋爵与威势越来越显赫，所以他虽然居住在京城之外的藩镇，却能遥控朝政，他的心腹遍布宫廷内外，元子攸身边都有他的人，因此朝中发生的大事小事，他都了如指掌。元子攸虽然受到尔朱荣的控制，但生性勤于政事，从早到晚不疲倦，经常亲自察览诉状，审理冤案。尔朱荣听说这些之后，很不高兴。

元子攸跟吏部尚书李神俊商议整顿官吏的选拔制度。尔朱荣过去曾补授过一位曲阳县令，但是报到吏部之后，李神俊认为资格不够，没有批准，另外安排了其他人。尔朱荣大为恼怒，派他所补授的人前往曲阳县抢夺县令之职。李神俊很恐惧，便辞官避祸。尔朱荣便让尚书左仆射尔朱世隆取代李神俊，主持吏部。

尔朱荣向元子攸上表请北方人出任河南各州的刺史，元子攸没有同意。太宰元天穆入见元子攸，请求批准尔朱荣的建议，元子攸还是没有答应。

元天穆道："天柱将军对国家有功，身为宰相，如果他要求调换全国所有官员的话，恐怕陛下你也不能违背他的意愿，为何他启奏几个人为河南各州的刺史，陛下竟然不允许呢？"

元子攸严肃地说道："天柱将军如果不想做人臣的话，他可以来做这个皇帝；如果他还想保持臣节的话，绝对没有更换天下百官的权力。"

尔朱皇后生性妒忌，多次向元子攸发泄不满之意。元子攸派尔朱世隆向她晓以大义，皇后却说："天子是由我家设立的，现在竟然这样，我父亲当初如果自己做皇帝的话，现在什么事情也就决定了。"

尔朱世隆也说："正是如此啊！如果当初他自己做皇帝，我现在也可封王了。"

元子攸在外受到强权大臣的制约，在内又受到皇后的胁迫，因此总是闷闷不乐。

城阳王元徽的王妃是元子攸的外甥女，侍中李彧是元子攸的姐夫。元徽、李彧想得到权力，便忌恨尔朱荣，认为他是自己的障碍，于是终日在皇上面前诋毁尔朱荣，劝元子攸早日除掉尔朱荣。元子攸从河阴之难中吸取教训，担心尔朱荣难以驾驭，从此暗生除掉尔朱荣的念头。侍中杨侃、尚书右仆射元罗也参与了这一计划。

尔朱荣喜好打猎，寒暑不辍，一天，他让人绘制了一幅《缚虎图》呈献给孝庄帝，并附上一份奏折，其中说道："臣不想立什么功，只是想北扫汾胡，南平江淮，助陛下统一天下。"元子攸见尔朱荣的语气越来越狂傲，心里对他更加戒备，但口头上仍然褒奖尔朱荣的忠诚。

尔朱皇后怀胎九月，将要分娩，尔朱荣上表恳请进京探视皇后。城阳王元徽趁机向元子攸献策说："尔朱荣要进京，陛下正好利用这个机会，预先设下埋伏，除掉尔朱荣。"

胶东侯李侃晞担心地说："尔朱荣如果来的话，一定会有所防备，恐怕不好对付。"

元徽等人又想杀掉尔朱荣的党羽，派兵去对付尔朱荣。

元子攸犹疑不定，但密谋却已外泄。中书侍郎邢子才等人担心受到牵连，相继跑出洛阳，向东逃走。

尔朱世隆怀疑皇上有所企图，便自己写了一封匿名信，贴在自己的家门上，信上称："天子与杨侃、高道穆等人策划，打算杀掉天柱将军尔朱荣。"然后取下这封信，送给尔朱荣。

尔朱荣自恃自己的力量强大，并不在意，亲手撕了这封信，朝地上唾了一口道："尔朱世隆太没有胆量了。谁敢有这样的想法，老子宰了他。"

尔朱荣的妻子北乡长公主也劝尔朱荣不要入朝，尔朱荣不听，只好随尔朱荣进京。尔朱荣率五千骑兵从并州出发，前往洛阳。当时社会上有很多传言，有的说尔朱荣要反叛，有的说天子要除掉尔朱荣。

铲除尔朱荣

尔朱荣到了洛阳，元子攸本想立即杀了他，但又担心元天穆伺机发难，所以暂且忍而不发，在宫中宴请尔朱荣。尔朱荣借着酒意问道："外面传说陛下猜忌老臣，想除掉老臣，有这回事吗？"

元子攸哈哈大笑道："外边的人也传言说你想害朕啊！怎么可以相信这些传言呢！"

尔朱荣信以为真，不再有疑心，每次入朝拜谒皇帝，随从不过数十人，而且都是赤手空拳，不带兵器。

元子攸见尔朱荣没有谋反之意，欲放弃原来的计划，不杀尔朱荣。元徽怂恿道："即使尔朱荣现在不反叛，也不能保证他将来不谋反啊！"

元子攸觉得有理，于是召元天穆进京，欲将二人一并除去。尔朱荣丝毫没有觉察到元子攸的心思，再加上朝中大臣们天天在他面前阿谀吹捧，哄得尔朱荣心花怒开，扬扬自得，放松了警惕。

尔朱荣的小女儿嫁给皇帝的侄子陈留王元宽，有一次，尔朱荣指着元宽说："我最终会得到这位女婿的帮助。"

元徽将这事告诉了元子攸，更引起元子攸的不满。不久，元子攸做了一个梦，梦见自己持刀割掉了自己的十个手指。他醒来后，很讨厌这个梦，便告诉了元徽和杨侃。元徽分析说："蝮蛇螫了手，壮士便要砍掉手腕，割掉手指是同一道理，这是吉祥之兆啊！"

元子攸终于决意杀掉尔朱荣。正好元天穆到了洛阳，元子攸亲自出宫迎接。随之邀请尔朱荣与元天穆一起到西林园宴饮猎射。尔朱荣提议让群臣比试射箭，并奏请说："近来有许多大臣不习武，陛下应经常带他们围猎，勉励他们习武。"

在这之前，奚毅曾告诉元子攸，说尔朱荣打算趁围猎之时胁迫天子迁都，因此，元子攸更加怀疑尔朱荣了。

孝庄帝召见中书舍人温子升，告诉他除掉尔朱荣的计划，并问他当年王允杀董卓的事情。温子升详细解说了那件事。孝庄帝叹息道："你也知道朕的心思，朕明知前面的路不好走，但也要硬着头皮往前走，况且最后的结局还不一定呢！如果杀了魁首，赦免他的党羽，朕想不会发生意外祸端吧！"

温子升俯首应命。元子攸随即命他起草赦免尔朱荣余党的诏书，准备诛杀魁首。温子升领命退出。

第二天，元子攸在明光殿宴请尔朱荣和元天穆，命杨侃等十余人先在东侧设下埋伏。尔朱荣与元天穆进殿入座之后，饭还没有吃完，便起身出去了。杨侃等人从东阶进入明光殿，见尔朱荣和元天穆已经到了中庭，觉得不便动手，便任他离去了。

不久，尔朱荣上奏恳请在陈留王家饮酒，大醉而归，随后称自己旧病复发，不方便入朝，一连几天没有露面。

元子攸担心密谋泄露，寝食不安。城阳王元徽进宫献策说："事情不能再拖了，请陛下托词皇后生太子，宣尔朱荣入朝，趁机杀了他。"

"皇后怀孕才九个月，这样说行吗？"

元徽道："妇人不到产期而产子的多了，尔朱荣肯定不会怀疑。"

元子攸于是对外声言说皇后生了皇太子，在明光殿东厢设下埋伏，派元徽飞马赶到尔朱荣的府上报喜。

尔朱荣当时正与元天穆下棋，元徽上前摘下尔朱荣的帽子，欢舞盘旋，向他表示祝贺。随之殿中的人也来催促尔朱荣进宫。尔朱荣不再犹豫，立即与元天穆一起进宫贺喜。

元子攸听说尔朱荣和元天穆来了，不禁惊慌起来。温子升说："陛下脸色都变了啊！"

元子攸赶紧喝了几杯酒，心情才慢慢稳定下来。随之命温子升起草赦文，写成之后，温子升拿着走出了宫殿，正遇上尔朱荣从外面进来。尔朱荣问道："这是什么文书？"

温子升冷静地说："圣旨。"

尔朱荣见温子升神色自若，没有怀疑，直接走进明光殿。

　　元子攸面西向坐，尔朱荣、元天穆从御榻的西北入席，坐在孝庄帝的对面，双方还没有说话，李侃晞等人持刀闯了进来。

　　尔朱荣反应极快，挺身而起，一个箭步，抢到元子攸身边，心想只要控制住皇上，投鼠忌器，谁也不敢动。谁知元子攸预先横刀膝下，见尔朱荣靠过来，想都没想，抽刀刺向尔朱荣。尔朱荣没有想到元子攸手上有刀，猝不及防，由于是全力扑来，身体正好撞上刀刃，一刀毙命。

　　这一刀，虽然杀死了尔朱荣，却也使北魏基业灰飞烟灭。

　　元天穆、尔朱荣十四岁的儿子尔朱菩提等三十人也都血染宫廷。尔朱荣的死讯传开，文武百官进宫道贺，宫廷内外，欢声如雷。

第三十一章
北魏的丧钟

反叛

尔朱荣死了，尔朱家族及其部下必将发生叛乱。如何将叛乱消弭于无形，孝庄帝元子攸采取了"既往不咎"的策略，宣布大赦天下，希望尔朱家族放弃抵抗。

元子攸派武卫将军奚毅、前燕州刺史崔渊率兵镇守北中城。散骑常侍高乾与弟高敖曹原本是葛荣的部下，后来被北魏朝廷招抚，遭到尔朱荣的反对，未获重用。尔朱荣死后，元子攸任命高乾为河北大使，高敖曹为直将军，让他们回去召集乡勇，作为朝廷的外援。

"既往不咎"的策略未能打动尔朱家族，但却造成了尔朱集团的分裂。事变的当天晚上，尔朱世隆保护尔朱荣的妻子北乡长公主及部众焚烧西阳门，杀出洛阳，逃往河阴。

尔朱荣的亲信将领贺拔胜成功制止了尔朱荣死党田怡偷袭皇宫的计划，并和另一位尔朱荣的亲信朱瑞留在洛阳。

尔朱世隆本想回晋阳，一同出逃的金紫光禄大夫司马子如说："我们不能一味逃跑，那是向朝廷示弱。现在的天下，只属于强者，如果此时返回北部，会遭到天下人的耻笑，不如分兵据守河桥，再找机会回京师，杀他一个措手不及，说不定还能成功。"

司马子如与贺拔胜不同，他是尔朱荣一手提拔起来的人，危难关头，尽心竭力。尔朱世隆采纳了他的意见，率军进攻河桥，斩杀守将奚毅，据守北中城，并派尔朱拂律归率一千契丹骑兵，杀回洛阳，向朝廷示威。

尔朱拂律归率领一千多契丹骑兵，统一身穿白衣，披麻戴孝，来到洛阳城下，向皇帝索要尔朱荣的尸体。

元子攸登上大夏门观望，派从臣牛法尚喊话说："尔朱荣为国立功，没能保住晚节，阴谋叛乱，国法不分亲疏，已经正法处死。罪行只限尔朱荣一人，其他人一概不究。"

尔朱拂律归大声说："我等追随太原王，太原王蒙受奇冤，我们不忍心空手回去。希望得到太原王的尸首，死而无憾。"尔朱荣讲义气，一千多契丹骑兵想到他的好处，放声痛哭，声震洛阳城。

元子攸也觉怆然，于是派侍中朱瑞给尔朱世隆送去"免死铁券"，保证众人官复原职，既往不咎。尔朱世隆冷笑道："太原王功高天地，赤胆忠心，长乐王不顾以前的盟誓，残害忠良，如此铁券，何足为凭！愿为太原王报仇，决不投降。"

元子攸招募一万人组成敢死队，出城与契丹骑兵作战。一万对一千，兵力占绝对优势，一连打了好几天，就是打不过人家。

满朝文武官员，谁都不吱声，散骑常侍李苗挽起袖子说："给我一百人，我去把河桥给烧了。"

李苗带着百来号人，从马渚借着夜色，乘船顺流而下，放出火船焚烧河桥。南岸的胡兵远远望见河桥起火，争相渡河，马踏人挤，乱作一团。工夫不大，浮桥烧断，胡兵纷纷落水。李苗带着百来号人没有退，在河中等待援军。谁知城中的人害怕胡兵，竟然没出兵追击，契丹骑兵一边争先恐后地过河，一边放箭射杀纵火者，李苗寡不敌众，投水而死。河桥没了，尔朱世隆只得收兵北退。

元子攸命令行台都督源子恭率兵出西道，杨昱率兵出东道，二人各率一万人马讨伐尔朱世隆。源子恭随即屯兵太行关的丹谷，控遏晋阳。

汾州刺史尔朱兆听到尔朱荣的死讯，从汾州率兵占据了晋阳。恰巧尔朱世隆领残兵逃回晋阳，二人商议，推举太原太守长广王元晔为主，然后进攻洛阳。

元晔是元英的侄子，年轻有为。得到尔朱氏推立，他欣然称帝，改元建明；任命尔朱世隆为尚书令，尔朱兆为大将军，尔朱世隆的堂兄尔朱度律为太尉，天柱长史尔朱彦伯为侍中，徐州刺史尔朱仲远为车骑大将军兼尚书左仆射。尔朱仲远随之起兵响应，约定一同攻打洛阳。

骠骑大将军尔朱天光正与贺拔岳、侯莫陈悦前往关陇，接到尔朱荣的死讯也立即南行，准备攻打洛阳。

元子攸派朱瑞前去招抚尔朱天光。

尔朱天光与贺拔岳密谋，欲推翻元子攸，扶植新帝。他一面让朱瑞回去禀报元子攸，说自己没有异心。一面又指使人假意向元子攸告密，说尔朱天光诡计多端，图谋不轨！

元子攸得到两个迥然不同的消息，不免怀疑，只好加封尔朱天光为广宗王，而长广王元晔也加封尔朱天光为陇西王。尔朱天光稳持两端，坐观成败。

尔朱家族的行动很快，尔朱兆进军洛阳，在丹谷打败源子恭。尔朱仲远自徐州北向，攻陷西兖州，擒获刺史王衍。

元子攸急忙任命城阳王元徽为大司马，任命车骑将军郑先护为大都督，令他与右卫将军贺拔胜一同讨伐尔朱仲远。

贺拔胜曾依附于尔朱荣，郑先护怀疑他有异心，在滑台与尔朱仲远交战的时候，坐山观虎斗，导致贺拔胜战败。贺拔胜一怒之下投奔了尔朱仲远，然后偷袭郑先护。郑先护十分狼狈，投靠了萧梁。

城阳王元徽毫无韬略，又惜财吝赏，生性嫉妒，害怕别人超过自己，如果有人向皇上献策，他总是百般阻挠，说小贼不足为虑。

永安三年（530年）十一月，河水浅涸，尔朱兆率轻骑南来，渡河杀入洛阳。胡人的运气好得不得了，当天刮起了沙尘暴，漫天黄沙，守城官兵连敌人的影子也没有看见，契丹骑兵已经杀进洛阳城。

孝庄帝元子攸仓皇出走，刚逃到云龙门外，遇到城阳王元徽骑马逃跑，连叫了几声，元徽装着没有听见，拍马而去。契丹骑兵听到喊声，抓住了元子攸。

元子攸被胡骑押送到尔朱兆的军营，尔朱兆看都不看他一眼，将他锁在永宁寺的楼上，元子攸感到十分寒冷，向尔朱兆要头巾，尔朱兆没有给他。

尔朱兆带兵杀进皇宫，杀了皇子，对宫中的嫔御、妃子、公主恣意污辱，并纵兵肆意抢掠，任意杀戮，洛阳城被洗劫一空。司空临淮王元彧、尚书左仆射范阳王元诲、青州刺史李延实等人被乱兵杀害。城阳王元徽逃到山南，也被他一手提拔起来的寇祖仁谋杀。

尔朱世隆得知尔朱兆已经成功，立即赶到洛阳。尔朱兆以为自己有功，冲着尔朱世隆怒吼："叔父在朝廷待了这么久，见识应该很广，为何让他遭此大祸！"说话时手按宝剑，怒目圆睁，声色俱厉。

尔朱世隆吓得胆战心惊，慌忙下拜谢罪，这才躲过尔朱兆的诘难。从此，尔朱世隆对尔朱兆怀恨在心。

尔朱仲远也从滑台赶到洛阳。

当时，河西贼帅纥豆陵步蕃，声称奉魏主密诏讨伐尔朱兆，进军秀容。尔朱兆得到消息，急忙带着孝庄帝元子攸返回晋阳，令尔朱世隆、尔朱度律、尔朱彦伯等人留守洛阳。

丧钟巳敲响

晋州刺史高欢听说尔朱兆劫持了孝庄帝，准备中途营救，只是晚了一步，没有成功。于是给尔朱兆写一封信，劝他不要杀天子，承受恶名声。

尔朱兆将来信撕得粉碎，竟然在晋阳的三级佛寺将孝庄帝元子攸勒死了，同时被杀的还有陈留王元宽。孝庄帝元子攸被杀，等于敲响了北魏的丧钟，此后的北魏，已至末途。

尔朱兆赶到秀容，大战纥豆陵步蕃，竟然大败，从秀容败回晋阳，派人向高欢求援。

"不去！"高欢的手下异口同声，"信写了，意思也说了，人家不听，已经不把你当自己人，去凑什么热闹。"

"去还是要去的，到时见机行事吧！"高欢显然另有打算。

高欢出兵了，行军速度却很缓慢，直到求援信一个接一个到来，这才加速前进，在平乐郡与败下阵的尔朱兆会师，随即在石鼓山击败河西军贼众，击毙贼帅纥豆陵步蕃。

尔朱兆大喜过望，带着数十骑赶到高欢的军营，摆下香案，磕头结为异姓兄弟。然后举杯畅饮，从中午喝到晚上。

尔朱兆喝醉了，大吐苦水，葛荣虽然已死了，余党仍然不少，他们出没于六镇，气焰嚣张，于是向高欢讨主意："这帮人太不听话了，杀了一大半，还敢反抗，你说怎么办？"

高欢暗自高兴，这酒没白喝，于是说道："六镇之民太多，你总不能把他们全杀光吧！挑选心腹之人去统领他们，如果他们造反，你就杀首领。"

"好主意！"尔朱兆问道，"六镇的人都是不要命的主，谁管得了，派谁去合适呢？"

高欢暗喜，从心里说："这还用问，我啊！"但这话不能由他说，否则尔朱兆一定会起疑心。

贺拔兄弟中的贺拔允说话了："远在天边，近在眼前，高公合适！"

贺拔允的话还没有说完，高欢一拳打了过去，打得贺拔允满口是血，牙齿也掉了一颗。贺拔允捂着嘴，一脸惊骇。

高欢斥责道："你是什么人，轮得到你说话吗？请大王杀了他。"

"且慢！"尔朱兆说，"他说得不错，高兄是怀朔人，我今天就分兵给你，让你统帅六镇。"

高欢内心求之不得，表面上却还要推辞。

尔朱兆认为高欢很诚挚，对他更是信任，不容辩解地说："这件事就这样定了，不必再说。"

高欢担心尔朱兆酒醒后反悔，连忙走出营帐，对将士们宣布说："我奉大王之命，统帅六镇兵马，你们立即到汾河东岸集合。"

于是，高欢在阳曲川建立幕府，安置所部。士兵们平素憎恨尔朱兆，乐意做高欢的部下，纷纷前来投奔高欢。

没过多长时间，高欢请尔朱兆将并、肆两州投降的百姓全部迁往山东。尔朱兆对高欢十分信任，满口同意。

长史慕容绍宗劝阻说："天下大乱，人心各异，高欢雄才盖世，您让他手握重兵，犹如蛟龙得云雨，一去不回头了。"

尔朱兆却说："我与高欢结为兄弟，何必多虑呢？"

"亲兄弟尚且不能完全相信，何况是结拜兄弟？"

尔朱兆的左右的人都得了高欢的好处，当然要替高欢说话，都说慕容绍宗跟高欢有旧仇，故意和他过不去。

尔朱兆大怒："怎么会有这样的坏人，我们刚刚义结金兰，你就说他的坏话！高兄如果不是真心实意地帮我，怎么会出兵帮我打仗？"于是下令将慕容绍宗关进了大牢。

高欢骗取尔朱兆的信任得到六镇兵，又被允许去河北，谁知为了区区三百匹马，让尔朱兆起了疑心。

从晋阳出滏口，正碰到尔朱荣之妻一行从洛阳来。他见队伍中的马匹不错，指挥军士截夺了这些良马。尔朱荣的妻子不敢反抗，只好忍气吞声，进城后向尔朱兆报告，说她的三百匹好马，都被高欢抢走了。尔朱兆这才有所警觉，连忙放出慕容绍宗，与他商议。

慕容绍宗说："高欢应该还没有走远，现在去追还来得及。"

尔朱兆于是亲自出马，一路狂追，高欢是步兵，士兵又都带着家眷，走得不快，还没有过太行山。尔朱兆在襄垣追上了高欢。不巧当时漳河暴涨，冲垮了桥梁，水势很大，骑兵一时不能过河。

高欢隔河遥拜说："我向夫人借马匹，只是为了防范山东的盗贼。王爷竟然听信谗言，亲自前来追赶，我不怕死，但只怕部众因此叛乱。"

尔朱兆突然觉得自己有些考虑欠周，竟然听信妇人之言，不相信自己的结义兄长。尔朱家族，尔朱世隆占据河南、徐兖，操纵朝廷；尔朱天光割据关中自立的意思明了，叔父遇难，他未派一兵一卒，事后轻骑来洛阳报到了事；自己掌控并州，只能做到三足鼎立。而河北是一块无主之地，谁抢占河北，谁就可在三家之争中抢得先机。河北是汉人门阀聚居之地，向来不服尔朱家族，这也是尔朱兆同意高欢去河北的原因。

尔朱兆想到这里，隔岸大呼："哥哥别误会，我来没别的意思。"为了解除误会，竟跃马渡河，来到高欢的军帐，从腰间解下佩刀递过去，脖子一伸说："哥哥如果不相信，你就砍下我的脑袋。"

高欢放声大哭："自从天柱将军去世后，我高欢还有谁可以依靠！我只愿与将军共图大业，今受旁人挑拨离间，大家怎么忍心说出这样的话！"

尔朱兆将刀扔在地上，让人斩杀白马与高欢盟誓，"同生死，共富贵"。

尔朱兆当晚留宿夜饮。高欢的姐夫尉景欲杀掉尔朱兆，高欢强行制止，说道："现在杀了尔朱兆，我们也走不掉，尔朱兆虽然骁勇善战，但却有勇无谋，不难对付。"尉景这才作罢。

第二天，尔朱兆渡河归营，派人请高欢过河喝酒。高欢上马准备赴约，长史孙腾扯住高欢的衣服。高欢猛然意识到不妥，万一尔朱兆翻脸怎么办，万一那边也出个尉景怎么办？当即找了个借口，没有赴约。

尔朱兆生气了，隔河破口大骂，高欢只是不理。骂骂人，解解气，不至于动手，尔朱兆仍然相信高欢，酒喝不成，那就返回晋阳吧！

天何言哉

北魏自从孝庄帝被囚禁以后，宫室空虚已近百日。尔朱世隆镇守洛阳，商人行旅流通，盗贼不敢骚扰。尔朱天光拜见尔朱世隆时，谈到新主元晔，说他与皇族嫡系比较疏远，不得人心。尔朱世隆也有同感，打算另立新君。

二人听信郎中薛孝通的提议，先迫使元晔禅位，然后拥立广陵王元恭为帝。

元恭是孝文帝元宏的侄子，广陵王元羽的儿子，好学而又有远志，正光年间任黄门侍郎，因元乂专权，假托嗓子哑，住到龙华佛寺，不再与外人交往。

尔朱天光跟尔朱世隆等商议立元恭为帝，又怀疑他确实嗓子哑不能说话，于是便派尔朱彦伯秘密前往敦请元恭，并加以胁迫，元恭才说出："天何言哉！"元恭八年没有说话，至此才开口说话。

尔朱彦伯回来后说明了情况，尔朱世隆大喜，决意改立广陵王。随即迎请元恭进宫即位，改建明二年为普泰元年（531年），改封长广王元晔为东海王，追封尔朱荣为相国晋王。其他如乐平王尔朱世隆、颍川王尔朱兆、彭城王尔朱仲远、陇西王尔朱天光、常山王尔朱度律等人的封爵不变。

车骑大将军高欢及都督斛斯椿等人也都加官晋爵。斛斯椿本是徐州刺史，曾依附尔朱荣，尔朱荣被杀时，斛斯椿怕遭到牵连，跑到南方，依附汝南王元悦。尔朱氏得势后，他又跑回来，被封为将军。

尔朱兆因没能参与废立皇帝的谋划，非常恼怒，打算攻打尔朱世隆。尔朱世隆赶忙派尔朱彦伯前往尔朱兆处进行劝说，尔朱兆才按兵未发。

最可笑的是幽州刺史刘灵助，他本是一个江湖术士，因得到尔朱荣的赏识，得任幽州刺史。经过一番推算，他又料定尔朱氏必将衰败，随之起兵叛乱，自封为燕王，扬言要为孝庄帝元子攸报仇，而且妄称刘氏将一统天下。幽、瀛、沧、冀四州的百姓，几乎都去投奔他。刘灵助随即率军南下，占据博陵郡的安国城。

河北大使高乾兄弟奉命回冀州招募徒众。尔朱兆为防止他叛变，特地派监军孙白鹞来到冀州密捕高乾兄弟。高乾得知内情，便与前河内太守封隆之等人袭击信都，杀掉孙白鹞，归附刘灵助。

殷州刺史尔朱羽生率兵偷袭信都。高敖曹连铠甲都来不及披挂，带着十几骁骑冲出城，杀入尔朱羽生军中，如入无人之境。尔朱羽生吓得心惊胆战，慌忙逃回殷州。

高欢驻军壶关大王山，扬言要讨灭信都。信都人人惊惧，高乾却说："高欢雄才武略，盖世无双，岂肯久居人下。况且尔朱兆无道，上弑君主，下虐百姓，正是英雄立功的机会。高欢扬言攻打信都，肯定有更深的谋划，我应当轻骑前往迎接，暗中观察其意图。"随之，高乾与封隆之的儿子封子绘秘密赶到滏口，求见高欢。

高乾见到高欢，献策说："尔朱氏残暴叛逆，人神共怨，凡是明白事理的人，谁不想奋起讨伐！将军威德卓著，天下之人倾心归慕，你若能举义兵，谁能与你抗衡。冀州虽小，但户数不下十万，赋税足够接济军资，请将军三思。"

高乾言辞慷慨激昂，高欢非常高兴，当夜与高乾同帐而卧。第二天，高欢亲自送走高乾。

第二天，高乾离开后，高欢率兵缓缓东行。这一天刚宿营，军吏送来一张名片，上面写着"赵郡太守李元忠"。

高欢似乎听说过此君，他曾率族人大败葛荣的贼军，葛荣出动全国之兵，才将他俘获，将他随军羁押。葛荣的叛乱平定之后，北魏任命李元忠为南赵郡太守，李元忠在太守任上喜好饮酒，没有做出过什么政绩。

原来，尔朱兆弑杀孝庄帝以后，李元忠弃官回乡，策划兴兵讨伐尔朱兆，正赶上高欢出兵东进，李元忠便乘一辆敞篷车，车上载着素筝浊酒前来迎接高欢。

高欢知道李元忠是一位酒徒，没有立即见他。李元忠下车后独自坐下，倒酒撕肉，边饮边吃，对高欢的门卫说："本以为高公能招揽贤士，现国士已到门前，竟然如此怠慢，太让我失望了。请把名片还给我，不必通报了。"

军吏又去报告高欢，高欢这才接见李元忠，但态度冷淡。李元忠于是从车上搬来酒，抱来筝，一边喝酒，一边弹奏，长歌一曲，慷慨激昂。唱完歌，才对高欢说："天下大局已定，将军还要效忠尔朱氏吗？"

高欢道："我的功名富贵都是尔朱氏给的，我能不效忠他吗？"

"拘泥于小节，算不上英雄。"李元忠问道，"高乾兄弟来过没有？"

高欢骗他说："我堂叔性格粗犷，怎么肯前来见我！"

李元忠道："高乾兄弟虽性情粗犷，却都明晓事理。"

"你真是喝醉了。"高欢让人将李元忠扶出去，李元忠不肯起身。

孙腾向高欢进言道："这个人是上天派来的，不能违背天意啊！"

高欢只得耐着性子与李元忠交谈。李元忠言辞慷慨，泪流满面，高欢也不禁悲从中来。李元忠趁机向高欢献计道："殷州太小，缺兵少粮，难成大事。如果前往冀州，高乾兄弟必定会尽忠效命，你可放心地将殷州交给我。冀州、殷州联为一体，沧州、瀛州、幽州、定州自然也是将军的了。"

高欢听了李元忠一席话，立即站起来，紧握李元忠的手，为自己刚才的无理道歉。李元忠留住了一些日子，然后前往殷州，高欢也立即动身赶往信都。

第三十二章
高王来了

信都起兵

高欢的部队到达信都，封隆之、高乾大开城门欢迎高欢入城。高敖曹当时正在外面打仗，听说兄长迎接高欢进城，派人给高乾送了一条花布裙。高欢看重高敖曹的勇猛，特地派长子高澄以晚辈的身份去拜见他，以诚相待，将高敖曹收归旗下。

高乾与封隆之原来依附刘灵助，迎立高欢为主帅后，断绝了与刘灵助的关系。北魏皇帝也派大都督侯渊，骠骑将军叱列延庆讨伐刘灵助。刘灵助曾为自己占卜说："三月末，我必定入据定州。"没想到，后来被侯渊取走性命，首级恰好在三月末被送到定州。

北魏击毙刘灵助后，打起了冀州的主意，下诏赐封高欢为渤海王，让他到洛阳听令。高欢知道是一个陷阱，当然不会往里跳。

当时尔朱世隆升任太保，独揽朝纲；尔朱兆兼督十州军事；尔朱天光被封为大将军，控制关右；尔朱仲远镇守大梁，兼任兖州刺史。在尔朱氏家族中，尔朱仲远最为贪婪暴虐，他常常诬陷富户谋反，然后将富户的男丁投河溺死，把女人和家财据为己有。东南各州郡之官民畏尔朱仲远如畏惧虎狼，恨不得食其肉，寝其皮。无奈尔朱仲远势力强大，什么也做不了，只能忍气吞声。

魏廷见高欢拒绝进京，也无可奈何，只好封高欢为大都督东道大行台，领冀州刺史。

高欢本来就是雄心勃勃，再加上部将斛律金、库狄千及小舅子娄昭、姐夫段荣等人的怂恿，当即决定起兵征讨尔朱氏。他暗中派人放出风声，说尔朱兆要把六镇之民发配到胡人居住地，吓得六镇百姓惊恐万分；接着又暗中派人煽动军民造反，六镇军民群情鼎沸，心甘情愿地拥立高欢为统帅。

高欢的目的达到了，杀牛犒劳将士，在信都起兵，但这时还不敢公开扯起反叛尔朱氏的大旗。当时李元忠发兵逼近殷州，高欢命高乾率军前往支援。高乾轻骑进殷州城见尔朱羽生，谎称商议战事。尔朱羽生与高乾一同出城，高乾趁机杀掉尔朱羽生，再与李元忠会师，殷州不攻自破。

高乾让李元忠留守殷州，带着尔朱羽生的人头回信都报喜。高欢摸着胸口说："杀了尔朱羽生，只能起兵了！"随之任命李元忠为殷州刺史，给洛阳发了一道檄文，历数尔朱氏的罪状，扬言即将声讨。

尔朱世隆将檄文扣压不报，奏称高欢要造反。随之便是尔朱兆、尔朱仲远、尔朱天光、尔朱度律等人受命讨伐高欢，尔朱世隆居中调度。

高欢得到消息后，赶忙部署兵马，准备应战。一天，一个身穿孝服的人来军营递上名帖求见高欢。高欢一见名帖，立即请进。那人进帐后俯伏在地，放声大哭。高欢上前扶起，让他在自己身边坐下。那人哭着说："我一家百余口，都死于贼臣之手，听说将军兴义师，特来相投，愿效犬马之力，报仇雪恨！"

高欢叹道："你家世代忠良，没有想到逆贼竟然连你家也不放过，可悲可恨，如果苍天有眼，一定不会放过逆贼。"随之任命来人为行台郎中，参议军事。

这个人是谁？原来是北魏司空杨津的儿子杨愔。杨氏家族是洛阳的名门望族，世代忠良，一家人多是北魏名士。由于杨津的侄子杨侃曾参与谋杀尔朱荣，而杨家人又多在朝中担任要职，尔朱氏便诬陷杨氏谋反，将杨氏一门杀个精光。当时杨愔在外办事，幸免于难，得以投奔高欢。

高欢对杨愔颇为赏识，将军中文案全都交给他处理，并让谘议参军崔悛做他的副手。杨愔文思敏捷，言辞激昂，不论什么文章，一经颁布，世人争相传诵，尔朱氏的罪恶，由此天下尽知。

尔朱兆出兵攻打殷州，李元忠独力难支，弃城投奔信都。尔朱仲远、尔朱度律与将军斛斯椿、贺拔胜、贾显智等人也进军高平。

大军压境，高欢心里没有底。长史孙腾认为，信都与朝廷隔绝，高家军缺乏号召力，如果奉立一位元氏宗室为帝，时局将会大为改观。高欢不以为然，但在孙腾再三劝说下，这才奉迎渤海太守元朗为皇帝。元朗是元融的儿子。

元朗在信都城西即皇帝位，改年号为中兴；任命高欢为侍中丞相、都督朝内外各军事，高乾为侍中司空，高敖曹为骠骑大将军、兼任冀州刺史，孙腾为尚书左仆射，河北行台魏兰根为右仆射。

韩陵大捷

高欢自信都出兵抵御尔朱氏各军，参军窦泰建议高欢使用反间计，让尔朱氏兄弟之间自相猜疑，然后寻找机会进攻。

高欢于是派人四处散布谣言，有的说"尔朱世隆兄弟要谋杀尔朱兆"，有的说"尔朱兆与高欢暗中勾结，密谋杀掉尔朱仲远等人"。尔朱氏兄弟听到这些谣传，不知是真是假，相互猜疑，徘徊不进。

尔朱兆为了探听虚实，率三百轻骑赶到尔朱仲远的大营，尔朱仲远亲自将他迎入军帐。尔朱兆手舞马鞭，东望西望，显得异常紧张。尔朱仲远也不知尔朱兆的来意，一时也无话可说，场面显得很尴尬。尔朱兆也是让高欢骗怕了，觉得有些不对劲，突然起身窜出帐外，跨马扬鞭而去。尔朱仲远有些莫名其妙，立即派斛斯椿、贺拔胜追上去，意图加以解释，不料被尔朱兆拘禁起来。

尔朱仲远、尔朱度律闻报大惊，赶忙率军南逃。

尔朱兆历数贺拔胜罪状："第一条，你杀了卫可孤；第二条，尔朱荣将军遇害，你没有和尔朱世隆一同归来，反而攻打尔朱仲远。我早就想杀你了，你还有什么话说？"

贺拔胜抗议道："卫可孤是贼党，我家父子一同为国杀贼，应是立功，何罪之有？尔朱荣将军是被君主所杀，而我当时只知道有朝廷，没有顾及将军。如今强寇迭起，你们尔朱家却离心离德，怎么能抵御外贼？我不怕死，来这里只是为了告诉王爷，处事要谨慎，不要失策呀！"

尔朱兆觉得有理，没有杀他，再经斛斯椿婉言劝解，尔朱兆便放了他们，自己则静待高欢前来。

高欢用离间计吓跑了尔朱仲远，然后集中兵力进军广阿，杀败尔朱兆，俘敌五千多人，然后乘胜进军，攻克邺城，并将新主元朗接来邺城。元朗进城后，封高欢为柱国大将军，兼任太师，又封高欢的儿子高澄为骠骑大将军。

高欢的一记重拳，终于打醒了尔朱家族。大敌当前，必须同仇敌忾，再搞窝里斗，结果只能是大家都玩完。

尔朱世隆最先回过神来，派人去晋阳见侄子尔朱兆，对他说："你有什么条件提出来，我们都能满足，尔朱家不能败。"

尔朱世隆知道尔朱兆对废立皇帝之事一直耿耿于怀，特地让皇帝元恭娶尔朱兆的女儿为皇后。做了国丈的尔朱兆这才转怒为喜，尔朱家族重新团结起来。

有远见的人从广阿之战中看出了尔朱家族败亡的征兆，斛斯椿对贺拔胜说："天下人都怨恨尔朱氏，我们却还在替他们卖命，结果可想而知，不如先下手为强。"

贺拔胜为了调解尔朱氏的关系，差点被尔朱兆杀了，心中早已不满，他想让三弟贺拔岳称霸关中，提议将尔朱天光一起干掉。

于是，斛斯椿拜见尔朱世隆，劝他邀请尔朱天光共同讨伐高欢。尔朱天光割据关中自保，不想蹚这浑水，尔朱世隆约他好几次，他都不来。斛斯椿自告奋勇，亲自前往长安当说客。尔朱天光万万没有想到，斛斯椿给他布下了陷阱，想把尔朱家一窝端。听了斛斯椿一口一个家族利益至上，尔朱天光抹不下面子，只得亲自率兵出征。

尔朱家族的四路大军分别从长安、晋阳、洛阳、东郡出发，四路人马陆续抵达邺城，二十万大军沿洹水两岸驻扎，声势浩大。

高欢的军队是步骑交杂，骑兵不足两千，步兵也不满三万，双方实力悬殊。面对绝对优势的敌人，高欢采取集中兵力、破釜沉舟的战术。他只留吏部尚书封隆之率很少的军队守邺城，把主力部队调到邺城东南的韩陵山下，摆成一个圆阵，命令将士用绳索把许多牛、驴等牲畜拴在一起，同时将去往邺城的道路堵死。全军将士也明白自己已经处于绝境，只有决一死战才能生存，士气大增，整个军队充满了慷慨赴死的决心。

都督高敖曹率三千乡民赶来助战。高欢朝高敖曹的队伍看了一眼说："高都督是出山猛虎，但手下这些汉兵，战斗力恐怕不足，我拨给你一千鲜卑兵，编成一个军团，由你统一指挥，你看如何？"

高敖曹道："我的部队训练已久，都是从战火中杀出来的兄弟，并不比鲜卑兵弱，不烦丞相费心！"

战斗开始后，尔朱兆跃出阵前，遥指高欢大骂："贺六浑，你个无耻小人，我待你如兄弟，你却背叛了我，你猪狗不如！"

高欢是奸雄，在朋友道义上他确实输了，但他不会承认，冲着尔朱兆质问道："吐万儿，你我结义，是为了报效国家，如今天子何在？"

尔朱兆脑子转得慢，不说天子在洛阳，却说："孝庄帝冤杀尔朱荣将军，我出兵报仇，有什么不对？"

高欢反驳道："我亲耳听到尔朱荣的阴谋，你当时就站在门口，怎能说不是反叛呢？况且，君杀臣是天经地义之事，何来报仇之说？你我从今往后，恩断义绝。"说罢，亲自擂起了战鼓。

尔朱兆仗着人多，率兵从四面包抄过来，来势凶猛。高欢率领的中军险些招架不住。高欢的堂弟高岳率骑兵从正面抗击尔朱兆军，别将斛律敦率兵绕到后面攻击尔朱兆军，高敖曹则率一千骑兵横冲过去，打乱了尔朱兆军队的阵势。高欢军乘势反击，鲜卑军顿时溃败。贺拔胜和徐州刺史杜德临阵倒戈，投降了高欢。

尔朱兆见大势已去，对慕容绍宗说："悔当初不听你的话，养虎遗患啊！"说罢，率轻骑西去。尔朱兆逃回晋阳，尔朱仲远逃奔东郡，尔朱度律、尔朱天光逃往洛阳。

高欢依靠自己的智慧和勇敢打败了敌人，以三万之众打败了七倍于己的敌人。韩陵之战也成为我国历史上一次著名的以少胜多的战例。

韩陵之战，改变了北方政治、军事形势。尔朱氏各派势力大减，不久被高欢一一消灭。除了晋阳的尔朱兆还在苟延残喘，尔朱世隆、尔朱彦伯的首级被送到了邺城，尔朱度律、尔朱天光二人也被押送到邺城。

高王来了

洛阳的节闵帝元恭派中书舍人卢辩到邺城慰劳高欢，高欢让卢辩见傀儡皇帝元朗，卢辩大声抗议，拒不相见，高欢只好放他回洛阳。

尔朱氏的部将侯景本与高欢一同在北方崛起，后来辗转投奔了尔朱氏，现在又投奔了高欢。

雍州刺史贺拔岳得知尔朱天光战败，便与镇西将军宇文泰联手，乘机攻占了长安，将留守长安的尔朱显寿作为降礼献给高欢。高欢随之任命贺拔岳为关西大行台，宇文泰为行台左丞，领府司马。

高欢从邺城出发，护送傀儡皇帝元朗前往洛阳。走到邙山时又有些犹豫，考虑到元朗与皇族嫡系比较疏远，又想拥戴节闵帝元恭，为了慎重起见，便派右仆射魏兰根前往洛阳进行考察，再决定废立。

节闵帝元恭没有意识到魏兰根来洛阳的重要性，神气活现地接见魏兰根，威风有余，礼节则显不足。魏兰根很生气，回来后说："皇帝神气高扬，日后恐难控制。"

高欢随即召集百官讨论，征询大家的意见。有人说元恭比较贤明，能守住社稷。黄门侍郎崔正严肃地说："如果要说贤明，没有人会比高王更贤明，广陵王元恭本是逆贼所立，怎么能让他做天子呢？"

高欢吓了一跳，怎么扯上我了，这个崔大嘴真是口没遮拦啊！

这么多人反对，元恭保不住，元朗也不能再立，看来只能另立新君了。可高欢却找不到做皇帝的人。北魏的日子走到了尽头，龙子龙孙死的死，逃的逃，躲的躲，藏的藏，不见踪影。无奈之下，只得让元朗留居河阳，自己率数千骑兵进入洛阳。

节闵帝元恭出宫抚慰，高欢二话不说，将元恭软禁在崇训佛寺中。然后提剑入宫，打算杀掉两位尔朱皇后。

原来，以前孝庄帝元子攸册立尔朱荣的女儿为皇后，后来节闵帝元恭又册立尔朱兆的女儿为皇后，权且称前者为大尔朱皇后，后者为小尔朱皇后。尔朱兆进入洛阳时，曾恣意污辱后宫嫔妃、公主。只因大尔朱皇后是他的堂妹，得以保全，仍让她住在宫中。广陵王元恭入承大统时，大尔朱皇后还留在宫中。不久，尔朱兆的女儿也成了皇后，她与大尔朱皇后是姑侄关系，二人亲上加亲，格外亲热，自然不愿分离。偏偏高欢将尔朱氏一窝端，尔朱氏死的死，逃的逃，只剩下姑侄二人在宫中彷徨，整天以泪洗面。

大、小尔朱皇后正在宫中落泪，高欢仗剑进来了。小尔朱皇后吓得抖作一团，面无血色，大尔朱后不待高欢开口，正色诘问道："你就是贺六浑吗？我父亲一手提拔你，你才有今天的荣华富贵，没想到你恩将仇报，杀死我的伯叔兄弟。现在又闯进宫，要杀我们吗？"

高欢见她柳眉耸翠，杏脸敛红，秀丽中透出一股威厉之气，让人可畏又可慕。又见小尔朱皇后颤动娇躯，轻轻抽泣，别有一种惹人怜爱的风情。突然之间，一腔怒气化为乌有，对大尔朱后说："我怎敢忘尔朱荣将军的恩德呢？请放心，我会与你们共享富贵。"说完，把宫人叫出来，吩咐她们好好伺候两位皇后，并派兵保护宫禁。

高欢出宫后，立即与群臣商议废立魏主之事，大家都沉默不语。高欢自导自演地说："孝文帝元宏是一代贤君，怎么能无后呢？他的子嗣汝南王元悦就在江南，不如派人把元悦接回来继承大位。"部将们唯唯诺诺，没有人提出异议。高欢当即派人南下迎接汝南王元悦。

高欢送走南下使者，安心在洛阳住下来。他天天朝后宫跑，后来索性留宿宫中。

大尔朱皇后本是一个没有气节的女人，先由孝明帝元诩收为妃嫔，后被孝庄帝元子攸册立为皇后，此时得到高欢的爱慕，也就随遇而安，甘心将玉骨冰肌投入老奴的怀抱。小尔朱皇后也是一个水性杨花的女人，也随姑妈投入高欢的怀抱。高欢老牛吃嫩草，左拥右抱，艳福不浅！

转眼一月有余，汝南王元悦从江南到了洛阳，高欢却又改变了主意，说元悦暴戾无常，不配继承大统。于是从乡间找出孝文帝的孙子、广平王元怀的第三个儿子平阳王元脩，拥立他为帝。元脩推辞不掉，不得已登上帝位，改元太昌。北魏末帝孝武帝粉墨登场。

孝武帝元脩即位后，任命高欢为大丞相、天柱大将军、太师，世袭定州刺史。任命高欢的儿子高澄为侍中、开府仪同三司。尔朱党中的侍中司马子如与广州刺史韩贤二人，因与高欢是旧识，所以司马子如被召回洛阳，出任大行台尚书，韩贤任职如故。

高欢又以前御史中尉樊子鹄兼尚书左仆射，为东南道大行台，令他与徐州刺史杜德追击尔朱仲远。尔朱仲远已逃出境外，不久病死在江南。樊、杜二人随即又从萧梁手中夺回谯城。

高欢因谯郡已平定，便想回到冀州，想到贺拔岳雄踞关中，也是一个隐患，于是恳请魏主元脩将贺拔岳调任冀州刺史。

孝武帝元脩当即派使者召贺拔岳回朝。贺拔岳正欲单骑进京，右丞薛孝通问道："将军就这么轻率地前往洛阳吗？"

贺拔岳回答说："我不怕天子，只怕高王！"

薛孝通说："高王确实是个狠角色，能破尔朱氏百万大军，但他虽然威势显赫，却也不得人心。尔朱兆虽已败走，仍屯兵并州，人马不下一万。高欢刚刚对内招抚群雄，对外抗击劲敌，自顾不暇，哪有工夫争夺关中呢？将军现在占据这么好的地势，进可控山东，退可封函谷，怎么甘愿受制于人呢？"

贺拔岳恍然大悟，握住薛孝通的手说："说的是啊！我决定不南行了。"随即让诏使回去，婉转地辞谢了朝廷的好意。

高欢无可奈何，只好整装回到邺城。走的时候，不忘带上大小尔朱皇后，还有貌美如花的任城王妃冯氏、城阳王妃李氏。

孝武帝元脩亲自为高欢饯行，三杯御酒，一鞭斜阳，天柱大将军高欢纵马向东北驰去，魏主元脩返回宫中。

旬日之后，从邺城押解尔朱度律、尔朱天光到洛阳，被斩首市曹。至此，尔朱氏的子弟只剩下一个尔朱兆。为了剿灭尔朱氏的残余势力，高欢亲率大军进攻晋阳。尔朱兆仓皇舍弃晋阳，退到秀容。不久，尔朱兆兵败自缢身亡，尔朱军被歼灭殆尽。

第三十三章
梁太子病殁

老朋友重聚

高欢消灭尔朱氏的残余势力尔朱兆之后，向朝廷上表报捷，孝武帝元脩免不了又是一番褒奖。随之高欢又上表，要辞去天柱大将军的称号。元脩见他言辞恳切，估计是因为尔朱荣曾任"天柱"大将军的缘故，不再勉强，便准了。

孝武帝元脩算是一个狠心肠的人，担心宗室中有人抢夺他的皇位，先是迫使幽居在崇训寺的元恭服毒，后又故技重演，毒杀了刚被封为安定王的元朗，既而又将东海王元晔，汝南王元悦一并处死。史家称元恭为前废帝，元朗为后废帝，唯独元晔是尔朱氏所立，称帝不过三个月，所以不入帝纪。

元脩以为敌手已经除尽，可以高枕无忧了，哪知当时的大患不在宗室，而在强藩！

元脩即位后，宗室各位王爷陆续回朝拜谒。淮阳王元欣、赵郡王元谌是献文帝拓跋弘的孙子，元脩的叔父。南阳王元宝炬、清河王元亶是孝文帝元宏的孙子，元脩的堂兄弟。

元脩授元欣为太师，元谌为太保，元宝炬为太尉，元亶为骠骑大将军，兼任司徒，侍中长孙稚为太傅。

追赐前魏主元子攸为孝庄帝。从前两次临朝的胡太后，溺死之后，遗尸被打捞上来，妥善安葬，加谥灵。又追尊皇父广平王元怀为武穆帝，皇太妃冯氏为武穆皇后，母亲李氏为皇太妃。

册立丞相高欢的女儿高氏为皇后，并特意挑选一名朝使去送聘礼。

高欢发现晋阳一带地理位置十分优越，四周群山环绕，易守难攻，是一个极好的屯兵之地，因此便在晋阳建大丞相府，坐镇西北，遥控洛阳。

朝廷派出的使者到了晋阳，高欢亲自迎接，见面后握手言欢，格外亲热。谁有这么大的面子享受到如此高规格的待遇，让权倾一时的高欢如此看重呢？原来使者是高欢的一位故人，他就是李元忠。李元忠曾随高欢进入洛阳，后来留在洛阳担任太常卿，元脩当然知道李元忠与高欢的交情，因事择人，这次送聘礼的重任就落在他的头上了。

老朋友相见，免不了盛宴款待，把酒言欢，畅叙一些旧事，李元忠连饮几杯酒后，才笑着说："从前与你共事，轰轰烈烈，很是有趣；近来寂寞得很，说话的人少了，倒有些郁郁寡欢了！"

高欢大笑，指着李元忠对在座的人说："就是这个人逼我起兵的。"

李元忠戏言道："如果当初你不起兵，我就另投他处了。"

高欢笑着说："起义原无止境，但是，像我这样的老翁，那是不可能再遇到的了！"

"正是因为你这样的老翁不可多得，所以我才赖着不走了。"李元忠捋须大笑不止。

高欢知道李元忠说的是真心话，因而对他殷勤款待。李元忠又坐下酣饮，直到夜静更阑，方才罢席。

李元忠一连住了数日，大宴小宴，多不胜计，尽欢之后，才将高欢的女儿接到洛阳，挑吉日行册后礼。

梁太子病殁

放下北方，再叙南朝的事情。梁武帝萧衍篡位，建梁已有三十多年，改元数次。天监十九年（520年），改元普通。普通八年（527年），改元大通。大通二年（527年），又改元为中大通（529年）。

中大通元年，陈庆之狼狈地从北魏逃奔回梁。回国后，萧衍仍任命他为任右卫将军。一天，陈庆之对散骑常侍朱异道："过去，我以为长江以北地区都是戎狄之乡，到了洛阳之后，才知道礼仪人物都在中原地区，非江东所能及，我们有什么理由轻视北方人呢？"

当时，朱异凭经术得到萧衍的宠幸，他将陈庆之的话转告萧衍。萧衍这才收敛雄心，改变战略，不再北伐。

这年冬季，妖贼僧强在北徐州作乱，土豪蔡伯龙纠众响应，北徐州城被贼人攻占。幸亏陈庆之当时正镇守北兖州，就近讨贼，斩杀僧强、蔡伯龙，收复北徐州城。以前陈庆之在洛阳的时候，曾致信梁武帝萧衍的次子豫章王萧综，劝他回国。萧综降魏后，任职司徒，此时出镇齐州。萧综回复说愿意南归。由于陈庆之突然先回国，萧综一时不便离开北魏。

后来，尔朱氏发难，齐州归附尔朱兆，萧综死在阳平。梁人偷偷将萧综的灵柩运回国。萧衍用亲子之礼安葬了他。没想到假儿子萧综刚去世，真儿子萧统也接踵而亡，而且还是一位贤明仁孝的储君！晚年丧子，乃人生之大不幸，萧衍几乎哭瞎了眼睛。

萧统是萧衍的长子，萧衍刚即位，便册立萧统为太子。萧统自幼聪颖，三岁学习《孝经》《论语》，五岁能遍诵五经，十岁左右通晓经义，且还善于品评诗文，每次出宫游宴，都会赋诗，文思敏捷，佳句不绝。天监十四年，太子成年之后，萧衍让他处理朝政，每件事都能处理得恰到好处，百姓交口称誉太子仁厚。

太子为人谦逊，宽和待人，喜欢结交仁人志士，生活也很清廉。每当淫雨积雪的天气，他总会派身边的人巡行乡里，赈济贫寒。在宫中也恪守礼仪，每天五更之前上朝，毫无倦意地等候在殿外。普通七年（526年），太子的生母丁贵嫔患病，他进宫侍奉母亲，夜不解带。丁贵嫔去世，太子悲痛至极，不吃不喝。在萧衍多次劝慰下，才勉励吃一点东西。

丁贵嫔安葬后，有一个看风水的道士说墓地不利于太子，随即将蜡制的鹅及其他物品埋在丁贵嫔墓侧。宫监鲍邈之当初是太子的宠幸，后来与太子不和，便向萧衍告密，说太子有见不得人的事情。萧衍立即派人去墓地挖掘，果然挖到了蜡鹅等东西。萧衍大惊，要彻底追究这件事。右光禄大夫徐勉竭力劝谏，萧衍这才作罢，只杀了那位道士。

太子虽然平安无事，但始终因为这件事闷闷不乐，以致积郁成疾。中大通三年（531年），太子身患绝症，病情日见沉重。刚得病的时候，他怕父亲担心，故意隐瞒病情。每当诏使带着萧衍的圣旨前来慰问时，他总是忍着疼痛，吃力地亲自写回复。后来病情恶化，东宫的人要向皇上禀报，都被太子制止了。所以，萧衍一直不知道太子的病情如此严重。没过多久，太子去世了，年仅三十一岁。萧衍被惊天的噩耗惊呆了，亲自前往东宫，临哭尽哀，赐太子谥号昭明。

昭明太子的死讯传开后，文武官员又惊愕又惋惜。一时间，京师仕女奔走宫门，号哭悲泣，四方百姓也是满腹哀伤。太子生平著有《文集》二十卷，古今典诰《正序》十卷，编写历代诗文而成的总集《文选》三十卷，五言诗《英华》二十卷等，均传诵后世，被世人推为"词宗"。

太子有三个儿子，长子名叫萧欢，已被封为华容公，萧衍欲册立萧欢为皇太孙，但后来却册立三儿子晋王萧纲为太子，为了平息朝臣的议论，特意晋封萧欢为豫章王，萧欢的弟弟萧誉为河东王，萧誉的弟弟萧詧为岳阳王。

暗流涌动

自从孝武帝元脩册立高欢的女儿为皇后，高欢的权势日益强大，丝毫不输于当年的尔朱荣。

早在高欢刚进入洛阳时，斛斯椿就曾与贺拔胜密谋，要杀掉高欢，遭到贺拔胜的反对。贺拔胜的理由是高欢除掉尔朱氏势力，功劳巨大，没有理由杀他。斛斯椿在洛阳辅政，担任侍中一职，他一直对没有除掉高欢耿耿于怀，一天不杀高欢，斛斯椿一天不得安宁。好在想杀高欢的不只斛斯椿一人，还有南阳王元宝炬、将军元毗、王思政等人。这些人纠合在一起，整天在孝武帝元脩耳边吹风，什么高欢有野心、对高欢要提防戒备，高欢是第二个尔朱荣，等等。中书舍人元士弼也上表弹劾高欢，说他接听诏书时，不守礼数，对陛下大不敬。

元脩虽然是捡了一个皇帝，但既然做了皇帝，也想自己的皇位坐得稳一些，尔朱氏作乱就是前车之鉴，不得不防，加之这么多人提醒，元脩也起了疑心，于是采纳了斛斯椿的建议。

斛斯椿劝说元脩设置负责皇宫守卫的内都督部曲，又在皇帝居住的朱华阁增加值勤侍卫的力量，除了这些侍卫，还有定额之外的侍卫数百人。这些侍卫都是从各地精选出的骁勇善战的人。元脩几次出巡，都是由斛斯椿亲自部署安全保卫工作。有关军国大事，元脩也只与斛斯椿商议决定。关中大行台贺拔岳手握重兵，元脩与他秘密联系，又加封他为荆州刺史，建立一道藩镇屏障与高欢抗衡。

当时，高乾也担任侍中，兼任司空，信都起兵时，高乾的父亲去世，忙于打仗，未能为父守孝。现在天下无事，于是上表朝廷，请求解职为父守孝。高乾并不是真想回家，朝廷刚建立，正是用人之际，自己这一走，手下的人怎么办。辞官不过是做样子罢了，皇帝不准就结了。自己是大臣，这点面子皇上还是会给的。没料想元脩竟然批了，免去他侍中之职，留下司空的虚衔。高乾很郁闷，待在家里生闷气。

元脩召高乾华林园赴宴，酒席散后，元脩留下高乾，对他说："司空一家世代忠良，你又为我立下大功，我们虽是君臣，但情同手足，我们应该订立盟约，永不背叛。"

高乾莫名其妙，回答说："臣以身许国，不敢有异心！"

元脩问道："立个誓而已，司空认为不妥吗？"

高乾暗想，看来不答应，今天就走不了，于是同意了。

高乾回家后，也没把这件事告诉高欢，说什么呢？人家压根就没提高欢半个字，捕风捉影的事怎么说？

后来，高乾听说元士弼、王思政等人往来关西，迹象可疑，心里想，皇上这是要与高欢翻脸啊！他连忙致信，将自己的怀疑告诉高欢。

高欢把高乾请到并州面议。高乾劝高欢逼孝武帝禅位，高欢用袖子遮住高乾的嘴说："别乱说话，我让司空继续做侍中，门下省的事全拜托你了。"

高乾回到洛阳，高欢上书朝廷，让高乾官复原职，元脩没有同意。

高乾知道大祸临头，想离开洛阳，于是急忙致信高欢，请他代为谋求徐州刺史一职。高欢再次上表恳请，元脩不能不同意了，再不批，就表明公开与高欢扯破脸了，事情没有发展到这一地，这层隔窗纸还得留着，于是任命高乾为骠骑大将军兼徐州刺史。另外任命咸阳王元坦为司空。

高乾还没有赴任，元脩得知高乾泄密的事情，当即给高欢发一道诏书："高乾与朕私下有过盟约，如今却在你我两边翻来覆去。"

高欢不知道高乾与元脩盟约之事，接到诏书后，非常生气，当即把高乾劝自己称帝的几件密函派人送往洛阳。元脩立即召见高乾，当着高欢使者的面，斥责高乾阳奉阴违，两面三刀。

高乾被两边的人出卖了，内外不是人，无计可施，恨声说："陛下自己图谋不轨，反过来却诬陷为臣，欲加之罪，何患无辞！"

高乾随之被赐死。孝武帝又密令东徐州刺史潘绍业杀掉高乾的弟弟高敖曹。高敖曹提前得到消息，派人在路旁设伏，活捉潘绍业，从他身上搜出诏书，立即带数十几个随从投奔晋阳。借皇帝之刀杀人之兄，却又能获得被杀者二弟的尊信，高欢的手腕之高，由此可见一斑。

高敖曹到达晋阳之后，高欢抱住他的头痛哭道："皇上屈杀司空啊！"高敖曹的二哥高仲密是光州刺史，也抄小路逃到晋阳投奔高欢。

高乾死后，高欢这才知道中计，自然是悔恨交加，埋怨孝武帝元脩。

诱人的肥肉

孝武帝元脩得罪了河北人，只得加紧讨好关中人。元脩当时十分信任贺拔岳，屡次派心腹入关，嘱咐他立即对高欢动手。

贺拔岳曾派行台郎冯景到晋阳，高欢见到冯景，高兴地说："贺拔公岂不是想念我了？"当即与冯景订立盟约，约定与贺拔岳结为兄弟。冯景回去后，对贺拔岳说："高欢奸诈有余，真诚不足，不可信。"

为了慎重起见，府司马宇文泰亲自前往晋阳试探高欢。高欢见宇文泰气宇非凡，想让他留下来做自己的帮手。宇文泰坚持回关中复命，高欢见留不住，只得放行。宇文泰料知高欢必定会后悔，出城后快马加鞭，兼程西行，马不停蹄地赶赴潼关，后面果然有人马追到，宇文泰纵马入关。原来，高欢放走宇文泰后，真的后悔了，急忙派人骑驿马追赶。晋阳兵一直追到潼关，见宇文泰已经入关，关内守备森严，料难得手，只好返回。

宇文泰回去后对贺拔岳说："高欢有篡位之心，他现在唯一的忌惮就是你们兄弟。将军只要悄悄地进行准备，杀掉高欢并不难。费也头部族善于射箭的骑兵不下万人，夏州刺史斛拔弥俄突有精兵三千多人，灵州刺史曹泥、河西流民纥豆陵伊利等人各自拥兵自保，骑墙观望，不知要归属哪一方。将军要是带着军队逼近陇地，扼守要隘，恩威并举，定能收服他们的兵马，壮我军威。此外，西边亲睦氐、羌部落，北边抚慰沙漠塞外之民，然后挥师返回长安，辅助魏皇室，高欢就没有什么可怕的了！"

贺拔岳非常高兴，又派宇文泰到洛阳去见孝武帝元脩。元脩当即加封宇文泰为武卫将军，令他按计划行事。不久，元脩又令贺拔岳督管雍、华等二十州军事，兼任雍州刺史。

贺拔岳随之西出平凉，以牧马为名招抚各部。斛拔弥俄突、纥豆陵伊利、费也头的万俟受洛干、铁勒斛律沙门等部落相继归附，只有曹泥不服。

秦、南秦、河、渭四州的刺史都会集在平凉，接受贺拔岳的指挥。贺拔岳因为夏州地处边境，地形重要，想找一个出色的人出任刺史。

宇文泰想去，又不便自己表态，于是私底下活动，请大家推荐自己。贺拔岳问时，大家果然一致推举宇文泰。

贺拔岳犹豫不决，一则离不开宇文泰出谋划策，二则对宇文泰不放心。宇文泰是什么人？有胆有识，文武双全，如果让他独据一方，犹如龙入大海，虎归深山，谁能控制得了？于是说道："宇文泰是我的左右手，怎么可以离开我！"可想来想去，实在没有合适的人选，还是上书孝武帝元脩，让宇文泰出任夏州刺史。

消息传到晋阳，高欢立即派长史侯景生擒纥豆陵伊利，将他的部落迁移至五原河以东地区。

孝武帝元脩得到消息，派人责备高欢说："纥豆陵伊利既没有入侵，也没有叛变，是魏国的忠臣，你突然讨伐他，而且发兵之前，也没有向朝廷请示，你到底是什么意思？"

高欢含糊答复，更是千方百计地想除掉贺拔岳。不久，高欢又担心秦州刺史侯莫陈悦与贺拔岳联合。右丞翟嵩献计说："为何不用反间计呢？我愿意为王爷效力，让他们自相残杀。"高欢这才转忧为喜，当即派翟嵩前往秦州。

翟嵩到了秦州，凭着三寸利舌，一说便妥。回到晋阳后，让高欢静观其变。

贺拔岳见高欢动手了，立即调动兵马讨伐曹泥，并派都督赵贵到夏州约宇文泰共同出兵。贺拔岳万万没有想到，宇文泰已非昔日之宇文泰，不听指挥了。

赵贵回到平凉，带回宇文泰的答复："灵州塞上边城，孤悬境外，曹泥成不了气候，不足为忧。秦州刺史侯莫陈悦贪心而又不讲信义，才是心腹之患，应该先收拾侯莫陈悦。"

贺拔岳很生气，生宇文泰的气，认为这是宇文泰的托词，他不想出兵，不想离开夏州。灵州距夏州近在咫尺，攻打灵州，宇文泰责无旁贷。而秦州在南，离夏州甚远，宇文泰必定是以防御高欢为借口不肯出兵。侯莫陈悦兵力强大，与他火拼，宇文泰到底安的什么心？于是，贺拔岳不但没有攻伐侯莫陈悦，反而召侯莫陈悦在高平会师，一同讨伐曹泥。

侯莫陈悦欣然前来。贺拔岳让他率部走在前面，侯莫陈悦也同意了，贺拔岳感动了，这才是兄弟啊！于是戒心全无。大军到了河曲，侯莫陈悦请贺拔岳到他的军营议事。贺拔岳毫无戒备，欣然赴约。可惜贺拔岳竖着进去，横着出来，把命留在了那里。

侯莫陈悦对贺拔岳的部下说："贺拔岳谋反，我受朝廷密旨除贼，只杀他一人，你们都不要害怕。"贺拔岳的部下悬着的心终于放下。

侯莫陈悦看着贺拔岳的尸体，有些后悔了，他没有能力做关中的主人，也无意招纳贺拔岳的部属，带着自己的人，匆匆返回水洛城。

贺拔岳死了，他的旧部却成了一块无主的肥肉，诱人的美味，引来野兽的疯狂追逐。

第三十四章
魏裂东西

夺军

贺拔岳死了，关中群龙无首，赵贵建议迎接夏州刺史宇文泰为统帅，他说宇文泰谋略过人，武功出众，最关键的一点，他是鲜卑人中的豪门。在崇尚贵族的南北朝时期，豪门如同神话。赵贵难道不想做首领？当然想，但他有自知之明，自己的资格不够。强敌环伺凝聚不起人心，性命都难保，还谈当什么老大？都督杜朔周也极力赞成赵贵的主张。大家于是推举杜朔周赶往夏州，迎请宇文泰。

宇文泰与部将们商议，中大夫韩褒说："这是天意，将军不用多疑！侯莫陈悦只是井底之蛙，不足为虑。"

宇文泰说："我也有此意，侯莫陈悦既然杀了贺拔岳元帅，就应该乘势进攻平凉，而他却退守水洛，此为无能之表现。什么叫机会？难以得到而又容易失去的就是机会。"宇文泰扫了大家一眼，继续说道，"大家好好想一想，机会稍纵即逝，如果不早点去，人心将会离散的。"

大多数人都拥戴宇文泰，也有少数反对派，代表人物是都督弥姐元进，他阴谋策应侯莫陈悦。

会议过后，宇文泰让最亲密的部下蔡佑处理掉反对派。蔡佑干得漂亮，一举诱杀了反对派的头目弥姐元进，稳定住夏州人心。宇文泰一高兴，认蔡佑做了干儿子。其实两人年龄相仿，以父子相称，实在有些不伦不类，只是宇文泰出身鲜卑贵族，进入贵族圈子又是每一个南北朝平民梦寐以求的事情，因而出现这样的事情，也就不足为怪了。

宇文泰与手下的轻骑兵快速赶赴平凉，并令杜朔周率兵占据弹筝峡。百姓惊惶恐惧，逃散的人很多，有些士兵趁机抢掠，杜朔周当场杀了几个抢劫的士兵，传令：谁敢抢掠，杀无赦。财物与头颅比，当然是头颅重要，此后，杜朔周的部下对百姓秋毫无犯，士兵民众乐意归附。宇文泰对杜朔周给予嘉奖，让他恢复本姓，改名赫连达。原来杜朔周原本姓赫连，曾祖父库多汗因避难而改姓杜。

贺拔岳死了，留下的军队引来各路人马的争夺，高欢出手最快，得知贺拔岳的死讯后，立即派大将侯景率轻骑直奔平凉，欲招抚贺拔岳的部众。只是晋阳离平凉较远，侯景还是迟了一步，走到安定的时候，恰好碰到宇文泰。宇文泰当然知道侯景的来意，毫不客气地说："贺拔岳虽然死了，我宇文泰在，你来这里干什么？"

侯景心里明白得很，关中是人家的地盘，高欢让他来是招降，不是打仗，也没有带多少兵士，宇文泰在兵力上占绝对优势。但侯景的脑子转得快，连忙赔着笑脸说："我只是一支箭，任人拉射，主人射到哪里，我就出现在哪里，实在是身不由己啊！"

"好啊！"宇文泰摘下弓，虚拉一下弓弦，侯景吓了一跳，宇文泰冷冷地说，"我把你射回去。"

侯景恨不得把宇文泰的脑袋拧下来，脸上却挂着微笑，人在屋檐下，不得不低头，只得灰溜溜地原路返回。宇文泰则继续行军。

宇文泰走到平凉，侯景又来了，这次还有散骑常侍张华原、义宁太守王基等人随行，大家都没有带兵器，带来了一大堆慰问品，向宇文泰转达大丞相高欢的慰问之意。

宇文泰拒绝接受，对他们说："你们都留下来吧！我们共享荣华富贵，不然的话，把命留下来也行。"

张华原回答说："不要用死亡威胁使者，这吓不倒我张华原。"

宇文泰见张华原态度坚决，只好放他们回去。王基回到晋阳后对高欢说："宇文泰是一位杰出人物，趁其羽毛未满，要趁早把他消灭掉。"

高欢说："你没有看到贺拔岳、侯莫陈悦的下场吗？我自有妙计取宇文泰的性命。"

高欢的慰问团前脚刚走，洛阳孝武帝的接收大员元毗后脚就到了。元毗带来了皇帝诏书，要收编贺拔岳军，并请侯莫陈悦去洛阳。元毗到达平凉，部队已拥戴宇文泰为首领，接收是不可能的了。宇文泰心在关中，侯莫陈悦归附了高欢，都去不了洛阳。元毗两手空空返回洛阳，带给皇帝唯一的安慰是，宇文泰表态，愿意忠于皇帝。其实也就是口头表态，内心是否真的这样想，鬼才知道。

孝武帝随即任命宇文泰为大都督，统率贺拔岳的旧部，并派卫将军李虎做他的副手。

李虎是贺拔岳的部将，贺拔岳死后，李虎直奔荆州，劝说贺拔胜接收贺拔岳的人马，不料贺拔胜拒而不见。李虎听说宇文泰已代替贺拔岳统率全体将士，又从荆州往回赶，路过阌乡的时候，被高欢手下的将领俘虏，被送到洛阳。孝武帝正准备谋取关中，便任命李虎为卫将军，赐给他一大笔财物，派他到宇文泰那里。

宇文泰与李虎交谈之后，领会到朝廷的意思，便给侯莫陈悦写了一封信："贺拔公为朝廷立过大功，曾推荐你为陇右行台。没想到你忘恩负义，归附国贼，危害国家。皇上召你我回京，是进是退，就看你的了。如果你从陇山撤下东还，我也就从北道回京；如果你瞻前顾后，迟疑不决，我们只有兵刃相见了！"

侯莫陈悦置之不理。宇文泰当即率军占据原州，令侄子宇文导镇守原州，率兵向陇地进发。一路上，宇文泰军纪严明，对百姓秋毫无犯，出木狭关后，大雪厚达二尺，仍然日夜兼程，准备打侯莫陈悦一个出其不意。

侯莫陈悦得到消息，放弃水洛，一路后撤。宇文泰步步紧逼，一路追到上邽。秦州刺史李弼知道侯莫陈悦必败，暗中派人与宇文泰联络，愿意做内应。约定的时间一到，李弼便大开城门，迎接宇文泰军进城。侯莫陈悦的军队完全崩溃，侯莫陈悦率数十名随从仓皇出逃，终因走投无路，在逃亡途中自杀，关中落入宇文泰之手。

山雨欲来

宇文泰进入上邽，将府库里的财物全都拿出来犒赏将士，自己分文不取。身边的人偷偷拿回一只银瓮，宇文泰当即惩处了拿银瓮的人，并将银瓮剖开分给了将士。之后令李弼镇守原州，拔也恶蚝镇守南秦州，可朱浑镇守渭州，赵贵镇守秦州。氐酋杨绍之前已逃回武兴，仍然称王，听说宇文泰占据关中，忙上表称藩，并将妻儿送来做人质。

高欢原本要派人救援侯莫陈悦，后来听说宇文泰平定秦、陇，便派使者给宇文泰送去一份厚礼，欲结交宇文泰。宇文泰没有接受，并将书信封好，派都督张轨前往洛阳，交给孝武帝。又让雍州刺史梁御率五千步军进居长安声援皇帝。

斛斯椿问张轨："高欢的叛逆之心路人皆知，唯有西边的宇文泰，宇文泰的才能与贺拔岳相比如何？"

张轨回答说："宇文公论文足以管理国家，论武能够平定叛乱。"

斛斯椿说："如果真像你说的那样，宇文泰是可以依靠的对象。"

元脩得到宇文泰效忠，坚定了反抗高欢的决心，于是封宇文泰为侍中、骠骑大将军、关西大都督、略阳县公，承认宇文泰对关中的控制权。可以在关中自行封官。

宇文泰随之任命寇洛为泾州刺史，李弼为秦州刺史，前略阳太守张献为南岐州刺史。然后招兵买马，积草屯粮，准备讨伐高欢。

高欢离开洛阳回晋阳的时候，曾令封隆之、孙腾留在京师辅政。封隆之担任侍中，孙腾担任仆射。领军将军娄昭也是高欢安插在洛阳的心腹。三人本应协同办事，不料政敌未除，内部却乱了阵脚，起因是为了一个漂亮的寡妇。

孝武帝元脩的妹妹平原公主明月是一位寡妇，封隆之、孙腾也都丧妻，二人见平原公主长得漂亮，都想娶之为妻。女人只有一个，男人却有一双。

封隆之、孙腾是随高欢建义的新贵，都是元脩皇帝拉拢的对象，难以取舍，于是他让平原公主自己选择，平原公主选择了封隆之。

孙腾又恨又嫉妒，视封隆之为眼中钉，欲除之而后快。碰巧封隆之给晋阳的高欢写了一封密函，密函中说："斛斯椿等人擅权，必定构祸。"

高欢不知道封隆之与孙腾之间有间隙，致信孙腾，提及封隆之关照的事情，并嘱咐他和封隆之要提防斛斯椿。孙腾立即向斛斯椿告密，斛斯椿又转告了孝武帝。封隆之听到风声，立即逃回家乡，然后去了晋阳。

恰好孙腾由于带兵器闯入皇宫禁地，擅杀御史，畏罪而逃，也到晋阳投奔高欢。领军将军娄昭势单力薄，也以生病为借口，跑回晋阳。

孝武帝元脩派斛斯椿兼任领军将军，重新安排都督以及河南、关西各地的刺史。

高欢派大都督邸珍潜入徐州，胁逼守吏华山王元鸷交出府库的钥匙。

建州刺史韩贤、济州刺史蔡俊都是高欢的党羽。元脩以撤销建州建制的办法，自动免去了韩贤的职务；让御史弹劾蔡俊，让汝阳王元叔昭取而代之。

高欢立即上书："蔡俊功勋卓著，不可解除他的职位；汝阳王有着美好的德行，应当封为大藩国的国王；我的弟弟高永宝现任定州刺史，应该避让，进用有才能的人。"

孝武帝当然不会听，随之还增置了数百名将领，暗中准备讨伐晋阳。高欢与元脩都在秣马厉兵，暗暗较劲，只差扯破脸皮。

晋阳起兵

元脩下诏戒严，宣称要亲自带兵南下讨伐萧梁，调动黄河两岸各州兵马汇集在洛阳，然后与斛斯椿两人巡阅洛水，调兵遣将。

出兵之前，元脩给高欢发去一封诏书，说南征是假，讨征关中的宇文泰和荆州的贺拔胜是真，希望高欢派兵支援。

高欢笑了，论搞阴谋使诈，高欢说他是第二，没人敢称第一，既然宇文泰和贺拔胜图谋不轨，高欢就责无旁贷，上表率兵勤王。

孝武帝料知高欢猜透了自己的密谋，忙又去了一道诏书，制止高欢出兵，高欢没有答复。

孝武帝知道高欢已觉察自己的心思，亮出高欢的奏章，让大臣们评议，然后再次下诏，制止高欢出兵。

高欢接诏后仍抱着一线希望，上表请求清君侧。

孝武帝不答，但派大都督源子恭镇守阳胡，汝阳王元暹镇守石济，又任命贾显智为济州刺史，率豫州刺史斛斯元寿赶往济州上任。蔡俊拒不接受别人接替他的职位。

孝武帝更加恼怒，给高欢发了一道诏书，正式摊牌："朕不劳尺刃，坐为天子，所谓生我者父母，贵我者高王。高王若晏然居北，在此虽有百万之众，终无图彼之心；高王若举旗南指，纵无匹马只轮，犹欲奋空拳而争死。"

高欢面对如此严厉的言词，对和平也就不抱幻想了。

元脩皇帝知道该摊牌了，但他面临三个选择：与高欢决一死战，西入关中投靠宇文泰，南下投靠荆州的贺拔胜。朝臣们各抒己见。有人建议西行入关，有人建议南下荆州，也有人主张与高欢一决高下。

元脩皇帝派散骑侍郎柳庆去见宇文泰，宇文泰表示欢迎圣驾。柳庆回京复命后，孝武帝却改变主意，又想去荆州。柳庆劝谏说："关中地势险要，宇文泰雄才大略，可作依靠。荆州非要害之地，又南邻萧梁，没有去那里的理由啊！"

东郡太守裴侠此时到达洛阳，中军将军王思政征求他的意见，裴侠是个明白人，分析说："宇文泰雄踞秦关，拥有了自己的地盘，正所谓手持戈矛，岂肯授人以柄？投靠宇文泰，无异于避汤入火。"

裴侠指出了西去关中的危险性：投靠别人等于"避汤入火"，躲开高欢这锅汤，进入宇文泰那盆火，寄人篱下的日子不好过啊！

"那该怎么办？"王思政又问。

裴侠皱着眉头道："攻打东边的高欢，祸在当前；依靠西边的宇文泰，患在将来。还是先去关西一带驻军，观察一下再作决定。"

王思政觉得有理，把他推荐给孝武帝，孝武帝授予裴侠左中郎将之职。

正在这时，忽然传来高欢派三千名骑兵镇守建兴，增加河东、济州的兵马，令各州摊派购买的粮食，全部运往邺城的消息。

元脩更加惊慌，对高欢下诏说："你如果挥师南下，篡夺皇位，朕虽然在军事上没有什么才能，但为了国家、宗庙，欲罢不能，战与和，在你一念之间，缺了最后一筐土，就不成一座山，真是太可惜了！"

高欢索性一不做，二不休，递送奏折，诉说宇文泰、斛斯椿二人的罪恶，说要替君主除奸。这无异于告诉孝武帝，晋州要出兵。

孝武帝以宇文泰为关西大行台、尚书左仆射，并愿意将自己的妹妹嫁给宇文泰为妻，令宇文泰立即派兵进京护驾；然后下令贺拔胜驰援洛阳，一同抵抗高欢军；下诏宣示高欢的罪恶，洛阳与晋阳公开决裂。

魏裂东西

高欢召来弟弟定州刺史高琛，让他镇守晋阳，并让长史崔暹辅政，自己亲率大军南下，对部属宣示："孤以尔朱擅命，建大义于海内，拥戴皇上，真诚之心，贯通幽明，谁知斛斯椿谗言陷害，以忠为逆，今率兵南下，不过是要杀掉斛斯椿而已。"于是以高敖曹为先锋官。

宇文泰也传檄文讨伐高欢，并亲率大军屯驻高平，先头部队屯驻弘农。

贺拔胜则出屯汝水，作壁上观。

永熙三年（534年）七月，孝武帝亲率十万军队屯驻河桥，以斛斯椿为先锋，陈兵邙山之北。斛斯椿请率两千名精骑乘夜渡过黄河，趁高欢立足未稳之际，发动突然袭击。

孝武帝开始同意他的计划,黄门侍郎杨宽劝道:"现在是紧要关头,把兵权交给别人,万一斛斯椿渡河偷袭成功,那可是灭掉一个高欢,又生出一个高欢啊!"

这一类人真具有远见卓识,火已经上房了,还担心第二次着火。别的本事没有,算计他人倒是很在行。敌人入侵也不能同仇敌忾,还要搞窝里斗。

孝武帝于是下诏,令斛斯椿停止行动。斛斯椿叹道:"皇上听信谗言,不用我计,这是天意呀!"并派人通知宇文泰。

宇文泰对左右说:"高欢的部队长途奔袭,数日行军八九百里路,以疲军迎敌,犯了兵家之大忌,正好乘机袭击。皇上竟然不肯渡河决战,却要沿河防守,黄河万里,防不胜防,只要高欢突破一处,必败无疑。"于是,宇文泰命赵贵从蒲坂渡河,向并州进军,派都督李贤率轻骑一千,赶往洛阳护驾。

孝武帝派斛斯椿与行台长孙稚、大都督颍川王元斌之镇守虎牢,派行台长孙子彦镇守陕城,派贾显智、斛斯元寿镇守滑台。

两军尚未正面交锋,贾显智、北中郎将田怙等人已暗中投靠了高欢,高欢军从滑台顺利渡过黄河。

孝武帝向各位大臣询问计策,有人建议投奔萧梁,有人建议投靠南方的贺拔胜,有人建议前往关中投靠宇文泰,也有人说死守洛口。建议虽然很多,没有一个实用。孝武帝始终不能定夺。

元斌之与斛斯椿争权夺利,丢下斛斯椿跑回来,欺骗孝武帝说:"高欢来了!"

孝武帝又惊又怕,派人召回斛斯椿,然后几位本家王爷,带着五千骑兵准备逃跑。

这一天夜里,逃跑的人数超过一半,清河王元亶、广阳王元湛也逃跑了。唯独武卫将军独孤信单骑追随孝武帝。孝武帝叹道:"将军你辞别父母,舍弃妻子,'世乱忠臣',此言不虚啊!"

孝武帝奔往长安,李贤在崤县境内与孝武帝相遇。

高欢派娄昭、高敖曹二人追赶孝武帝。高敖曹为兄高乾报仇心切，一直追到陕西，没有追上一路狂逃的皇帝。孝武帝一路饥渴困顿，缺粮少食，惶惶如丧家之犬。

高欢召集文武百官，训斥道："做臣子侍奉皇上，要解救危难，消除混乱，假如在朝中不诤谏，皇上出门不跟随，无事时争宠邀荣，有事时推诿逃避，做臣子的气节何在？"

大家都不能回答，唯有尚书左仆射辛雄说："皇上与宠臣谋划的事情，我们不知道。皇上乘车西行，我们追过去，就成了佞臣的党羽，所以留下来等待王爷。没想到又惹来王爷的责怪，进退两难，我们没办法脱罪。"

高欢呵斥道："你们身为高官，理应尽忠报国，奸臣当道，你们可曾进谏诤言？国家成了这个样子，到底是谁的错？"说到这里，下令拿下辛雄、仪同三司叱列延庆、吏部尚书崔孝芬等人，将他们全都杀了。

随即推立司徒清河王元亶出任大司马，令他暂时居住尚书省，处理所有朝政。崔孝芬的儿子中郎崔猷，连夜逃出洛阳，抄小路入关。

宇文泰派赵贵、梁御率两千名骑兵前去恭迎孝武帝，孝武帝沿河西上，途中与赵贵、梁御相遇，他指着黄河说："黄河水向东流，朕却逆流西上，如果将来收复洛阳，得以谒拜宗庙，是你们的功劳啊！"说到这里，大家都流泪了。

宇文泰带着仪仗赶到东阳驿，见到孝武帝后，摘掉帽子，流着眼泪说："臣剿贼不力，使皇上蒙尘，这是我的罪过啊！"

孝武帝道："你的忠心与气节远近闻名，是朕德行不够，让贼寇有机可乘，今日相见，实在是惭愧。现在朕把国家重担托付给你，请你勉力！"

宇文泰三呼万岁，将孝武帝迎进长安。孝武帝将雍州官署作为宫殿，大赦天下，下诏晋升宇文泰为大将军、雍州刺史兼尚书令，全权处理军国大事。

任命行台尚书毛遐、周惠达为左右尚书。两位尚书勤力同心，筹备粮草，修造器械，精选士兵战马，军容焕然一新。

为了笼络宇文泰，元脩将亲妹妹冯翊长公主嫁给宇文泰，宇文泰被封为驸马都尉。

孝武帝入关后，贺拔胜派长史元颖留守南阳，处理荆州府事，自己率部众西进，走到淅阳，听说高欢已攻克潼关，惊惧万分，准备返回。行台左丞崔士谦劝说道："如今朝廷遭到颠覆，皇上流亡在外，将军应日夜兼行前往长安，和宇文行台一道同心协力，弘扬正义，天下人谁不望风而应？将军若舍弃义举而退，恐怕人心离散，时机一旦失去，就后悔莫及了！"贺拔胜不听，踉跄奔回。

贺拔胜万万也没有想到，高欢已派侯景抄了他的老窝，荆州人邓诞将元颖献给侯景，贺拔胜已无家可归，虽然想与侯景争锋，可士兵毫无斗志，遇到侯景军便弃甲曳兵，四处奔窜。贺拔胜无计可施，慌忙投奔萧梁去了。

高欢自晋阳到洛阳，一路上向孝武帝连上四十道奏章，都没有答复，他还亲自率兵追赶孝武帝，目的是把皇帝追回来掩饰自己逐君的事实，但终究没有实现此愿，无奈之下，打算另立新主。

高欢向孝武帝上了最后一道奏折，说："陛下如果远赐一诏，返回洛阳，臣立即率文武清宫以待；如果没有返回的意思，国不可一日无君，臣宁负陛下，不负社稷。"

魏主仍然不复，高欢召集百官元老，正式议立新君。

当时，清河王元亶自己已准备好了当皇帝，高欢担心他日后不好控制，选择了元善见为帝。

高欢的意见一出，没有人敢说不。元亶羞惭难当，愤然出宫，轻骑南奔。被高欢派人追了回来。

永熙三年（534年）冬，高欢拥立清河王长子十一岁的元善见为帝，即东魏孝静帝，改永熙三年为天平元年，北魏曲终人散，一分为二，高氏所立魏主，称为东魏；宇文氏所奉的魏主，为西魏。